赖志明 著

上海文艺出版社

孔子仁的美学意蕴

艺术与人文丛书

资助基金

2019 年湖北省社科基金一般项目（后期资助项目）
"孔子仁学的美学意蕴"（立项号：2019012）

"艺术与人文丛书"编委会名单

编委会主任
王立兵　陈向军

主　编
胡绍宗　廖明君

编委会成员
（按姓氏笔画排列）

马志斌　王立兵
王　锋　方圣德
刘晨晨　许晓明
李修建　汪小洋
张士闪　陈向军
陈孟昕　胡绍宗
钟劲松　袁朝晖
黄厚明　彭　锦
程　征　廖明君

总 序

在中国地形图上,大别山就像一只从西北向东南爬行的巨大蝎子,它的尾巴经桐柏山断断续续与秦岭山脉相连,横亘在长江中下游平原与华北平原之间,成为淮河流域与长江流域的分水岭,也成为中国北方与南方之间重要的地理分界线。

大别山地势较高,南北两侧水系较为发达,分别注入长江和淮河,其西南山麓包含着整个鄂东地区。由大别山主脉发源向西、向南以及向东注入长江的主要河流有倒水、举水、巴河、蕲河、浠水等五大水系,每一个水系都接纳了很多支流。这里是鄂东农耕先民们世代繁衍生息的地方,自古就是一个重要的文化地理单元。它背列重山,襟带大江,据云梦洞庭之阔,扼长江东去之喉,具有承东启西、纵贯南北、通江达海的区位地理优势。在历史上,鄂东大别山的东、西部就是北方文化南迁的重要通道。鄂豫交界的南阳盆地是接纳隋唐以前关中及中原族群南来长江及以南地区的重要通道。从这里出发,经过襄阳,一条路线是顺着鄂中大洪山西边,沿汉水下游,过荆州,入洞庭;另一条路线是走大洪山以东,穿过"随枣走廊",进入今天的鄂东大别山丘陵地带。

自古以来，鄂东就是中国政治文化的重要地区之一。南北通达的"光黄古道"与东西纵横的长江漕运在这里划上了一个呈东西南北通达结构的交汇点。元末明初之后，来自江西的移民从这里开始了长达几百年"江西填湖广""湖广填四川"的移民潮，随后朱明王朝不懈的军垦运动，进一步奠定了鄂东山地、河湖、洲畈地区早期人口分布的格局。明中后期开始至清康熙朝，鄂东蕲、黄两府的经济和人口一起快速增长。

复杂的人文地理历史背景书写了深厚的鄂东民间文化。这里孕育了一大批在中国历史文化各个领域有影响力的大家。如中国佛教禅宗四祖道信、五祖弘忍、六祖慧能，活字印刷术发明人毕昇，医圣李时珍，现代地质科学家李四光，文化学者与民主战士闻一多，国学大师黄侃，哲学家熊十力等。苏东坡谪居黄州四年，他寻诗访友的足迹又为这里的人文历史图景叠加了一层清晰的文化经纬。

呈现在读者面前的这套"艺术与人文丛书"，大部分的选题来自鄂东地区，分别涉及传统村落、民居建筑、民间手工艺、民俗信仰、生产生活等领域。这些选题既可包括在现行高校学科体系下的美术、设计等艺术专业的实践范畴之中，也可纳入人类学、社会学思考的理论视域之下。丛书中的大多数学者都出身美术的实践性术科，在课堂教学和学术田野之间往来行走，因此这些选题是他们教学的延伸，自然取经"由技而道"的学术之路。

虽然这些研究还有些青涩，但却饱含着一个个热心人对于田野的激情和对于学术的执着，保持着一种与乡村社会接触过程中鲜活的感受。

亲近田野就是一种学术优越。以宏阔的视野和高深的理论观照学术固然有高度，但与田野同在也有其亲近感。近些年来，黄冈师范学院美术学院积极回应区域社会对于高校的呼唤，投身于鄂东黄冈的地域经济与文化建设中，把学术的田野划在鄂东大地上，把研究者的身影摆进地方建设的队列中。这里的年轻学者，一直行走在鄂东的乡村田野中。在学校高层次人才引进工程中，他们受惠于热心学者的帮助，陆续找到了各自研究的方向，也积累了一些成果。截至2019年，黄冈师范学院美术学院教师团队已经成功获批国家社科基金、国家艺术基金、教育部人文社科、省社科研究项目20多项。目前这些项目都在陆续结题，成果也在陆续整理中。为了赓续鄂东悠久而深厚的地域文脉，发挥优秀传统文化的引领作用，学院决定甄选一批优秀研究成果，出版"艺术与人文丛书"，推动黄冈师范学院艺术与人文学科的建设，助力地方社会建设，实现高校的时代担当。

大别山从西向东奔来，在黄梅这个地方收住了脚步，驻足在长江边上，与对岸的锦绣庐山隔江相望。而江北的黄梅东山并不羡慕庐山的无限风光，却在自己的小山里涵养了禅宗四祖、五祖，并从这里送走了一代宗师六祖慧能，东山因此有灵。地方高校的优势在于地方特色的彰显，在于担负起地方社会文化经济的任务。身处鄂东的年轻学者自觉走进乡村魅力田野，参照艺术人类学和中国乡村的研究范式，坚持以人文为视角，强调以艺术为对象，扎根鄂东社会，注重田野调查，努力从学理上探讨鄂东艺术与人文的相关问题，也为艺术人类学和中国乡村研究提供鲜活的学术个案和理论探究，逐渐走出了更大的空间。"艺术与人文丛书"的出版只是一个起步，相信未来会有更多更好的成果涌现。

丛书主编 胡绍宗

孔子仁的美学意蕴

老朋友樊墨安是个恬淡君子,僻居京郊香山累年,抚琴作画,治印染翰。去年年底请他为拙著配图数幅,墨安问书名,得知是《孔子仁的美学意蕴》,便慨然应允。现在所看到的配图,都是墨安的手笔。"无蕲"一印,随身多年,为老朋友孙逊之所治。感激之情,非一谢字可尽,莫逆而已。道友可以屈指数,平淡而深慰于心者之事,又不可胜计。

知者乐水,仁者乐山(《论语·雍也》)

子在川上曰:"逝者如斯夫!不舍昼夜。"(《论语·子罕》)

道不行,乘桴浮于海。(《论语·公冶长》)

子钓而不纲,弋不射宿。(《论语·述而》)

子曰:"富而可求也,虽执鞭之士,吾亦为之;如不可求,从吾所好。"(《论语·述而》)

子曰:"岁寒,然后知松柏之后凋也。"(《论语·子罕》)

序　言 / 1

导　言 / 5

第一章 仁的内涵
一、仁的核心义 / 11

二、仁的延伸义 / 17

第二章 为仁之方
一、中庸 / 23

二、忠恕 / 27

三、克己复礼 / 33

第三章 仁的根本性
一、仁与道的关系 / 39

二、仁与德的关系 / 43

三、仁与智的关系 / 50

第四章 仁作为美和善的统一体
一、美善之辨 / 61

二、里仁为美 / 66

目 录
CONTENTS

第五章 仁人作为仁之美的载体

　　一、何谓仁人 / 74

　　二、仁人的人格美特征：文质彬彬 / 80

　　三、仁人之质美 / 86

第六章 仁的美感特征

　　一、直觉性 / 98

　　二、超功利性 / 100

　　三、无限性 / 102

　　四、超越性 / 104

第七章 仁的情感作为一种美感

　　一、仁的情感的性质 / 110

　　二、仁的情感的感发和稳固 / 113

　　三、仁的情感之投射于自然 / 115

　　四、仁的情感之外显于艺术 / 116

第八章 仁之通向于自由

　　一、关于自由 / 119

　　二、仁如何通向于自由 / 121

第九章 仁之通向于快乐

一、孔子之乐及其性质 / 129

二、仁如何通向于快乐 / 133

第十章 仁与艺术

一、孔子美学中的艺术 / 139

二、仁对艺术的内容和形式的影响 / 148

三、仁作为艺术的功能和目的 / 159

附　录 / 171

参考文献 / 255

— 序 言 —

《尚书》第一篇的篇名是《尧典》,据说汉代经学家秦恭,光是注解"尧典"这二字,就用了十余万言。此虽一例极端,但经学家们在注经时极烦琐之能事,却是真实寻常的事情。汉代的读书人为此吃尽苦头,随后魏晋的读书人似乎就不大愿意再讨这种苦头吃了。东晋陶渊明说自己读书"不求甚解",非是不想求其甚解,实在是知识太过琐细,被逼到无法求其甚解的地步。洒脱豁落的名士们,只好择其髓要,得意而忘言了。

坦白说,这本书十几二十万言,也仅仅是《论语》"仁"这一字之展开。但取这一"仁"字,却不是随机选择的结果。不是随便一个字拿过来,都可写成一本书,或者说有写成一本书的必要。研究《论语》之前,对中国古代的主要典籍,我是有过一段长时间漫无目的地、有详有略地、近乎闭关式地通读的,通读过后,在脑海里形成一个直观而粗糙的认识:在中国古籍中,如果要先选一本,且仅选一本典籍进行深入研究,毫无疑问,首要选择的当是《论语》。而《论语》的精神之要,又可以概括到一个字上来,那就是"仁"。仁是一个树根,它可以长出孔子甚而整个中国儒学思想的大树来。这里研究孔子的仁,方法和目的与经学家们注经已经全然不同。这本书是要通过仁这一概念,进入到孔子思想精神的最内核,并带出孔子的整个思想体系来,而把历代相关研究的很多与思想无关紧要的信息,以及无关大本的论争都回避了,因而没有经学家的繁复,当然更

谈不上周全精深。全书论仁，也仅能略述孔学思想精神之大本大要而已，因而仍须冠上"不求甚解"之名的。

圣道笃实，宏旨简赅，要在行之有力，不在言之深繁；雕镂钻营，立异标新，又更所不屑。对待传统文化应"取其精华，弃其糟粕"，这当然没有问题。只是也始终觉得，在这样一种多元、快速、批判的时代，"取其精华"往往比"弃其糟粕"来得艰难。愚忠愚孝是不会有了，更没有谁会傻到要重新再裹小脚。看得更多的，倒是许多有价值的东西在扭曲误解中被冠以"糟粕"之名，而被轻易否定鄙弃。很多时候，我们似乎太过低估了人们适应时代的能力，反倒是时风的过度强劲，把人裹挟到不得不前。新时代里的守旧，所需的勇气，不减旧时代里的开新。本书"以述为作"，阐释为本，疏于批判，也是这种观念影响的必然结果。

虽是力图秉循孔子"述而不作"的遗训，但在论述的细微处又始终避免不了要掺杂一些自己的浅见。我笔下的孔子终究只是我笔下的孔子。写作的过程中，对同一问题的不同看法，都经过了自己认真地思考和甄别，不少地方也提出了自己觉得更为妥当而与前人皆异的看法，书中也探讨了一些前人探讨较少甚至还不曾探讨的问题。把仁当作一个审美范畴，从美学的角度探讨其内在的美学意蕴，也算是一个新的视角。必欲绳之以独创性，多少也还有它一定的出版价值。

当然，该书的出版，主要目的仍在传播圣学常道之一二，其首要价值不在其独创性，而在其传播性，因而时刻考虑到古文基础相对薄弱的大众读者的需求，在出版之际，觉得很有必要对行文方式做一次修改。

当前的学术规范，是将包括古文在内的参考引文一一按原貌列入正文。这种写作方法有利有弊。利主要在于其严谨性，读者可看到被引文献的原貌，且出处有自，引用稽查起来也比较方便；弊则在于其行文的不连贯性。且不说文法古今之异，即便同一时代之文，行文方式也人各有差，将被引文字原貌杂入行文，很难取得行文风格上的一致，凿痕迭出，节奏跳荡，常易打断阅读的连贯性。一般读者如果不是做学术性的研究，阅读这类文字，常有阻涩之感，得其弊不得其利。此次修改，试图尽量增强阅读的连贯性。处理办法主要是将引用文本移入脚注，被引《论语》文本则以翻译或者转述的方式化入正文，原文并其翻译则以附录的形式保留于书末；研究综述及琐碎的字源考述也由原文移入附录，以备参考稽查之需。

钱穆先生说："读书愈多，乃知所了解于孔孟之遗训者乃益浅。因遂不敢妄有论著。"着手做孔子的研究，并要写出一本书来，这也算是在对孔子妄作论著了。然而万事总有开始的地方，疏漏卑浅，先生方家一笑而已。

— 导　言 —

仁的起初含义似乎是审美意义上的，而非道德意义上的。

目前通行的仁字以"人""二"相构为"仁"。大抵秦统一文字之后，这一构形就成为了仁字的通用构形。一般认为，甲骨文中尚无这一构形，这一构形的出现是西周以后的事情。①在现存的古籍范围之内，以"人""二"相构的仁字最早出处可以追溯到《尚书》。《尚书·金縢》中有"予仁若考，能多材多艺，能事鬼神"一句，这是通行的仁字在现存古籍中的最早出处。有学者认为，"予仁若考"的"仁"为"佞"字之代。②除《尚书》之外，商周之际多以"仁"字代"佞"字。古以口才之美为"佞"，假借为"佞"的"仁"显然是审美意义上的仁，而非道德意义上的仁。《尚书》中的"仁"如果真是"佞"之代字，那么最早出现在古籍中的"仁"也就是审美意义上的了。

仁字次早出现于《诗经》。《诗经》两处出现仁字，一处出现于《齐风·卢令》，用于咏赞狩猎者之美：

---

① 阮元：《研经室集（上）》，中华书局，1993，第179页；容谷：《卜辞中"仁"字质疑》，《复旦学报》1980年第4期；刘文英：《"仁"之观念的历史探源》，《天府新论》1990年第6期；郭沫若：《孔墨的批判》，载《十批判书》，东方出版社，1996，第87页；白奚：《"仁"字古义考辩》，《中国哲学史》2000年第3期。
② 阮元：《研经室集（上）》，中华书局，1993，第179页；刘家和：《先秦儒家仁礼学说新探》，《孔子研究》1990年第1期。

> 卢令令,其人美且仁。
>
> 卢重环,其人美且鬈。
>
> 卢重鋂,其人美且偲。

于省吾认为,这里的仁通"夷",训为夷悦、喜悦,并非仁德之仁。[①]"夷悦""喜悦"自然是审美意义上的。全诗通篇赞美猎者,"美且鬈"赞肤发之美,"美且偲"赞腮须之美,"鬈"和"偲"都是美的具体化。"美且仁"的含义尚不能具体定论,但大体可以确定,仁的具体含义即便不是如于省吾所说训为喜悦,从全诗内容与结构上的一致性而论,"仁"应该和"鬈""偲"一样,也是美的某个方面的具体化,它应该是审美意义上的,而非道德意义上的。《诗经》中另一处"仁"字出现于《郑风·叔于田》,仍用于咏赞狩猎者之美:

> 叔于田,巷无居人。岂无居人?不如叔也。洵美且仁。
>
> 叔于狩,巷无饮酒。岂无饮酒?不如叔也。洵美且好。
>
> 叔适野,巷无服马。岂无服马?不如叔也。洵美且武。

---

① 于省吾:《泽螺居诗经新证》,中华书局,1982,第105—108页。

这里的"洵美且仁""洵美且好""洵美且武"和前诗"美且仁""美且鬈""美且偲"的结构大同小异。这里的"仁""好""武"不是"美"的具体化,而是和"美"并列关联。这两处"仁",一般也都被认为并非仁德之仁。两诗均赞美狩猎者的外貌之美,其中的"仁"都是审美意义上的,而非道德意义上的。

仁起初似乎并非诸德之一,据考证,直到《逸周书》《左传》《国语》等书中,才开始大量出现仁德含义的仁字。[①]而《论语》中的仁,则既有道德意义上的,也有审美意义上的,但以道德意义上的为主。同时,《论语》中的仁往往都是美(审美)和善(道德)的统一体。在人们一般观念里面,仁更多被视为是一种道德范畴,道德境界的仁如果不能上升到审美境界,始终仍是一种欠缺,仁的至高之境应是一种审美的境界。作为审美对象的仁是作为道德观念的仁的补充和提升。仁所通向的是一种审美的人生,这种审美人生对当代人的人生观、价值观的塑造仍然具有不可忽视的意义。本书试图把仁当作一个审美范畴来阐释,侧重挖掘仁的美学意蕴。

孔子仁的美学意蕴应该体现在两个方面:一方面体现在作为善的仁对孔子的

---

① 白奚对《逸周书》《左传》《国语》中作为仁德的仁作过细致的分析。白奚:《从〈左传〉〈国语〉的"仁"观念看孔子对"仁"的价值提升》,《首都师范大学学报(社会科学版)》2007年第4期;白奚:《儒家"仁"观念的思想渊源之考察》,载《天问(丁亥卷)》江苏人民出版社,2008。

审美观和艺术观的影响，一方面也体现在作为美的仁自身所存在的审美蕴含。目前的孔子美学研究还很少涉及仁自身的美学意蕴，仁自身的美学意蕴仍然有进一步探讨的必要。道德意义上的仁仍具有直觉性、超功利性、无限性、超越性等等美感特征，这也就意味着，仁给人带来的不只是道德的束缚感，更有审美的愉悦感，这些美感特征内在地决定着道德意义上的仁可以通向于审美。仁作为一种统一着理性和感性的情感，它自身就是一种美感。仁自身的美感特征，以及仁所通向的自由和快乐的审美境界等等，都是值得深入研究探讨的，涉及到仁自身的美学意蕴的问题。本书试图在掌握孔子仁学思想以及已有孔子美学思想研究的基础之上，着重对仁自身的美学意蕴作进一步深入的探索、分析和阐释，以期对孔子美学思想的研究能有所补益。

要探讨孔子"仁"的美学意蕴，首先要对孔子的仁的哲学思想取得一定程度的了解，因此，本书试图先从本体论和工夫论这两个层面对仁的内涵作一深入解析，并通过仁在孔子思想中的根本性地位的探讨，带出孔子思想的整体框架。在此基础之上，再进一步阐释孔子仁的美学意蕴。美学的研究通常可划分为美论、美感论和艺术论这三大领域。本书主要就是根据美学研究的这三大领域的划分，对仁的美学意蕴展开阐释。

第一章 仁的内涵

要清晰地明白一个语词或者概念的意义，有一个比较程式化的办法：捋清其在汉语语境中的日常义，追溯其字源义，探寻其一般哲学义，再探寻其在某一哲学家（思想家）那里的常用义，最后落实其在某一具体文本的含义。如此剥进，便能层层深入，层层精确，且不致混淆错乱。这是在象牙塔求学期间学得的一个办法，比较笨拙，程式化的东西，见不出多少灵性，但它确实帮助解决过许多疑问和难题，现在成为分析问题，尤其是哲学与思想问题所撇不开的一个习惯。要理解孔子的"仁"，仍然要由这个办法入手。

在我们的日常生活中，有所谓"杏仁""瓜子仁""花生仁"等等名词，这算是仁的最富生活意味的语汇了，在这一语汇中，仁的含义就是"果仁"，那果核的最内部分即是仁。这一含义之外，汉语中的仁字尚有博爱、亲爱、同情、思念、温润、恩惠、仁人、仁政、道德、人、事物中有恩于万物生育者等等含义，极为丰富驳杂。但这些驳杂的含义又有着千丝万缕的紧密关联，比如上面的"果仁"，我们把果核的最内部分称为仁并非因为它是核心的缘故，我们不把原子核称为"原子仁"就很能说明问题。果核的最内部分之所以称为仁，乃因它是植物的种子，可以化育出生命来。这就见出"果仁"这一含义和"事物中有恩于万物生育者"的紧密关联，而生育、化育又与爱紧密关联着。

实际上，任一汉字都有其最原始、最根本的含义，把握住了这一含义，就可推衍出其他诸多含义，这也正是考察一个字的字源的重要意义之一。然而就目前来说，仁的字源的考察虽已繁复精深，却仍不能得出一个令人信服，大体一致认可的结论来。基于这样一种现状，要通过仁的字源来理顺仁的诸多含义的源流与脉络，化繁为简，使其归总到一个最根本的含义上，也就不大可能了。但要将这些驳杂的含义化繁趋简，归纳出几个大的类别来，仍然是不难办到的。

在仁诸多的含义之中，可以归纳出四种较具代表性和根源性的含义。其中的第一种含义是"爱人"。亲爱、友爱、博爱、同情、怜悯、恩惠等仁的含义都由爱这一含义生发出。亲爱、友爱、博爱是爱的具体类型，而同情、怜悯、恩惠是爱的具体表现。第二种含义是"道德"。仁可以作为道德的统称，有德者可统称为仁者，德政也可统称为仁政。第三种含义是"人"。仁即是人，仁的起源与人紧密相关，一般认为，起初仁与人的区分不甚严格，仁与人常常可以互通。第四种含义即是上面所提到的"果仁"。

《论语》中的仁的语义涉及到以上四种中的前三种。其中"井有仁焉""观过，斯知仁矣"这两处仁的含义都是"人"。《论语》中的仁释为"人"的有此两处，也仅此两处。这两处仁只作为一般的汉语词汇使用，并无特殊的哲学意味，与孔子的仁学思想关涉不大。道德语义的仁在《论语》中也不是太多。孔子仁学思想中的仁的最主要、最根本、最核心的含义乃是"爱人"。在孔子的仁学思想中，"爱人"是仁的核心含义。

一、仁的核心义

孔子很少对仁进行抽象概括，更不曾探寻仁的本质。孔子的学生常常向孔子问仁，孔子往往就仁的某些方面的内容或特征进行描述，回答都非常具体，

因而，孔子对仁的规定和描述基本上每次都是不一样的。在这所有的规定和描述当中，最根本、最核心的，要算《颜渊》篇中孔子答樊迟问仁。

樊迟问孔子什么是仁，孔子回答他，"爱人"就是仁。孔子以"爱人"训释仁，这和先秦其他诸子并无二致。《墨子》就说："仁，爱也。"《庄子》也说："爱人利物"即是仁。《韩非子》也指出，仁就是"中心欣然爱人"。然而，孔子对"爱人"的理解和规定又有他的独特之处，这首先在于：孔子认为，人的自然血缘情感是仁爱的基础，"爱人"始于亲爱。在亲爱的基础上，仁爱又不断外推到爱大众，且具有一定的等差性。

孔子的仁爱以血缘关系为基础，仁者爱人，爱的首先是自己的亲人。血缘之爱是自然情感，最容易产生，血缘越是亲近，爱就越易产生。父母之爱子女，子女之爱父母，这是最易产生的人的自然情感，近乎动物性的本能。西周以宗法制度治理天下，这种宗法制度正是以血缘之爱为基础的。"亲亲"原则是宗法制度的基本原则，孔子的仁爱思想是在"亲亲"原则的基础上引申出来的，所以孔子才说孝悌是仁的本源。"亲爱"最容易唤起人的爱心，人有了爱心，只要再把这种爱心向外扩充，就可以实现对天下人的爱。

把对近亲的爱扩充开来，爱血缘疏远一点的人，以及自己身边无血缘关系的人，这就需要发挥动物性之外的精神性。把这种爱再进一步扩充，能爱天下之人，这就需要进一步发挥人的精神性。孔子的仁爱以亲爱为基础，但又不局限于亲爱。孔子在认可"亲亲"原则的前提下，又提出要"泛爱众"。"泛爱众"即是孟子所说的"仁民"，仁民乃是超出亲爱之外的仁爱。尤其可贵的是，孔子仁爱对象中的"大众"还包括了最下层、最低贱的民众。《乡党》篇记载，孔子退朝回来，看到自家马房被烧了，心急之下，他只问了有没有伤到人，而不惦记自己的马是否有闪失。这一看似极其寻常的事情，在孔子的时代却有着非同寻常的意义。须知，在孔子所处的时代，养马人的社会地位极其低下，养马人的交换价值比一匹马的交换价值还要低。马房失火，孔子问人不问

马,这反映出孔子仁爱的对象已经延伸到最下层的民众了。依孔子的思想,不论一个人的地位如何,价值如何,只要是人,最起码都应该待之以人道。把仁爱的对象扩大到包括最下层民众在内的所有的人,这是孔子仁学较之于先前仁学的一大进步。

孔子似乎只在人的范围之内论仁,仁爱也似乎是起于慈孝,终于泛爱众。大众是仁爱的终极对象,再要往外扩充,就到了爱物的境界了。能够爱人的人,往往也能爱物。孔子自己就是既能爱人,又能爱物的。孔子也钓鱼,但他只用独竿,而不忍心用钓钩很多的钓绳;孔子也猎鸟,但他始终不忍心去射那些安栖在巢穴中的已归鸟。这反映出,孔子对动物是充满了同情和爱惜的。只不过,孟子认为,人对物的爱只能称为爱,人对人的爱才能称为仁①。董仲舒也沿袭了孟子的看法,认为只有爱人才能称之为仁②。这样一来,仁的对象的扩充就仅限于人类范围之内了。然而,到了宋明时期,仁爱的对象又被扩充到了天地万物。王阳明就认为,仁爱应该贯穿到天地万物,只要有一丝遗漏,仁爱就不算完全③。于是,孔子的仁便由起初的人道主义精神发展成为了一种融通万物的宇宙精神。

在外推过程中,爱人又具有一定的等差性。这又是孔子爱人思想的一大独特处。由于血缘有亲疏的等差,所以爱人的程度也就有深浅的等差,这就是仁爱的等差性。这正是儒家和墨家的重要区别之所在。墨家主张无差别地爱一切人,爱父母兄弟与爱天下人无异,爱的程度也并无深浅差别,爱人父同于爱己父。儒家则主张爱父母兄弟的程度要比爱天下人的程度深,亲爱具有一定的优先性,而且血缘越亲者越优先。需要注意的是,这种亲爱的优先性仅是就情感

---

① 《孟子·尽心上》:"君子之于物也,爱之而弗仁。"
② 《春秋繁露·仁义法》:"爱在人谓之仁"。
③ 王阳明:"仁者以天地万物为一体,有一物失所,便是吾仁有未尽处。"((明)王守仁撰,吴光等编校:《王阳明全集》,上海古籍出版社,2011,第25页。)

层面而言的。仁既蕴含情感，又蕴含正义，在正义的层面，仁爱具有公正性，而不再具有等差性。亲爱具有一定的优先性，但不具备绝对的优先性。人与人之间时常会起冲突，如果在解决冲突的过程中只论情感的亲疏而不讲正义，这就是亲爱的绝对优先；如果只论正义而不讲情感的亲疏，这就是正义的绝对优先。孔子把仁爱作为人的行为决策的重要权衡，这意味着孔子反对正义的绝对优先性。这又正是儒家和法家的重要区别所在。法家是坚持正义的绝对优先性的，在刑法当中绝不讲半点人情。孔子则把仁爱渗透到正义之中，反对正义的绝对优先性。有人跟孔子说，他们乡里有个人很正直，他父亲偷了别人的羊，他把他自己的父亲给告发了。孔子回答说，我们所谓的正直和这不太一样，父亲替儿子隐瞒，儿子替父亲隐瞒，正直就蕴藏在其中了。孔子于此是要反对完全忽视亲情的正义，但这也并不意味着，孔子要主张完全忽视正义的亲情。亲爱优先，又要顾及正义，这是儒家的一贯主张。亲爱与正义不可兼得的时候，如何权衡好亲爱和正义，相关的讨论和案例在儒家典籍中可谓数不胜数。要处理好亲爱与正义的冲突有时是件很难的事情，亲爱与正义的权衡常常是很模糊的，全靠自觉、自省、自权，它不像法律那般，有明确清晰的条文可依，而是须要依靠权变，灵活处理。

除了强调爱人的自然血缘情感基础，以及爱人由近及远的外推过程，孔子对爱人的理解和规定的独特之处还在于，孔子通过他自己的言语和行为，直接或间接地阐发了爱人应有的具体表现。这些爱人的具体表现是孔子仁学思想的具体化，代表着孔子对爱人内涵的独特理解。孔子说，只有仁者能合理地喜欢他人，合理地讨厌他人。合理地喜欢他人，其实就是肯定性的仁爱；合理地讨厌他人，其实就是否定性的仁爱。这是仁者爱人的两个方面的表现。

肯定性的仁爱有两个不可或缺的基本要素，一个是亲，一个是敬。

亲是人我之间的距离的拉近。人我一体的境界是亲的至高境界，合理地爱人表现为能视人若己。孔子说，想成就他人就如同自己想成就自己一样，想别

人通达就如同自己想自己通达一样。又说，自己所不想要的，就不要轻易施加给别人。这都是视人如己的表现。在情感上，视人若己则表现为能痛人之痛，能乐人之乐。学生冉伯牛有病，孔子内心哀伤。学生颜渊死了，孔子如同自己死了儿子一般沉痛。对于那些哀痛之人以及残弱之人，孔子也易产生悲悯与同情。孔子到卫国去，看到那里人口繁盛，内心很是高兴。颜渊贫居陋巷而能不改其乐，孔子也很为他感到高兴。

亲之外，爱人的另一个不可或缺的要素是敬。古今有许多学者都将仁的观念与"相人偶"联系起来，甚至还有学者认为，相人偶就是仁的观念的原形①。相人偶是人与人之间互相致意的一种礼仪，这种礼仪主要表达的是一种敬意，如郑玄所谓的"以人意相存问之""以相人耦为敬也"。孔子认为，子女对父母如果像对家畜一样，只一味地供养，这还谈不上爱，只有加上了敬，才谈得上爱。孟子也说，人对于物的爱，只谈得上爱，还谈不上仁。可见，爱人包括了对人的敬重。孟子又说："君子之于物也，爱之而弗仁……仁民而爱物。"人对物的"爱"仅止于爱，而无所谓仁；而人对人不但可以有爱，还可以进一步有仁。其中的关键，就在一个"敬"字，仁爱和一般的爱的一个很重要的差别在于，仁爱在一般的爱的基础之上还包涵了敬。人对物的"爱"仅止于爱，而无所谓仁；而人对人不但可以有爱，还可以进一步有仁。其中的关键，就在一个"敬"字上。仁爱和一般的爱的一个很重要的差别在于，仁爱在一般的爱的基础之上还包涵了敬。

亲是要消除人我之别，敬是要保持一定的人我之别。亲而不敬，容易导致狎昵轻慢；敬而不亲，容易导致淡漠寡情。二者如阴如阳，贵能亲中有敬，敬中有亲，在对立之中取得二者的和谐统一。中国古人在礼仪性的交际中的人我界限的设立，处处可以折射出这种精神。比如见面之礼，西方人有握手、有拥

---

① 刘文英：《"仁"之观念的历史探源》，《天府新论》1990年第6期。

抱、有亲脸,零距离的接触,尽显亲切;而中国古人则拱手作揖而已,亲中始终仍要留出一份敬。

否定性的爱人,即是孔子所说的仁者能"恶人"。"恶人"是对人的否定、批评,甚至是惩戒。孔子的学生宰我在白天睡觉,孔子看到了不太高兴,说他就像一块烂了的木头,怎么雕都雕不好,像一堵肮脏的土墙,怎么粉饰都粉饰不好。孔子对宰我的这种态度,就是一种"恶人"的态度。孔子对宰我厉声厉色,是要激励他上进,归根到底还是在爱他。仁者的"恶人"是以爱人为前提的,"恶人"总的旨归是欲成人之善,成人之美,"恶人"归根到底还是在爱人。仁者爱人,爱人就应该在喜欢他的时候希望他生成,在厌恶他的时候也希望他生成。所以,仁者对人的喜欢和厌恶都是一致的。常人则不然,常人对待别人的态度往往是喜欢他的时候就希望他生,厌恶他的时候就恨不得他死。这种好恶颠倒瞽乱,前后不一,所以孔子说这种人的好恶是昏昧不明的。

以爱人为前提的"恶人"在效果上主要在于能使人改过。当人厌恶一个人的时候,就容易迁怒,容易念其旧恶。人只有心存仁爱之心,才能包容他人的缺点如同包容自己的缺点一般,做到"怒于甲者不移于乙,过于前者不复于后"[①]。一个志于仁爱的人,可以摒弃人的恶行,但不可以摒弃有恶行的人。人可能在某时某处为恶,却不可能时时处处为恶,只要他是个人,就应该以人道相待,而不是一味的嫉恨排斥。孔子认为,对于那些不太道德的人,如果过分厌恶他们,也是容易生乱的。仁者"恶人"的目的是要人能改过,人一旦能改过,对他的厌恶也就不复存在。

这种以爱为前提的"恶人"最常见于父母对子女的调教当中。父母对子女的爱之真切为世间所最难得,然而父母对子女的打骂惩罚也为世间所最常见。古语说:"父母之爱子,则为之计深远。"仁者"恶人",其实也如同父母"恶"子

---

① 程树德著,程俊英、蒋见元点校,《论语集释》,中华书局,1990,第367页。

女那般,是在为他"计深远"。再把范围扩大一点,当所爱的对象不止于某个个人,而是涉及多个人,甚至是人类全体的时候,"恶人"就不再是为个人"计深远",而是为全体"计深远"了。所以,仁者"恶人"必定又须以公心为前提。爱有君子之爱和小人之爱的差别,君子之爱为公,小人之爱为私。①孔子说,君子相互团结而不相互勾结,小人相互勾结而不相互团结。二者看上去都是互爱,其根本差别在于公与私。仁爱是建立在公心的基础之上的君子之爱。仁者也有好恶,但是仁者的好恶都以公心为前提。"恶人"要以公为前提,于此也可见,仁爱不仅有情感的要素,而且也蕴含有正义的要素。《论语》记载,孔子有个叫原壤的老朋友,有一次无礼地叉开腿坐在地上,孔子骂了他一通,骂完又用拐杖敲他的小腿。原壤本是孔子的老相识,两人并无私人仇怨,孔子对原壤的厌恶仅仅在于原壤的乱德。仁者的"恶人"以公心为前提,所以当仁者"恶人"的时候,定然是所恶之人有悖于公德,有悖于道义。

二、仁的延伸义

《论语》中的仁或多或少都和爱人相关联,但这些关联有些是直接的,有些是间接的。其中的一些间接关联还显得较为疏远,因此,直接以爱人这一含义置换《论语》中的仁,前后文本有时会显得突兀难解。原因在于,在爱人的基础上,孔子又建立起了他的处世观、价值观、人格观、境界观。因此,除了爱人这一基本含义,在孔子那里,仁很多时候已经成了为人处世的理想准则的代名词,成了最高价值的代名词,成了理想人格的代名词,也成了理想人生境

---

① 如李颙《反身录》所言:"君子视万物犹一体,故爱无不溥,无所为而为也。即时而有好有恶,而好恶一出于公。好善固是爱,恶恶亦是爱……小人非无所爱,而所爱惟徇一己之私,有所为而为也。同己则狎昵亲密,绸缪汲引,异己则秦越相视,阴肆排诋,必使之无所容而后已。"([清]程树德著,程俊英、蒋见元点校,《论语集释》,中华书局,1990,第102页。)

界的代名词。仁的这些含义都溢出于爱人，且不为一般的仁的汉语语义所能涵盖，这些含义的仁可视为是延伸含义的仁。

1. 仁作为理想准则的代名词

仁的核心内涵是爱人，爱人是仁，以爱人为出发点而衍生出的为人处世的具体准则也是仁。孔子和学生们谈仁，有时谈的就是一些具体的为人处世的准则。有一次学生樊迟问孔子什么是仁，孔子的回答是：平时一个人居处的时候能端庄，工作的时候能严肃认真，待人能尽心，这几样，就是到了夷狄之邦也不能丢弃。还有一次，学生仲弓也问孔子什么是仁，孔子告诉他：平时出门的时候要像马上会遇见贵宾一样，指使百姓的时候就像对着重大的祭祀；自己所不想要的，不要强加给别人；在工作岗位上没有怨气，在家里也没有怨气。

樊迟和仲弓问仁，孔子都以具体的为人处世的准则回答。这些准则似乎和爱人不是一回事，但仔细分析，又会发现，它们又是紧密关联着的。例如孔子所教予樊迟的端庄的处世准则，目的就在于使人与人能更好地互爱。孔子认为，自己能端庄，别人就不轻易侮辱自己。这也就为他人之爱己创造了可能性。人不侮辱自己，那么自己也就更容易爱人。这样一来，自己的端庄就促使自己与他人进入了一种互爱的良性循环之中。而孔子教两位学生严肃认真的态度，实际体现的是一种敬。敬与爱人的关联就更加紧密。如前所述，敬是正面爱人的一个重要要素，是爱人的具体表现，是爱人之区别于爱物的根本所在。而孔子所说的待人尽心，以及自己所不想要的不强加给别人这两个准则，一个是"尽己"，一个是"推己"，都是爱人的具体方法。孔子又以无怨这一准则回答仲弓问仁。爱人者能以天下为公，能去一己之私，所以不易生怨。总之，孔子回答樊迟和仲弓问仁时所说的那些准则，在根本上都体现着爱人的精神，但有的较直接，有的则隔得较远。孔子这两处对问仁的回答，如果以"爱人"的含义来理解，难免会显得有些隔阂，如果直接把仁视为是理想的为人处世的

准则的代名词，则显得更为贴切直接。

2.仁作为最高价值的代名词

孔子说，一个人如果真正喜欢仁，他就会觉得，世界上没有什么能胜过仁。又说，君子如果抛弃了仁，就无法成就他的声名，君子没有一顿饭的时间可以离开仁，不管是在仓促匆忙的时候，还是在颠沛流离的时候，君子都在追求着仁。在孔子的思想中，仁内在于人的生命之中，是一种最高的价值追求。这一最高价值贯注在每一件事物中，成为衡量每一件事物的最高标准，赋予并估定着每一事物价值的高低，它是顷刻不能离的。

当仁被视为了最高价值，它的内涵就要溢出于爱人之外。孔子说，仁人志士，不会贪生怕死而牺牲仁，只会杀生取义而成就仁。曾子也说，以仁为自己的使命是件任重道远的事情，它就像挑了个重担，到死才能放下。孔子和曾子在这里所说的仁，其实都可视为是最高价值的代名词，如果把这几处仁的含义理解为爱人，就显得狭隘了。

3.仁作为理想人格的代名词

仁有时也可以作为理想人格的代名词，相当于"仁者"（或者"仁人"）。如孔子所说的"泛爱众，而亲仁"的仁其实指的就是仁者。再如，司马牛向孔子问仁，孔子回答他：仁者说话迟钝。司马牛所问的是仁，而孔子所答的却是仁者，孔子在这里就把仁等同了仁者，仁即是理想人格的代名词。孔子又曾说，至于"圣"和"仁"，我怎么担当得起呢。圣指的是圣人，仁指的是仁人，两者并列，都是理想人格的代名词。"仁""圣"之外，君子也常常作为理想人格的代名词[①]。仁者、君子、圣人三者之中何者作为理想人格的代

---

① 圣人、仁人、君子之外，作为理想人格的代名词的尚有贤者、善人、成人、大人等等。

称，孔子并没有固定，所以这三者的位次高下总体似乎显得含混难分。作为最高理想人格的代名词，仁人、圣人、君子可以互相取代，含义基本没有什么差别。但当这三者均不作为理想人格的时候，三者含义不一，位次有别。大致而言，仁人在君子之上，圣人在仁人之上。①

4. 仁作为理想境界的代名词

仁有时又是理想人生境界的代名词。孔子说颜渊的心境可以在很长的时间里不违背仁，其他人则只是能偶尔达到仁。孔子在这里所说的仁就应该当作一种人生境界来理解，以爱人理解，就显得狭窄隔阂。颜渊可以长时间持守仁，则仁对于他已然是一种境界，而其他人偶有所至，不能算得上仁，因为他们的仁尚未形成一种境界。

"境界"本指疆域、疆界，佛家用境界来说明修行者对佛的觉悟程度，而后境界就成为一个常用哲学术语，用来说明人的学术修养、道德修养和审美修养等等所达到的不同精神境域。作为一种人生境界，仁的境界跨越了道德境界和天地境界②。初始的仁是一种道德的境界，而完满的仁则是一种天地境界，也

---

① 圣，从耳从呈，耳聪口敏，通达事理为"圣"（聖），在孔子那里，圣人是一个兼有了仁和智的人格形象。仁人主要指的是具备仁德的人，它不一定要兼有智，所以圣人要高于仁人。而君子指一般的有德者，它的位次高下大致在贤人、士之上，圣人、仁者之下。孔子从未自称为圣人或者仁人，但却自称过君子。君子比圣人和仁人更为切近实际，所以孔子引导弟子们遵行某条具体可行的道德准则的时候，往往都说君子如何如何。
② 冯友兰把境界视为人生哲学的重要范畴，提出了较为系统的人生境界说。冯友兰认为，宇宙人生对于人所有的某种不同的意义，即构成人所有的某种境界。每个人都是一个个体，每个人的境界，都是一个个体的境界。个体的诸多人生境界，大体上又可以分为四类，即"自然境界""功利境界""道德境界"和"天地境界"。人的境界决定着他内在的心理状态，进而决定着他外在的行为举止。（冯友兰：《新原人》，北京大学出版社，2014，第57—196页。）张世英在《美在自由——中欧美学思想比较研究》一书中也较为详细地分析了人生境界的几个阶段，认为人的生活境界可分为欲求境界、求知境界、道德境界、审美境界。这四个阶段大致可以和冯友兰所划分的四阶段相对应，但每阶段的名称不同，内涵上也小有差异。（张世英：《美在自由——中欧美学思想比较研究》，人民出版社，2012，第302—316页。）

即是一种审美的境界。在这一境界中,人的行为不受控于自然欲望,不受控于一己私利,也不受控于道德的束缚。在这一境界中,人我是一体的,人与人交相爱,没有界限,人能与他人相沟通,与万物相感发,长期处在快乐和自由之中,"上下与天地同流"。当然,仁的最高境界是一种理想的境界,它是开放的,具有无限性,人可以不断向它靠近,却永远不可能达到终极。

第二章　为仁之方

为仁之方可视为孔子仁学的方法论、工夫论。仁是融本体和工夫于一体的，工夫即本体，本体即工夫。"为仁"之"为"，既可解释为"是"（系动词），也可解释为"行"（实义动词）。但《论语》中的为仁（或者仁），常常又是有所偏重的，有些偏于本体，有些则偏于工夫。前文所论仁的含义，偏于仁的本体层面，这部分论为仁之方，则偏于仁的工夫层面。从方法论上讲，为仁有许多具体而琐碎的节目，这里要讲为仁之方，却不能将那些细目一一详述。这里所要论及的只是几个提纲挈领的为仁的方法，即：中庸、忠恕和克己复礼。中庸是最为纲领性的一种方法，忠恕和克己复礼都可视为中庸原则在某些方面的具体化。而其他为仁之细目，又都可视为忠恕和克己复礼的具体化。

一、中庸

　　中庸不单单是为仁的方法，它也是做一切事情的方法。从大的风格特征上说，人们为人处世的方法和态度有四种典型的形态：乡原、狂、狷以及中庸。乡原，即乡愿，一乡之所愿，也就是人们常说的"老好人"。这种人趋人好恶以取悦世俗，原人情意而随众依违。乡原之人不据仁义，不立原则，似德而实

乱德。狂、狷则与乡原不同，狂和狷都有其立场与原则。狂者进以奋发，积极为善；狷者退而守节，不为不善。乡愿背离狂、狷，而中庸则兼备狂、狷。中庸是该进取有为的时候就进取有为，该退守无为的时候就退守无为。

孔子认为，乡原乃"德之贼"，可见孔子对乡原的反感之甚。孔子又说，如果不能行中庸之道，就行狂狷之道。则孔子对狂、狷在一定程度上是认可的，但这种认可的前提是不能行中庸。也即是说，狂、狷也并非是理想的态度和方法，理想的态度和方法是中庸。子贡曾问孔子："倘若有个人，乡里的人都喜欢他，那这人如何？"孔子说："还不行。"子贡又问："如果乡里的人都不喜欢他，那么这人又如何？"孔子说："也不行，比不上乡里的好人都喜欢他，乡里的恶人都讨厌他的那种人。"乡里人都喜欢的，这种人大抵就是乡愿之流；乡里人都不喜欢的，这种人或者是狂、狷，或者是小人；只有能让好人喜欢而坏人讨厌的，这种人才是能依中庸而行的君子。

孔子在《雍也》篇中最直接地提到中庸，他说，"中庸"这种道德，可算是至高的了，可是大家缺失它已经很久了。从字面上说，中即是中正，即是中和；庸即是用，即是常。朱熹说："中者，无过不及之名也。"① 中庸之"中"，也就是恰到好处的一个度的把握，无过也无不及，即是中庸之"中"的具体内涵。② 孔子反对偏于一端，主张执其两端，得其中庸，无过不及，恰到好处。子贡问孔子，子张和子夏这两人谁更优秀些。孔子告诉他，子张做得太过了，子夏做得还不够。子贡以为，这样的话就是子张更胜一筹。孔子纠正他说，太过和不够都是一样的不好。

中庸的原则贯穿在孔子思想的各个方面。《论语》中涉及到的中庸的原则有很多。孔子"乐而不淫，哀而不伤"的诗歌审美观，就是中庸原则的一个

---

① 朱熹：《论语集注》，齐鲁书社，1992，第59页。
② 中庸之"中"，常被误解为是"不彻底的""模棱两可的"等等。冯友兰于此有详辨，见：冯友兰《三松堂全集（第四卷）》，第386—393页。

表现。越是好的诗歌，越是能动人情感，使人哀乐。但这哀乐也要限定在一个适当的范围之内，过了这个范围，就会对人的身心健康产生伤害，应当抵制避免。孔子认为，一味学习而不知道思考，就容易迷惘，一味思考而不知道学习，就容易危殆。这体现的是学和思的中庸。孔子又认为，朴实太过就显得粗野，文采太过就显得虚浮。这体现的是文和质的中庸。孔子教人，有一定的欲望，但不能贪，能安泰矜持却不能骄傲，保持威严却不能凶猛。对于那些不仁的人，虽然要排斥，但不能太过讨厌他们。学生仲弓认为，要简单，但不能太简单，孔子表示认同。学生子夏也说，小的技艺也有它的可取之处，但不能太过，太过了就会妨碍大事业。学生子游说，对待君主太过烦琐，就容易招致侮辱，对待朋友太过烦琐，就易招致疏远。以上这些都体现出中庸的准则，它有两个方面的内涵：第一，要使某些要素保持在某个度的范围之内，使得某些正面的特征能在合理的度的范围之内保持自身的特性而不至于变质；第二，使得两个对立的要素能在对立之中取得统一，使得多个要素之间能相兼相济，全面协调。

　　中庸之道是一种周全之道，它要照顾到事情的方方面面，所以单就一方面而言，中庸之道显得并无特别之处。中庸之"庸"即标示出中庸平实的一面。庸即是寻常，唯其中，所以显得庸。然而中庸却又蕴含着一种"平凡的伟大"。庸之伟大，在于它照顾到了"全"。孔子被后人奉为千古至圣，言为师表，行为世范，然而孔子人格之伟大又多蕴寓在平凡之中。如钱穆所说："孔子一言一行，皆平实圆满，绝无奇异偏僻；虽若人人常识中所能有，而自为人人日常践行所不及。其平实处即其伟大处，其圆满处即其卓绝处，宜其为千古人格之模范也。"[①]中庸之道，乃是中正中和而日用常行之道。中庸之德，乃是至广大，至平易之民德，（也即是孔子所谓的"至德"）。中庸之人，乃是

---

① 钱穆：《四书释义》，九州出版社，2011，第58页。

中正中和而平实无奇之人。中庸虽至平易，但行之者却往往能暂不能久，孔子于是有"民鲜久矣"的感叹。

圣贤中庸，常人时常反中庸。常人的心理常常是希高慕大、求新尚奇的。希高慕大、求新尚奇很多时候是源于人的向外超越的竞争心。人向外超越的途径之一，就是力图要在某一方面比他人强大。这种超越很多时候还渗透在消极负面的方面，如人之争勇斗狠，效靡攀颓。生活中比较常见的就是酒量的比较，计较酒量并无太多实际的意义，但它却可满足人的超越心理。而圣贤却往往是不大爱希高慕大的。孔子认为，喝酒不用限量，但不能喝醉。圣贤之异于常人，乃渗透在日常细节的一丝一毫之中。在喝酒这种日常小事上，就可见出圣贤的中庸。

求新尚奇又是人寻求向外超越的另一大途径。这种超越不是要在某个方面的量上和人计较个高下，而是要从根本上就否定这一个方面的既有形态，而代之以一种新的形态。在求新的方面，圣贤和常人又有绝大的不同。儒家主张"人惟求旧，器惟求新"（《尚书·盘庚》），器用层面的事物常常要求新，但为人之道却贵旧不贵新。反常道而行之，这是最常见的一种求新奇的方式。刘勰在《文心雕龙》中批评当时的文人作文不安正式，尚诡巧新奇，而求新的方法，不过"反正而已"①。人们好反常道而行，这在很多时候只是满足一种向外超越的需求。常道之所以能为常道，是因为此常道乃是大道、正道。在常道的基础之上求新奇，很多时候只是由大道入了小道，由正道入了邪道。

在行仁道的过程中，时时要讲究权变，时而能狂，时而能狷，这就需要"时中"。为仁须顾及大义，讲究无过不及，不偏不倚，平实周全。这便是中庸的提纲挈领的为仁之道。在为仁的过程中，中庸是一个提纲挈领的、一以贯之的方法。为仁不取乡原，也不取狂狷，为仁之道取的是中庸之道。

---

① 刘勰："自近代辞人，率好诡巧，原其为体，讹势所变，厌黩旧式，故穿凿取新；察其讹意，似难而实无他术也，反正而已。"（《文心雕龙·定势》）

二、忠恕

孔子为仁还有一个一以贯之的方法，那就是忠恕。忠恕的方法实际就是中庸的方法在人己方面的贯穿。先秦有两种极端的思想，一是墨子的绝对利人，一是杨朱的绝对利己。孔子的忠恕之道讲究推己及人，立己立人，这实际也就是执杨墨之两端而取得的一种中庸。所谓"忠"就是"尽己"，是着眼于己的为仁的方法；所谓恕就是"推己"（及人）①，是着眼于人的为仁的方法。

汉语中"忠"的含义主要有：（1）中，即中正、中直、不偏不倚；（2）诚，即忠诚、真实、无欺；（3）尽，即尽心、尽力；（4）一，即忠一、贯彻始终、忠贞不二；（5）敬，即敬重、恭敬。现在人们更多地把忠理解为"忠一"，而且是蕴含有一定的主从关系的"忠一"，如臣子对君主的忠，妻子对丈夫的忠。然而，"忠"较早的含义应该是"尽"。《左传》中多次出现忠字，其含义多为"尽"，表示人的"尽心竭力""恪尽职守"。这时的"忠"尚不蕴含主从关系，"忠"不仅仅是下对上的关系，而同样也包含了上对下的关系。

"忠"在《论语》中出现18次，含义也较为多样。其中与"信"连用者居多，其含义主要是"诚"，如"言忠信，行笃敬"（《卫灵公》）。其中也有以"一"为含义的忠，如"居之无倦，行之以忠"（《颜渊》）。也有以"敬"为含义的忠，如"居处恭，执事敬，与人忠"（《子路》）。而作为为仁之方的忠（即曾子所说的"夫子之道，忠恕而已矣"的忠），则是以"尽"为含义的忠。这一"忠"虽然也蕴含有"中""诚""尽""一""敬"等含义，但其最主要、最直接的含义仍然是"尽"。朱熹注忠为"尽己"②，甚为切中。而"尽己"又包括了尽心与尽力两个方面。

---

① 朱熹："尽己之谓忠，推己之谓恕。"（[宋]朱熹：《论语集注》，齐鲁书社，1992，第34页。）
② 朱熹：《论语集注》，齐鲁书社，1992，第34页。

为仁首先要在心上下功夫，尽己最首要的就是尽自己的心。求仁首先要心志于仁，能尽"志于仁"之心，就是在为仁。心志于仁，就是"欲仁"。"欲仁"又具体表现为喜好仁和憎恶不仁这两个方面。孔子说，自己没有见到真正算得上喜好仁和憎恶不仁的人；如果一个人能喜好仁，他自会觉得世上更没有什么能胜过仁；如果一个人能憎恶不仁，那他也算得上是仁人了，因他将不让那些不仁的东西加在自己身上。由于孔子把仁推到最高地位，为仁也就常常被误解为是极难的事。冉求就对为仁心存畏惧，以为自己力不足以为仁。孔子指责他，当自己在中途废弃的时候，就是力不足的时候，现在你认为自己力不足，就给自己划出了废弃的界限了。孔子指责冉求，认为他的问题不在于力不足，而在于他没有尽心。尽心是人人可以做的，不受能力的限制，不存在力不足的问题。所以孔子才说，有没有谁真正愿意花一天的工夫用到仁上？我从来没见过力不足的。尽心即是为仁，人之为仁与否并不决定于外在事功。子贡有一次问孔子，如果有一个人能广泛地施舍民众，又能帮助他们把生活过好，这人可以算得上仁吗？孔子说，这哪里是仁的事情，这是圣的事情了，尧舜恐怕都还难以做到啊；想成就自己，便同时也想成就他人，自己想通达，便也帮助别人通达；能把眼下的事情做好，就是在为仁了。子贡是从事功方面谈仁，所以被孔子所否定。广泛地施舍民众，又能帮助他们把生活过好，这是外在的事功，它受个人能力和许多外在因素的限制，如果以此求仁，便如朱熹所说，将会"愈难而愈远"[①]。仁是内在的，本不需要外求，只要在尽心，就是在为仁。外在的事功并非人人可以成就；但尽心却是人人可为的，而并不受能力和外在因素的限制。

为仁不与外在的事功相干，但这并不是说，为仁不与外在的行为相干。阮元屡次强调行对于仁的重要性，他认为，心和仁不能混为一体，如果把仁视

---

① 朱熹：《论语集注》，齐鲁书社，1992，第60页。

为本心之德，那么就不须用力去做，只须端坐静观就可以称仁了；就像一个面壁多年的老和尚，只要心怀一片慈悲心，就可尽为仁之事了①。阮元的这种看法，应该是针对宋明儒者而发的。宋明儒者为强调仁的内在性和自主性，曾提出"即心即仁""欲即是仁"的说法②。为仁到底是否在于心，首先要确定这个"心"到底是什么样的一个心。阮元在这里提到的不须用力去做的心，都是不欲行之心。而宋明儒者所指之心，其实是欲行之心，它始终与人的外在言行是关联着的，并非无须用力为之。为仁不以是否达成事功论，但仍以是否尽力论。为仁只须尽力，至于外在结果，则是行了一尺是一尺，获得一寸是一寸。正如孔子所说的，就像堆土成山，在还差一筐就要完成的时候，如果停止了，就是自己停止了（就是不尽心了）；在平地刚要开始的时候，即便只堆上一筐，如果努力向前，那也是自己在向前（就是在尽心）。

某种程度上说，只有尽了力才能算是尽了心。如果心里努力想着要达成某事，却又不愿行动，或者即便有所行动，又不愿尽力，这当然也算不上尽了心。仁不只是摆在心中想想了事，为仁还要有所行动，尽己还需做到尽力。不论是尽心还是尽力，都在于人的意念，而不受人的个人能力和外在因素的限制。所以孔子才能说我想仁它就到我跟前，以及为仁完全在于自己这样的话。

以上所说，都是以"为仁者"自己为着眼点谈如何为仁。孔子的仁始终关涉的是人与人之间的关系，因此，为仁的方法必然也有以他人为着眼点的方面，这一方面的为仁的方法，就是孔子的恕的方法。

在我们的日常语境之中，恕最主要、最常见的意思就是宽恕，也就是宽容饶恕。但宽恕只是恕的后起义，恕的古义是推己及人。从文字构成来看，

---

① 阮元撰，邓经元点校，《研经室集》，中华书局，1993，第178—182页。
② 朱熹："盖仁即心也，不是心别有仁也。"（[宋]朱熹撰，朱杰人等编：《朱子全书（第十六册）》，上海古籍出版社，安徽教育出版社，2002，第1977页。）焦竑："欲即是仁，非欲外更有仁。欲即是至，非欲外更有至。"（[明]焦竑：《焦氏笔乘》，上海古籍出版社，1986，第199页。）

"如""心"相构为恕,"如心"就是视他人之心如己之心,也就是推己及人。"以己量人谓之恕"(《贾子·道术篇》)、"以心揆心为恕"(王逸《楚辞章句》)、"以心度物曰恕"(玄应《一切经音义》),这些对恕的古义的训解大同小异,大抵不外推己及人。先秦典籍中的恕的含义基本都是推己及人。《论语》恕字两出,含义也都是推己及人。其中一处见于曾子和孔子的对话中。孔子告诉曾子,自己所讲的道理有一个一以贯之的东西。其他学生问曾子那个东西是什么,曾子告诉他们,那就是"忠恕"。另一处见于子贡和孔子的对话中。子贡问孔子,是否有一个可以终生奉行的东西,孔子告诉他,那就是恕,恕就是自己不想要的,不要施加给别人。孔子还曾说,仁就是自己想成就的,便也帮助成就别人,想自己通达的,便也帮助他人通达;从切近的事情开始,按这样的原则去做,就是为仁的方法。可见,在孔子那里,恕是仁的内容,也是为仁的方法。孔子指出的推己的办法是从切近的事情入手,由近及远,由小及大。近莫近于己,孔子的意思是要人从自己入手,推己及人。仁者爱人,恕是为仁的方法,推己及人就是推爱己之心以爱人。人人都有爱己之心,推爱己之心以爱人,这就是仁,也就是如何具体为仁的方法。

孔子推己及人的恕道有积极与消极两个方面。从积极方面来说,恕就是自己想要实现的,也帮助别人实现;从消极方面来说,恕就是自己不想要的,不要施加给别人。积极的恕是以己之所欲,推知他人之所欲,并能施人以其所欲;消极的恕是以己之所不欲,推知他人之所不欲,并能避免施人以其所不欲。《中庸》说,想自己儿子以怎样的方式对待自己,就也用这种方式去对待自己的父亲;想自己的臣下以怎样的方式对待自己,就也用这种方式去对待自己的主上;想自己的弟弟以怎样的方式对待自己,就也用这种方式去对待自己的兄长;想从自己的朋友那里获取什么,就先以这些东西给予朋友。这就是积

极的恕。①《大学》说，厌嫌于上级所指使自己的，就不要用来指示下级，厌嫌于下级所侍奉自己的，就不要用来侍奉上级；自己不愿走在前面地方，就不要别人走在前面，自己不愿走在后面的地方，就不要让别人走在后面；厌恶右边的人所做的，就不要对左边的人做，厌恶左边的人所做的，就不要对右边的人做。②这就是消极的恕。积极的恕之所以必要，在于人的常态心理所存在的一种固有缺陷：人常易不自觉地以自我为中心，常希望别人好好对待自己，可是自己却又不能这般讲究地去对待别人。消极的恕之所以必要，则是基于人的常态心理的另一种缺陷：当别人把自己所厌恶的东西施加给自己之后，自己就容易有将这些东西施加给其他人的自然倾向。如上级对自己颐指气使，自己便也对下级颐指气使；自己被强者欺凌了，也转而去欺凌比自己更弱者。③这种种自然倾向都是人所易有的心理缺陷，它容易使人背离仁。人在求仁过程中或多或少也会伴随此种种心理缺陷，这就有必要勉力去执行恕道。孟子说："强恕而行，求仁莫近焉。"（《孟子·尽心上》）"强恕而行"正是为仁的切近而有效的方法。

既然恕是为仁的方法，那么恕就必须合仁，恕也就有它的一定的规定性，以区别于一般的推己及人。推己及人总是离不开欲，"己欲立""己欲达""我不欲""己所不欲"，这都涉及到欲。恕要合仁，首要的一点就是，作为推己及人的基础的欲必须是合于道义的欲，否则爱人就有可能变成害人。这一点虽未经孔子言明，但其潜在道理"合"当如此。明代吕坤曾说，"恕"这个字，本来是个好道理，但还要看那推己及人的人是个什么念头。"好色者恕人之淫，好货者恕人之贪，好饮者恕人之醉，好安逸者恕人之惰慢，未尝不

---

① 《中庸》："所求乎子，以事父；所求乎臣，以事君；所求乎弟，以事兄；所求乎朋友，先施之。"
② 《大学》："所恶于上，毋以使下；所恶于下，毋以事上；所恶于前，毋以先后；所恶于后，毋以从前；所恶于右，毋以交于左；所恶于左，毋以交于右。"
③ 唐君毅：《中国哲学原论·原道篇卷一》，台湾学生书局，2004，第89页。

以己度人，未尝不视人犹己，而道之贼也。"① 吕坤所说的种种害道之"恕"都算不得是孔子所谓之恕。这些"恕"所推的是不合道义的欲，因而"恕"也都成了背离仁道的恕。合于道义之欲往往都是在合理范围之内的人之常欲。比如，自己害怕饥寒，就知道天下之人需要衣食；自己害怕劳苦，就知道天下之人需要安逸；自己不愿困厄，就知道天下之人想要富足。这些都是明显地符合道义的人之常欲。对于什么是符合道义的欲，孔子并无具体的说明。然而，在具体的日常生活之中，什么是当推之欲，什么是不当推之欲，大抵依据人之常情，人人都容易作出大致的判定，并不需要进行太多的细推琐辩。

恕要合仁，除了要推所当推之欲，仍需讲究推的方法。"己欲立而立人，己欲达而达人"不是要人不加选择地把所有自己想要的都加诸于人；"己所不欲，勿施于人"也不是一味地避免把自己不想要的施加给人。孔子最注重权衡与变通，推己及人更多地应立足于现实生活之实际，而不能拘泥于纯粹的逻辑而对推己及人作绝对化、机械化的理解。就逻辑上而言，己之所欲与不欲，不必然是他人之所欲与不欲，则推己及人似无入手处。然而反观我们日常生活之实际，以己之所欲与不欲忖度他人之所欲与不欲，多数时候又都切实而有效。人性具有一定普遍性，人的一些基本的欲求多数是相同的，所以推己及人往往也能行之有效。

不可否认，不同人的欲求存在着许多的差异，即便是同一人，今日之欲求与明日之欲求也有可能存在差异，这就要注意推己及人的动态性与开放性，要求行恕者能在言行的交往沟通中感知到对方的所欲与不欲。恕不是为恕而恕，恕的目的在于行仁。既已在言行交往沟通之中了解到他人之所欲与不欲与己之不同（甚至相反），仍至于胶柱鼓瑟，以己之所欲施加于人，或者因己之所不欲而避施于人，这定然也是与孔子恕的精神相背离的。

---

① （明）吕坤著，王国轩等注《呻吟语》，学苑出版社，1993，第344页。

当人的欲求存在差异的时候,行恕者就应当感知到这种差异,了解到对方的所欲与不欲,并能施之以其所欲,避之以其所不欲。但这里还有一种情景,就是己之所欲与不欲和他人之所欲与不欲不但有差异,而且还有冲突①。这个时候就要回过头来对欲进行审视与权衡。首先要保证欲是合乎道义的,在己与他人的欲都不背离道义的情况下,就应成就更能合乎仁道的一方的所欲,而牺牲另一方的所欲。这也就是要舍小仁而取大仁。总之,推己及人需要在具体的情景当中作具体的权衡,权衡的终极标准就是要合乎仁。

三、克己复礼

《论语》中直接提到的为仁的方法还有一个"克己复礼"。忠恕是执利己与利人而取得的一种中庸,克己复礼则又是执德与法之两端而取得的一种中庸。作为一种为仁的方法,比起中庸和忠恕,克己复礼就具体了许多。《颜渊》载:

> 颜渊问仁。子曰:"克己复礼为仁。一日克己复礼,天下归仁焉。为仁由己,而由人乎哉?"颜渊曰:"请问其目。"子曰:"非礼勿视,非礼勿听,非礼勿言,非礼勿动。"颜渊曰:"回虽不敏,请事斯语矣。"(《颜渊》)

这就是克己复礼的出处。克己复礼历来注疏纷呈,人们对这四个字中的每一个字的含义的理解都有许多分歧。"克"或被理解为"克制""约束"(马融、孔安国),或被理解为"胜""战胜"(邢昺、二程、朱熹),或被理解为"能"(罗近溪、俞樾);"己"或被理解为"己身"(马融),或

---

① 冯友兰对这种情景作过许多具体的例举。冯友兰:《三松堂全集(第四卷)》,河南人民出版社,2001,第369—372页。

被理解为"个人不合理的欲望"（赵光贤）；"复"或被理解为"反"（孔安国），或被理解为"践""履"（李波），或被理解为"反复"（戴玉斌）；"礼"或被理解为"周礼"（何炳棣），或被理解为具有普遍意义的社会规范（刘述先、杜维明）。①然而，抛开那些细致的分歧，取同去异，我们仍然能对克己复礼取得一种大体一致的理解。"克"解作"胜"也好，"约束"也好，"能"也好，总之是要人为地、有意识地有所作为，使自己朝着道的方向发展。"己"解作"己身"也好，解作"私欲"也好，总之离不开自我这一主体。"复"解作"反复"也好，"恢复"也好，总之指的就是一种趋向的过程，这种趋向的过程所指向的就是道。"礼"解作"周礼"也好，解作"天理"也好，总之指的就是孔子心目中的道。大体而言，"克己复礼"就是要使自己能趋向于道。如前所述，孔子的道即是人道，也即是仁道。所以，克己复礼也就是能使自己趋向于仁的方向发展。能尽力使自己趋向于仁，这就是为仁，为仁也即是仁。

对于克己复礼为什么是仁，历史上也有许多不同的解释②。这些解释大体有两种路向，一种是理学的路向，一种是心学的路向。理学的路向以朱熹为代表。朱熹认为，人由"天理"和"人欲"构成，二者之外无他者存在。他说，人只有天理、人欲两途，不是天理，便是人欲。即无不属天理，又不属人欲的

---

① 熊燕军：《百年误读还是千年争论——也谈"克己复礼"的释义及其它》，《孔子研究》2007年第4期。赵光贤：《论孔子学说中"仁"与"礼"的关系》，《北京师范大学学报（哲学社会科学版）》1985年第1期。
李波：《"克己复礼"再认识》，《开封大学学报》2001年第1期。
戴玉斌：《"克己复礼"辨正》，《江淮论坛》1982年第2期。
何炳棣：《答刘述先教授——再论"克己复礼"的诠释》，《二十一世纪》1992年第10期。
刘述先：《从方法论的角度论何炳棣教授对"克己复礼"的解释》，《二十一世纪》1992年第2期。
杜维明：《建构精神性人文主义——从克己复礼为仁的现代解读出发》，《探索与争鸣》2014年第2期。
② 黄俊杰：《孔子"克己复礼为仁"说与东亚儒者的诠释》，《孔子研究》2017年第2期。

一节。①他所谓的"克己",就是要战胜私欲,私欲去除了,也就只剩下天理了。这个天理也就是礼,所以他认为,克己和复礼是一个东西,克己也就复礼了,并非克己之外另有复礼。他说"克""复"之云,虽若各为一事,其实天理人欲,相为消长,故克己者乃所以复礼,而非'克己'之外,别有复礼之功也。②克己同时就是复礼,而这个礼从形式上来说是礼,而从内容上来说也就是仁,所以克己复礼就是克己复仁。明代薛瑄更进一步明确地阐释了朱熹的这种观点,他说:"盖仁即天理也,人欲炽则天理不行,必克去己私,事事皆复于礼,则天理流行,而为仁矣。"③而心学的那一路向则不同意朱熹的看法。心学路向以王龙溪、罗近溪等阳明后学为代表,他们沿着孟子这一路,主张人性本善,所以他们反对朱熹以"天理""人欲"来划分人心。人性本是善的,仁、礼都是我自有之,并非克而后得,只要回复到原初之境,就可得礼得仁。所以他们把"克"就解释为能,克己复礼就是能自己循礼。这两种路向的分歧其实还是产生于对人性的本源的认识之中。如果抛开本然,只论现实性和可能性,那么这两种路向就没什么好争论的了。且不论人性是否本然有私欲,当下之人已然有私欲或者将可能有私欲,这是不可否认的,否则也没必要谈什么克己复礼。所以,如果抛开源头,针对当下的现实性以及将来的可能性而论,朱熹这一解释路向的合理性仍然毋庸置疑。

从工夫论上说,克己复礼又是为仁的具体而实在的方法。清代凌廷堪著有《复礼》三篇,用了较多篇幅来论述复礼对于为仁之必要。凌廷堪认为仁是抽象无形的,礼是具体有形的,为仁要在礼上下工夫才实在。太过复杂地论争心

---

① 朱熹:《朱子全书》,上海古籍出版社,安徽教育出版,2002,第1454页。
② 朱熹:《朱子文集》,中华书局,1985,第3868页。
③ 薛瑄:《读书录》,商务印书馆,1986,第6页。

性,反不易于行仁。①凌廷堪极为重礼,他甚至把礼的重要性放在了仁之上,主张以礼摄仁,他对仁礼关系的看法固然有其偏颇之处②,但他对复礼于为仁之必要性的论述,又有其可取之处。

孔子说到"克己复礼为仁",又说到"为仁由己"以及"非礼勿视,非礼勿听,非礼勿言,非礼勿动"这些克己复礼的细目。在这里,孔子很明确地说明克己复礼就是仁,同时也是为仁的方法。"克己复礼为仁"的"为仁"与"为仁由己"的"为仁"有所不同。前一"为仁"的"为"是系动词,可释为"是";后一"为仁"的"为"是实义动词,可释为"做""行"。然而在此一语境中,这两处"为仁"所指涉的都是克己复礼。这也可以见出,在孔子那里仁是融本体与工夫为一体的。"克己复礼"既是仁之本体,也是为仁之方法。

---

① 凌廷堪:"颜渊大贤,具体而微。其问仁与孔子告之为仁者,惟礼焉尔。仁不能舍礼但求诸理也。……圣人不求诸理而求诸礼,盖求诸理必至于师心,求诸礼始可以复性也。""彼释氏者流,言心言性,极于幽深微眇,适成其为贤知之过……后儒不察,乃舍礼而论立,纵极幽深微眇,皆释氏之学,非圣学也。颜子由学礼而后有所立,于是驯而致之其心三月不违仁。"(凌廷堪:《校礼堂文集》,中华书局,1998,第31—32页。)
② 黄俊杰就指出:"如果仅就凌廷堪在《复礼》三篇中所持之'礼'本论以及'礼'先于'仁'之说来看,则凌廷堪对'礼'与'仁'关系的掌握,或不能免于过度简化而单线,未能如实掌握孔子思想中'礼'与'仁'之复杂关系。"(黄俊杰:《孔子"克己复礼为仁"说与东亚儒者的诠释》,《孔子研究》2017第2期。)

第三章 仁的根本性

孔子的思想涉及诸多的概念，其中包括了仁、义、礼、智、信、忠、恕、孝、悌、勇、恭、宽、信、敏、慧等等。这些概念互相关联，共成体系。其中，仁是孔子思想的核心概念，在孔子思想中最具根本性[①]。仁的根本性指的是在孔子的思想体系中，仁是最根本的原则，其他原则都是仁的原则的延伸与具体化。而且，其他原则要以仁为前提，当其他原则与仁有所冲突的时候，应以仁为优先。

道是孔子哲学的最高范畴，德是道的具体化。仁自身是一个道德范畴，它统摄着其他诸德。而智不是一个道德范畴，在孔子哲学中，它是唯一一个可以与仁相对举的概念。通过分析仁与道这一最高范畴的关系，仁与它所统摄的其

---

① 人们对孔子思想体系有不同的重新构架，因而对什么是孔子思想的核心以及孔子思想到底有无核心存在不同的看法。一般认为，孔子思想的核心是仁（孔凡岭：《孔子研究·导言》，中华书局，2003，第43页。）；也有人认为是礼（侯外庐、赵纪彬等：《中国思想通史（第一卷）》，人民出版社，1957，第141、159页。）；也有人认为是义（韩石萍：《孔子之道"义"以贯之》，《史学月刊》1996年第1期。）；也有人认为是中庸（范文澜：《中国通史简编》，华东师范大学出版社，2014，第66—69页。）；也有人认为是和（骆承烈，参《孔子研究·导言》）；也有人认为孔子的思想是仁礼二位一体的结构（张岂之：《中国思想学说史：先秦卷（上）》，广西师范大学出版社，2007，第246—247页）；还有人认为孔子的思想是仁义礼三位一体的结构（劳思光：《中国哲学史（一）》，三民书局股份有限公司，1982，第56页）。本文主仁是孔子思想的核心这一看法，本章的重点在于阐释仁的根本性。

他诸德的关系,以及仁与能和它相对举的智的关系,就能见出仁的根本性。

一、仁与道的关系

中国古代哲学一般都以道为最高范畴。不同的哲学家对人生和世界都有不同的认识,因而道在不同的哲学家那里又有不同的内涵。孔子的思想也以道为最高范畴,这个一以贯之的道统摄着人己,统摄着天地鬼神。在孔子那里,仁即是道,确切地说,即是人道。

汉语中的"道"有道路、途径、方向、方法、原则、德行、思想、学说、言说、规律、原理、道理、真理、境界等等含义。"道"最原初的含义应当是道路,其他含义皆由这一含义衍生。古人的字典上明确规定着,道即是人所行走的,通往一个方向的,没有分岔口的道路。①由这一原始义进一步引申,便引申出哲学意义的最高范畴的"道"。哲学意义的最高范畴的"道"往往指一切人、事、物所应遵循的轨道,或者说是规律、法则。它指引着人们的方向,引领着人们的所去所从。这一最高范畴的道又往往区分为天道和人道。天道即人之外的一切天地鬼神之道,人道即人事之道②。《易传》有天道、人道、地道的划分③,但其中的地道更多地似为凑足"三才"(天、地、人)之道而立名,并无太多实际的哲学意义。《易传》之外的哲学著作极少涉及地道,在中国哲学中,地道更多地只是作为一个普通的名词使用,而天道与人道则构成一对较为核心的哲学范畴。

作为哲学的最高范畴的道涵盖了天道与人道,然而,天道玄远,人道切

---

① 《说文》释道:"道,所行道也,一达谓之道。"
  《尔雅》释宫:"一达谓之道路,二达谓之歧旁,三达谓之剧旁,四达谓之衢。"
② 唐君毅:《中国哲学原论·原道篇》,台湾学生书局,第64页。
③ 《易·系辞》:"《易》之为书也,广大悉备,有天道焉,有人道焉,有地道焉。"

近。孔子较少论及玄远的天道，而只论切近的人道。孔子曾感叹：天又说了些什么呢？四季运转有序，百物生长不停，天又说了些什么呢？这表明，在孔子的观念中的确存有着一个天道，使四时行，使百物生。然而孔子又较少论及这个天道。孔子不太喜欢谈论怪异、强力、悖乱、神道等事情，也不太喜欢谈论天道。如孔子的学生子贡所说，可以听到老师讲诗书礼乐，但很难听到老师讲性和天道。孔子论道，主要论的是人道，而不是天道。孔子后学荀子也说，道并非天之道，也并非地之道，而就是人之道。①司马迁也曾引孔子的言论说，记载论述一些空洞的说教，不如切实地考察一些具体的事例来得深切显明。②这都可以符合孔子思想言论的宗旨和风格，孔子更愿意谈的是切实的人道。在孔子的言论中，一旦涉及到哲学意义上的最高范畴的道，指的都是人道。孔子曾说，人能弘大道，并非道能弘大人，这里的"道"，指的就是排除了天道的道，也即是人道。只有把道确定为人道，才有所谓人能弘大道。

仍需注意的是，孔子的人道（Humane）不同于西方人道主义意义上的"人道"（Humanity）。西方的人道主义（Humanitarianism）是源于14—16世纪文艺复兴时期的一种思想，其核心精神是提倡人性，反对神权，提倡关怀人、尊重人，主张个性解放，人格平等，建立以人为中心的世界观。法国大革命时期，西方人道主义被具体化为"自由""平等""博爱"。孔子的人道思想也重视人的价值，但并没显在或潜在地展现出以人为中心的世界观；孔子的人道也不曾直接涉及个性解放和人格平等方面的内容；孔子的人道以仁爱为核心，仁爱是建立在血缘基础上的有等差的爱，与西方人道主义的博爱也有差别。当然，孔子的人道与西方人道主义的人道也有许多相通之处。孔子的人道以仁为具体内涵，与西方人道主义一样，仁最突出的表现就是关怀人、尊重人、爱护人。

---

① 《荀子·儒效》："道者，非天之道，非地之道，人之道也。"
② 《史记·太史公自序》："子曰：我欲垂之空文，不如见之行事之深切著名也。"

人道就是为人之道，在孔子那里，人道的具体内涵就是仁。不同的人有不同的身份，人道也就体现出不同的内涵。人有君、臣、父、子、兄、弟、师、友等等不同的身份，人道也就分别有为君、为臣、为父、为子、为兄、为弟、为师、为友之道等等具体之类型。这些不同类型的人道都应符合仁的原则。仁的原则在为父、为兄、为弟之道中具体如何贯穿，《论语》语焉不详；而仁的原则在为君、为臣、为子、为师、为友之道中的贯穿，《论语》则有很具体的论述。

于为君者而言，人道的主要内涵就是施行"仁政"。仁政即是"道（导）之以德，齐之以礼"的政治。孔子反对以严刑峻法治国，但也不是主张完全不要规则制度。国家少不了规则制度，但这些规则制度应时时贯穿仁的精神。贯穿着仁的精神的规则制度事实上就是礼制。礼制是仁的精神的外在化、形式化、固定化。国家根据仁的精神制定出礼，使百姓有制可依，这就是"齐之以礼"。此外，为君者还应依仁的原则对待自己的臣子与百姓。这就要求为君者能惜民、爱民、宽民。孔子主张，为政者要化残去暴，对百姓要加以教导而不能轻易杀伐，不能让未经训练的人民上战场；要节约费用爱惜人力，又有时节地役使百姓；要善于宽赦臣下和人民的小过失。这都是仁政的具体体现，为君者能以仁德对待百姓与臣子，就做到了"道之以德"。

于为臣者而言，人道的主要内涵是忠。忠是仁的原则在为臣之道中的贯穿。忠首先是忠于君，所谓"臣事君以忠"，它要求为臣者"事君能致其身""事君尽礼""事上也敬"。此外，忠更根本的还是要忠于仁道。忠不是要为臣者唯君之命是听，忠君是为了忠道，如果国家无道，君主无道，为臣者就应当犯颜直谏。谏而无效，则应去之。孔子认为，政治清明，就出来做官，政治黑暗，就把自己的本领隐藏起来。能称得上"大臣"的，都应能以道事君，如果道不能行，就干脆辞职不干。所以，为臣的忠道不止忠于君，而更应忠于道。

于为人子者而言，人道的主要内涵是孝。孝是仁的原则在为子之道中的贯穿。孝是子女对父母的爱，它首先要求子女能对父母以礼相待。此外，孝更重要的是心理情感的培养，子女对父母要有发自内心的关爱。为父母操劳一些事情，有吃的喝的，先让给长辈，这都是孝的外在的形式上的行为，它应该建立在内心的仁爱的基础上；如果脱离了内心的敬爱之心，那些外在的形式就没有意义。心存仁爱，行有礼敬，父母在世的时候，能做到尽力侍奉，尊敬而不忤逆，忧劳而不怨恨；父母去世以后，能做到临丧而哀，做到以礼安葬，以礼祭拜，这就算得上孝。

仁的原则也贯穿在为师之道之中。师者传道授业解惑，而传道又是为师者最重要，最终极的目标。孔子教学不止于使学生学会种种菜、种种庄稼之类的技能，而更重要的是要让学生知道、志道、行道，此所知、所志、所行之道即是仁道。对于那些有心向学之人，为师者应宽大为怀，广开师门。孔子自己对于求学者的态度是：只要是以礼来拜师求学的，自己从不拒之门外。对于来自风俗恶劣之乡的小孩，孔子也是不记过往，欣然接受。在教导的过程中，为师者应悉心教导，做到别人不知而自己不愠怒，循序渐进善于引导，教诲他人不生烦倦。为师者对学生也应如父母爱子女一般，能爱能叱，能慈能威。

为友之道也贯穿着仁的原则。仁首先贯穿在择友的原则之中。君子择友应以仁为标准。所谓"蓬生麻中，不扶而直；白沙在涅，与之俱黑"（《荀子·劝学》），朋友的选择很大程度上影响着一个人人格的形成。君子既志于仁，则应以文章学问为媒介来结交朋友，又借助朋友来辅助仁德的培养。孔子说，有三种有益的朋友，有三种有害的朋友：与正直的人交友，与诚信的人交友，与见多识广的人交朋友，这是有益的；与谄媚的人交朋友，与软媚的人交朋友，与油嘴滑舌的人交朋友，这都是有害的。这可以视为择友的正反两方面的几个标准。总的说来，择友要以仁作为最终标准。此外，与朋友相处也应以仁为原则。与朋友相处，能视朋友如兄弟，能友爱，能礼敬，能言而有信，能

互勉共进。与朋友相处，还须直诚，朋友有过错，应当面指正，真诚地告诫并合理地引导。如果这样仍不起作用，就可以停止和他交往，而不应心里藏着对他的怨恨，表面上却又和他交朋友。

此外，人道还应包括为己之道。为己之道指的是人的独处之道，也就是人的"慎独"的工夫。为己之道也贯穿着仁的原则。君子首先应"好仁""安仁""志于仁"，即便是独处的时候也应"无终食之间违仁"。既已立志，又当好学，只有好学才能知仁道，守仁道。所以，好学也是仁的体现，所谓"博学而笃志，切问而近思，仁在其中"。君子在独处时，言行也应贯彻仁的原则，做到"修己以敬""行己也恭""克己复礼"。君子在独处时，还应善于反思，"日三省吾身"，一旦发现过错，则要勇于改正。

总之，所有类别的人道统统都应该体现出仁的原则，否则便不足以称为人道。

二、仁与德的关系

德是道的具体化。从字义上讲，"德"主要有两层含义：一是指人的道德品质，二是指事物从道所得的特殊规律或特性[①]。第二层含义的德，道家用得较多，《论语》中的德仅含第一义，这里所讨论的仁与德的关系，也仅指德的第一义。德即是得，"外得于人，内得于己"为德[②]。"内得于己"指的是通过自己的道德修养形成好的道德品质，也就是孔子说的"修己"；"外得于人"指的是依靠道德处理好人己关系，也就是孔子说的"安人"。仁即是德，仁的忠的方面就是"内得于己"，仁的恕的方面就是"外得于人"。仁是一种

[①] 方克立主编《中国哲学大辞典》，中国社会科学出版社，1994，729页。
[②] 《广雅·释诂三》："德，得也。"《说文》："悳（德），外得于人，内得于己也。"

最具特殊性的德,按冯友兰的说法,仁既是"细德",也是"全德"①。细德是具体的道德原则,而全德则是统摄、兼涵其他诸多细德的根本道德原则。冯友兰所说的作为道德规范体系中的德目之一的细德之仁,其实也就是核心含义的仁;而作为一种基本原则和精神贯注于其他诸德之中的全德之仁,其实属于延伸含义的仁。而这两个层面的仁都具有根本性,为其他诸细德所应体现而不能违背。

通过分析仁与其他诸德的关系,就容易见出仁的根本性。《论语》中有不少文本已经直接涉及到仁在诸细德中的根本性。以下就以这些文本为依据,论述仁在这些细德中的根本性。

1. 孝者仁之始

孝是仁的开端,而仁是孝的根本。《论语》中有子说过一句话:"君子务本,本立而道生;孝弟也者,其为仁之本欤?"这容易使人误以为,孝是仁的根本。事实上,把孝理解为仁的开端是可以的,把孝理解为仁的根本是如何也说不通的,是孝要符合仁的原则,而不是仁要符合孝的原则。

"孝弟为仁之本",这里的仁,一般有两种解释,一是把仁理解为"人",孝悌即是仁的最直接的一种,说孝悌是人之本,也就是说仁是人之本②;再就是把仁直接理解为本字,如程颐。程颐认为,为仁从孝悌开始,孝悌属于仁的一个方面,说孝悌是行仁之本可以,说孝悌是仁的根本就不行。因为仁是性,孝悌是发用,性包括仁、义、礼、智四者,不包括孝悌。仁主爱,

---

① 冯友兰:《对于孔子所讲的仁的进一步理解和体会》,《孔子研究》1989年第3期。
② 焦氏《笔乘》:何比部语予:"丰南禺道人曾论'孝弟也者,其为仁之本与','仁'原是'人'字。盖古'人'作'仁'因改篆为隶,遂讹传如此。如'井有仁焉'亦是'人'字也。"予思其说甚有理。孝弟即仁也。谓孝弟为仁本,终属未通。若如丰说,则以孝弟为立人之道,于义为长。(程树德著,程俊英、蒋见元点校:《论语集释》,中华书局,1990,第13页。)

爱莫大于爱亲,所以说"孝弟也者,其为仁之本"。[1]程颐在这里是把仁理解为本字,但即便如此,他仍然不同意孝悌是仁的根本的说法。他把孝悌视为是"为仁"之本,但这个"本"并不作根本性理解,而是作重要性、直接性理解。"爱莫大于爱亲",这是把孝悌视为最重要的仁行;"行仁自孝弟始",这是把孝悌视为最直接、最开端的仁行。

儒家注重仁德修养的外推过程,为仁由己及人,由近及远。对父母的爱是"孝",把这种爱延伸到兄弟姐妹那里就有了"悌";延伸到子女那里,就是有了"慈";延伸到夫妻之间,就有了"义";延伸到朋友那里,就有了"信";延伸到国家,就有了"忠";延伸到和我同类之人,就有所谓"仁民";延伸到有生活机能的物,就有了所谓"爱物"。这就是仁的外推的过程。一己之外,孝是最近的,仁的外推由孝开始,孝为仁之本,只能理解为孝是为仁外推过程的开端。就原则的根本性而言,仁乃是孝的根本。《论语》中孔子几处论孝,都可以体现仁对于孝的根本性。一次是子夏向孔子问孝,孔子告诉他,如果不给父母好脸色看,即便为他们操劳一些事情,能优先他们的饮食,也算不上孝。一次是子游向孔子问孝,孔子告诉他,不是说能养就能算孝,狗和马也都有所养,对父母不能敬,就和对待狗马没有差别了。这两处其实都是说孝的根本在于爱,如果没有爱那些孝的外在行为和形式就算不得真正的孝。如果对父母有深爱,就必然会尊敬父母,也能在父母面前和颜悦色,而不至于不给父母好脸色看。又有一次,孔子告诉樊迟,父母健在的时候,能依礼来侍奉他们,父母去世之后,又能依礼来安葬他们,依礼来祭奠他们。这又是以礼来规定孝。礼也有可能是徒具形式而不能合仁的,孔子指的礼当然是真正意义上的礼。而真正意义上的礼也是要符合仁的,仁也是礼的根本。

---

[1] 程颢、程颐:《二程集》,中华书局,1987,第183页。

2. 礼者仁之常

仁是有它的常态的，这种常态一旦被规范化、形式化、固定化，那就是礼。温裕民以"礼为守常，义为应变"①区分礼和义，可谓切中肯綮。北宋程颢、程颐两兄弟甚为推重礼教，端居正行，道貌岸然，有人讥讽说，先生谨于礼四五十年，应甚劳苦。程颐答道，自己每日履平地而行，何劳何苦？他人每日蹈于危地，那才真正劳苦。礼是程式化、固定化而又能合乎仁心的举止，直易而又让人安心，故而程颐以合礼为安逸，违礼为劳苦。《说文》谓："礼者，履也。"礼就是供人践行的固定的规范。礼有广狭之分，广义的"礼"包括了一切的典章制度以及贵族的行为规范，狭义的"礼"就是指礼节，也就是人的行为规范②。孔子在《论语》中所指的礼多数都是狭义的"礼"。

礼的起源较仁早，在孔子之前人们对礼的重视程度要高于仁。孔子论礼的特点就在于他强调仁与礼的统一。礼而不仁是不行的。孔子感叹：弄些玉帛就算是礼吗？弄些钟鼓就算是乐吗？人如果脱离了仁的精神，礼又有什么意义，乐又有什么意义？没有了仁的精神，钟鼓玉帛等等礼乐用具就成了空洞之物。礼离不开仁，礼要是离开了仁，就变成了徒具外壳的形式，就失去了它应有的价值。同时，仁而不礼也是不行的。礼是一套固定的规范，它使人在行仁道的过程中能有迹可循。礼有助于人们实现仁德，同时也有助于培养人的仁德。行仁的的终极是要达成"从心所欲不逾矩"的境界，在此之前，行仁需要借助于礼的人为地矫正。孔子的理想是仁与礼的统一。孔子认为，依靠智慧获得了人民，依靠仁德守住了疆土，依靠严肃能治理百姓，如果不能以礼来动员他们，这还是不够完善。有子也指出，知道要和，只一意求和，不以礼来节制，最终也是行不通的。这都是强调礼对于仁的重要性。仁与礼的关系是文与质的关

---

① 温裕民：《论语研究》，商务印书馆，1930，第57页。
② 赵光贤：《论孔子学说中"仁"与"礼"的关系》，《北京师范大学学报（哲学社会科学版）》1985年第1期。

系，最理想的状态就是文质彬彬，仁礼统一。

在仁礼统一的前提下，仁对于礼又具有根本性①。仁对于礼的根本性首先表现在礼的产生与制定要以仁为依据。《郭店楚简》说："礼生于情……礼，因人之情而为之。"《史记·礼书》也说："缘人情而制礼，依人性而作仪，其所由来尚矣。"这都是说，礼要以人之常情为依据。而所谓人之常情，有的是消极的，需要节制，有的是积极的，需要开显。消极的人情，实际就是那些有悖于仁道，并阻碍人通达于仁道的人情。为了节制这样一些人情，就产生了礼。人天生就是有欲望的，欲望常常得不到满足，人们便不断追逐以求满足。欲望无止境，人的追逐也就无边界，个人无止境地追逐必然产生欲与欲之间的争夺，人与人之间的争夺。个人欲与欲之间争夺，就会使人内心产生痛苦与混乱；人与人之间争夺，就会产生冲突与战争。先圣先王为制止人间的痛苦、混乱、斗争，就制作出了礼义，以限制人们无止境的追求，以引导人的欲望，使之限定在合理的范围之内得到满足，使欲不穷于物，物不屈于欲，两者相持而长。②而积极的人情，实际就是那些能体现仁道，并促使人通达仁道的人情，如孟子所说的"四端"。为了开显和扩充这样一些人情，也有必要制定一些礼。

仁对于礼的根本性其次表现在，礼的表现是一种外在的形式，仁是这种外在形式的根本，礼的内容处处要体现仁的精神。如王阳明所说："仁也者，礼之体也……经礼三百，曲礼三千，无一而非仁也。"③时代是变化的，礼的形

---

① 孔子把仁的重要性放到礼之上，使礼从属于仁。何炳棣认为："孔子开始建立"仁"说之前，广义的礼已经存在、发展、演变了好几千年。由于孔子的经验世界无法超越广义的礼，所以"仁"的施行对象处处必须受礼的限界。这正说明何以作为"仁"这整体一部分的礼竟能不时居于"主宰"的地位。但当孔子仁和礼的理论都完成以后，仁已成了所有一己内在道德动力的总汇，从非历史的、纯抽象的理论体系而言，礼对仁便可认为是居于从属地位了。"（何炳棣：《答刘述先教授——再论"克己复礼"的诠释》，《二十一世纪》1992年第10期。）
② 王先谦著，沈啸寰、王星贤点校：《荀子集解》，中华书局，1992，第409页。
③ 王守仁撰，吴光等编校：《王阳明全集》，上海古籍出版社，2011，第271页。

式也会随着时代的变化而变化,不变的是,礼时时都应体现出仁的精神。正因如此,当礼逐渐变成形式躯壳,不再能体现仁道,甚至最终成为束缚人的绳索的时候,就需要对它进行革新,使之与仁的精神相符。由此足见,仁对于礼是具有根本性的。

礼是仁的常态,而仁也还有它的变态。为仁有一定的灵活性和变动性,在具体的情境中,为仁有时须要权衡和变通,这种权衡和变通不符合常"礼",而又在根本上能符合仁,这就是"义"。

3. 义者仁之权

在汉语中,仁义常合为一词而成为道德的代名词。所谓的"仁义道德",乃是个同义复词,"仁义"即是"道德"。然而仁与义分开使用的情况还是更为常见。分开使用,义就有它更为特殊的含义。"义"是会意字,从羊从我(義),起初指祭祀的一种仪式,后来演变出"威仪"的含义,再后来又有"合宜""应该"等的含义。"义"字见于《论语》共25次,含义都不出"合宜""应该"。

"义"首先有"合宜"的含义。《礼记》说:"义者,宜也。"皇侃对孔子"信近于义,言可复也"这句话作注疏的时候,也把"义"解释为"合宜"[1]。义就是合宜,然而这种合宜又不是一般的合宜,它主要是针对仁道而言的一种合宜。人吃饭穿衣,都有所谓合宜与不合宜,但人的吃饭穿衣的合宜却不能冠名为"义"。义的合宜要建立在仁的不合宜的基础上来讲。当然,仁有合宜与不合宜,这是针对现实中行仁的具体情况而言的。真正意义上的仁都是合宜的,不合宜的"仁"不足以称之为仁。我们所谓的有不合宜的"仁",指的都是特殊情况下会牺牲大仁的小仁。比如说,在古代,"男女授受不亲"

---

[1] 程树德著,程俊英、蒋见元点校:《论语集释》,中华书局,1990,第51页。

(《孟子·离娄上》),这是礼的规定,"非礼勿动",这本是为仁的表现。但如果"嫂溺"而不援之以手,这种"非礼勿动"就是不合宜的"小仁",其导致的结果必然是见死不救,这就害了"大仁"。这种情况就需要对小仁进行权变与匡正,使之合宜,这就是"义"。《说苑》讲,有大仁的人,能爱近以及远,当有冲突的时候,就牺牲小仁以成就大仁。牺牲小仁以成就大仁,这就是合宜,也就是义。义需要牺牲小仁,这也就意味着,从小处来看,义是反仁的。反小仁而行,而合大仁,这就是义;反小仁而行,而又不合大仁,这不但不是义,而且也是不仁。所以,义与不义,其判断的根本标准在于仁与不仁。于此也就体现出了仁对于义的根本性。

"义"其次还有"应该"的含义。这一层含义就是陈淳所说的"当然而然,无所为而然"[1],冯友兰将其理解为"应该"[2]。"应该"要以合宜为前提,只有合宜的才可能是"应该"的。"应该"的重点在于"无所为而然"。"无所为而然"也就是无条件的、不为什么目的而去做的。这个"无所为"是相对于"有所为"而言的,"有所为"为的就是个人的私利。"义"与"利"一向对举而论,也正是就这一层面而言的。"利"是以个人的私利为出发点而去做某 事情,"义"是不以个人私利为出发点而无条件、无目的地去做某件事情。当然,这个"无目的"也不能说全然就无目的,要说有什么目的,那就是仁,就是道。做某件事情的出发点不是仁,这就不是义;以仁为出发点而无条件地去做某件事情,这就是义。义与不义,其判断的根本标准仍在于仁与不仁。于此同样可以体现出仁对于义的根本性。

4.仁对于其他诸德的根本性

礼与义,一为仁之常,一为仁之权。其他诸细德都要符合礼和义,这也

---

[1] 陈淳著:《北溪字义》,中华书局,2009,第53页。
[2] 冯友兰:《三松堂全集(第五卷)》,河南人民出版社,2001,第12页。

是仁的根本性的体现。拿"勇"这一德来说，勇是要合礼义的，因而也是要合仁的。勇者，气也，力气所至，生命勃发甬甬然就是勇。孔子说，仁者一定有勇，但勇者不一定能仁，这就是说，勇也有可能是不合仁德的。徒手和老虎搏斗，不借助船只去渡河，死而不悔，这也算是一种勇，但这种勇只是匹夫之勇，不能体现仁德，所以孔子对这种勇并不赞许。孔子把勇视为大德，但又强调自己讨厌那种勇而无礼的人，他认为人有勇而无礼义，就容易生乱。勇要成为一德，需以仁为根本，受到礼、义的规范。勇如果不受礼、义的规范，则容易为乱、为盗，而不能为德。又如"信"这一德。言不反复为"信"，但只要能在根本上合仁，言语的反复就是一种权变，是一种义，也能算是德。仁对于其余诸德的根本性的体现大体雷同，兹不赘述。

三、仁与智的关系

孔子的思想中的义、礼、信、忠、恕、孝、悌、勇、恭、宽、信、敏、慧等等概念，都可由仁统摄，而不能与仁对举而论。真正可以和仁对举而论的，只有"智"。

"智"是"知"的后起字，主要有智慧、智谋、知识等含义。《论语》"知""智"相通，除"智者利仁"（《里仁》）一处，《论语》中的"智"全部写作"知"。"智"的具体内涵可以分两个层面来理解：一个是认识层面的，一个是实践层面的。

认识层面的"智"，其实就是我们现代汉语中的"知"，能知也是有智慧的一种表现。认识层面的"知"主要表现为能知道道理，能知道真相，能具备某些方面的知识。所谓能知道道理，主要指的是能知因果、知规律、知天命。"民可使由之，不可使知之"（《泰伯》），这里的"知"指的就是知因果；"告诸往而知来者"（《学而》），这里的"知"指的就是知规律；"道之将

行也与，命也；道之将废也与，命也"（《宪问》），知道大道的行与废最终决定于天命，这种知就是知天命。所谓能知道真相，就是人所知道的东西能与事实相符，此即荀子所说的"知有所合谓之智"（《荀子·正名》），它主要包括了能知人、知事、知物。"观过，斯知仁矣"（《里仁》），这是知人；"知为君之难"（《子路》），这是知事；"知松柏之后凋"（《子罕》），这是知物。所谓能具备某些方面的知识，主要指的是通过学习和记忆而获得的一些专门的技能或者某些相关的信息。"知之者，不如好之者"（《雍也》）、"孰谓鄹人之子知礼乎"（《八佾》），这都是指知道相关的知识。此外，认识层面的"知"，还有特殊的一种，那就是能知是非。所谓能知是非，指的是能对人的行为进行正确的道德判断。"人而无信，不知其可也"（《为政》），这就是知是非。知是非乃是一种特殊的"知"，这种"知"不是通过人的认识理性获得，而主要是通过人的道德直觉获得。这种道德直觉就是孔子所说的"安"与"不安"，也就是孟子说的"良知"。它主要是一种直感判断，和其他认识层面的"知"有所不同。这里可以把它从认识层面的"知"中特别区分出来，称之为道德认识层面的智。

　　实践层面的"智"，指的就是人在实际实践中的智慧，主要表现为人在行为实践中善于利用巧妙的手段达成预期的目的。这个层面的智差不多就可以与现代汉语中的"智"相对应了。我们在日常生活中使用的"智"，其含义也更多偏向于这个层面。我们现在说一个人"智"，更多地是说他聪明，说他在行为实践中善于利用巧妙的手段达成预期的目的。这"目的"就包含了道德的和功利的。《里仁》篇中"智者利仁"的"智"，《卫灵公》篇中"知及之"的"知"，都是功利层面的智。善于利用巧妙的手段达成功利的目的，我们可以称之为功利实践层面的智；善于利用巧妙的手段达成道德的目的，我们可以称之为道德实践层面的智。

　　道德实践层面的智与道德认识层面的智，可以合称为道德层面的智。认识

层面的智和实践层面的智其实可以视为智的两大种类,本可涵盖全部之智,从分类的角度而言,再提出一个道德层面的智实在是一种多余。但为了更好地认识清楚仁与智的关系,这里仍然有必要将道德层面的智单独区分出来。

智既有道德层面的指涉,又有功利层面的指涉,又有纯客观的认知层面的指涉,智因此也就不能完全算是一个道德概念。在孔子的思想体系之中,仁是诸细德之所从出,仁统摄着恭、敬、宽、敏、惠、信、勇等等道德概念,而智不能完全算是一个道德概念,仁因此也就不能完全统摄智①。

就逻辑关系而言,仁和智具有一定的独立性,仁不以智为前提,智也不以仁为前提。人们常常认为仁须以智为前提②,这是对仁智关系的一个极大的误读。《公冶长》载:令尹子文三次做上了官,而没有喜态,三次被罢了官,也没有忧态,只把自己的旧政尽职地交给接替他的人。子张问孔子,这人如何?孔子告诉他,可以称得上忠。子张又问,算不算仁?孔子说,"未知",哪里称得上仁。齐国陈文子见崔杼弑君,便弃禄而去,辗转他邦。子张又问孔子,这人如何?孔子告诉他,可以称得上清。子张又问,算不算仁?孔子又说,"未知",哪里称得上仁。

这是人们认为仁须要以智为前提的唯一根据。阮元就曾说,子张以仁推令尹子文和陈文子,孔子回答他,"未知",哪里算得上仁,由此可知,必先有智而后才能有仁。③阮元把"未知"解作"未智",从而得出必先有智而后有仁的结论。然而,"未知"解为"未智",其可靠性是颇可质疑的。钱穆就否定这种

---

① 在孔子,智的虽然包含知识认知层面,但仍然偏重于道德层面,并且如马振铎所说"越到后来,儒家"知"概念中所包含的对客观事物及其性质的认识成份越是淡薄"(马振铎:《仁·人道:孔子的哲学思想》,中国社会科学出版社,1993,第118页)。而在孟子,智的含义主要是道德的是非判断,所以智也是一德,也可以由仁统摄。
② 阮元:《揅经室集》,中华书局,1993,第179页;唐君毅:《中国哲学原论·原道篇(上册)》,中国社会科学出版社,2006,第99页;杨国荣:《善的历程:儒家价值体系研究》,上海人民出版社,2006,第33—34页。
③ 阮元:《揅经室集》,中华书局,1993,第179页。

解读，他认为，"未知"不宜解释为"未智"，有人把"知"解读为智，说令尹子文举荐子玉为令尹，导致楚国战败于晋国，所以令尹子文未得为智；然而，未得为智，不当说成"未智"；而且《论语》没有谈及子文举荐子玉这一事，不能逆揣为说。[①]再者，必先有智而后才能有仁这一论断自身也与孔子的仁学思想有大不合之处。如果仁要以智为前提，那么，只有智者可以为仁，而并非人人可以为仁，孔子因此也就不能说我想仁它就到来，以及为仁决定于自己这样的话。应该说，"未知"解为"不曾知"，还是更能与孔子的仁学思想相符的。语境中的意思是：令尹子文仅知其忠，其他不能详知，所以不能率尔称之为仁；陈文子仅知其清，其他不能详知，所以也不能率尔称之为仁。

  以上《公冶长》所载故实既已不能作为仁以智为前提的根据，《论语》中更无其他根据可以说明仁以智为前提。仁智可以相互独立，这在《论语》中倒是多有反映。孔子说，智者喜欢山，仁者喜欢水。智者偏于动，仁者偏于静。智者快乐，仁者长寿。又说，仁者安于仁，智者利用仁。又说，有智慧的人不易困惑，有仁德的人不易忧虑。在这几处，孔子对仁与智都是区分开来对待的。《阳货》篇中孔子又说，喜欢仁而不喜欢学习，这种人的弊端是容易愚昧。这里的喜欢仁的人即是"求仁"者，是"仁者"之一种。"仁者"（求仁者）中也可能有不好学者。孔子认为，好仁不好学，容易生愚昧的弊病，这也就意味着"仁者"（求仁者）中也可能有愚者（不智者），是以仁不必以智为前提。

  孔子又曾说到，不选择居处在有仁德的地方，又怎么算得上有智慧呢？这也容易让人误解，以为智都要以仁为前提，只有符合了仁才能算得上智。智以仁为前提，这对于道德层面这一特殊的智来说是说得通的。知是非要依靠良知来感知"安"与"不安"，这本身就是在体仁；善于利用巧妙的手段达成道德

---

① 钱穆：《论语新解》，生活·读书·新知三联书店，2002，第93页。

的目的,这也就是在行仁,也就可谓是仁了。而知识认识层面的智和功利实践层面的智,却都是可以独立于仁的。认识层面的智的实现靠的是认识理性,与仁不相干;功利实践层面的智所要达成的是功利的目的,与仁也是不甚相干。

王充也曾论及仁与智的相互独立性,认为智与仁不相干,他指出,有些人天生就没有太高的智慧,这并不妨碍他们为仁的行为。①王充所论仁与智的相互独立性,也是仅就逻辑上的可能性而言的。就现实实际而言,又不能断然就说仁与智不相干。在现实之中,仁智总是相参的,不存在完全不仁的智者,也不存在完全不智的仁者;仁智具有一定的一致性,为仁往往见智,行智也往往见仁。仁且智,这也正是孔子理想人格所应具备的最重要的特质。仁与智可以相互独立,又更应相兼相辅。

首先,智可以兼仁,仁可以辅智。仁对智的辅助作用之一即在于,仁可以充当智的手段。智者善于利用一定的手段达成自己的目的,仁往往也可以成为智者成事的一种很重要的手段,同时,智所达成的目的,要想长期维持固守,也离不开仁,所谓"知及之,仁不能守之,虽得之,必失之"。更重要的是,仁可以使智朝着正确的方向发展。在孔子那里,仁是最终极的追求,仁可以决定智的性质。孔子推崇"下学而上达","下学"就是要不断积累知识和经验,这也就是智的开发与培养的过程。而"下学"的目的在于"上达","上达"所要达者即是道,即是仁。所以,在智的培养的过程中不应离开仁,只有时时志于仁才能使智朝着正确的方向发展。智可以合仁,也可以离仁,然而理想的智必然是合仁的。臧武仲的智慧曾为孔子所推服,而他想凭借防这一封邑请求鲁国封其子弟为卿大夫,这又被孔子认为是要挟君主的不仁之行,大失孔子所望。对多谋而不正派(智而不仁)的晋文公,孔子也暗含着贬抑。这都反映出,孔子所推崇的智是辅以仁德的智。推崇智慧不推崇学问修养,人便容易放荡。悖仁之智

---

① 王充:"智与仁不相干也,有不智之性,何妨为仁之行?"(王充著,黄晖撰:《论衡校释》,中华书局,1990,第408页。)

只能利一己之私，对于他人，对于整个社会，悖仁之智反成祸害。

其次，智可以辅仁，仁也应该兼智。孔子论仁远远多于论智，《论语》中所反映的以智辅仁的内容也比以仁辅智的内容更显突出。仁主要有"志仁"与"行仁"两个层面。就"志仁"的层面而言，仁是一种意志，一种愿望，这个层面的仁与智的关联相对不那么紧密。而"行仁"层面的仁则在很大程度上有赖于智的辅助。孔子虽然更重求仁之心，不强求成仁之功，但对于成仁之功也是抱着行得一寸是一寸的态度的。有了智的辅助，为仁之功就可以更大程度地实现，而不致事与愿违。能辨、能择、能虑、能权，这都是智在为仁过程中所发挥的作用。

所谓能辨，就是要懂得辨别。懂得辨别，主要是要能辨别真相，能辨别善恶是非，能辨别宜与不宜。为仁首先要能辨别事情的真相。宰我曾问孔子，别人告诉一位仁者，井里有人，那么，这个仁人会跳下井去（救人）吗？孔子说，怎么会呢？可以诱骗这个仁者过去看看，却不能诱骗陷害他跳井，仁人也会被骗，但面对别人的欺骗不会一直糊涂。当别人告诉自己井里有人，自己不加思索就往里跳，这当然算得上是仁。但不先观察观察井里是否真的有人，这就缺乏辨别真相的工夫，就算不得是智。不能辨别真相的仁者容易被人欺骗，被人愚弄，被人利用。其次，为仁还需辨别善恶是非。仁者既非"乡原"之流，就应合理地喜欢人、合理地厌恶人，于善于是能喜欢，于恶于非能厌恶，这是要以辨别是非为前提的。此外，仁者爱人，爱人就不应先入为主地对人以恶相向，不应先揣度他人为欺诈，而应相信来者皆善，并能待之以善。但对方果真要以恶相向的时候，自己又能先察觉，这就是辨别善恶是非的智的工夫。再次，为仁还需辨别宜与不宜。孔子主张"使民以时"，"时"与"不时"的辨别，也就是宜与不宜的辨别，它也需要诉之于智。推己及人的为仁的方法也须要辨别宜与不宜，"己所不欲，勿施于人""己欲立而立人，己欲达而达人"，辨别他人之"所欲"与"不欲"也都需要诉之于智。

所谓能择，就是要懂得选择。懂得选择是智的表现之一，也是为仁过程中常常需要面对的困难之一。选择是行动上的，辨别是认知上的，行动上的选择要以认知上的辨别为前提。在辨别真相，辨别善恶是非，辨别宜与不宜的基础上，仁者更应该在行动上能有所选择。为仁者首先要能择道而行。知"道"，这是智的表现，在明白什么是"道"的基础上，为仁者就应"就有道"，就应"直道而行"，就应"道不同，不相为谋"。为仁过程中又要求为仁者能择时而动，避免失去时机；为仁过程中又要求为仁者能择地而处，不进入临危的国家，不居处祸乱的国家，以居处仁德之地为美；为仁过程中又要求为仁者能择人而交，能与做官的人里面的贤者共事，与读书人里面的仁者为友；为仁过程中又要求为仁者能择言而语，择行而为，力图言语合乎礼法，行为合乎熟虑。这些都是智的选择对有效地行仁的辅助。

所谓能虑，就是指在为仁的过程中懂得智虑和谋略。孔子所期许的是善于运用智虑和谋略来成事的人。善于运用智虑和谋略主要表现为：在行动之前，智者能在纵向上把目光放得长远，又能在横向上把各种要素都考虑周全，分清各要素的主次轻重、利害多寡，又能综合各种要素，作出相应的权衡，并能制定出针对所要解决问题的对策与方案。

所谓能权，就是要懂得权变。为仁过程中的权变也就是"义"，权仁而行义，这需要智的参与。仁的原则在具体的情景中的宜与不宜有赖于智的判断，在知其不宜的情况下，还要知道如何行其所宜，这也有赖于智虑。

仁且智，这是孔子的理想。但在价值取向上，仁仍然要优先于智，如果仁智不能相兼，宁舍智而取仁。《汉书·古今人表》以九品论人，其中圣（仁智相兼）列第一，仁列第二，智列第三，这很能反映"智者仁之次"[①]这一儒家的一贯价值取向。在孔子以及后来儒者的价值观念中，仁是终极的价值追求，

---

① 阮元：《揅经室集》，中华书局，1993，第179页。

仁的地位要高于智。

子路曾问孔子,什么样的人才算得上人格完备的人,孔子告诉他:有臧武仲那样的智慧,能像孟公绰那样寡欲,有卞庄子那样的勇,能像冉求一样多艺,再增加上礼乐修养,差不多就算得上人格完备的人了。孔子又补充说,在现今这样的时代,又谈不上这些了!谋利的时候能顾及义,遇到危险的时候能忘却生命,平日里给人许下的诺言能隔久不忘,这样也可以算得上人格完备的人了。在孔子看来,理想的人格("成人")应该包含有智("臧武仲之知")的要素,但不得已退而求其次的时候,智这一要素又被抹去了。孔子对仁的态度是,没有一顿饭的时间可以离开仁,不管是在仓促匆忙的时候,还是在颠沛流离的时候,都应该在追求着仁。而对智的态度却是用智而不崇智。智似乎只不过是为了成仁而需要借用的一种手段,而并非不可或缺的价值追求。

孔子认为,良马之所以为良马,不在于它的力,而在于它的德。智属"力",仁属"德",也就是说,一个人的人生价值的评定标准不在于智,而在于仁。孔子曾赞叹:史鱼可真是正直啊!政治清明的时候,他像箭一样直道而行,政治黑暗的时候,他也像箭一样直道而行;蘧伯玉可真是君子啊!政治清明的时候,就出来做官,政治黑暗的时候,就把自己的才能隐藏起来。蘧伯玉是懂得权变的,时局清就仕,时局暗就隐,这可以算得上是智。史鱼则不然,不管时局如何他都抱守着自己的耿直,史鱼之直,可算得上是仁,而算不上是智。蘧伯玉可以说是以智成仁,史鱼可以说是弃智而守仁。又如齐桓公杀公子纠,公子纠的谋臣召忽选择死,而谋臣管仲选择辅佐齐桓公,这也是一个以智成仁,一个弃智而守仁。这两种选择,在仁的层面的,两者都是取仁;而在智的层面,一者取智,一者舍智。而孔子对这两种选择又都是赞许的,这说明,孔子对一个人的价值评价最根本的标准在于仁,而不在于智。

孔子的这种仁先于智的价值导向的意义在于,它使得人的价值的实现具有了自主性和平等性。智在很大程度上受限于先天的禀赋以及后天的许多外在于

第三章 仁的根本性

自己的不可控的因素,它具有很强的非自主性和不平等性。仁就不一样了,仁是具有自主性的,孔子的仁有"求仁"和"为仁"两个层面,这两个层面的仁都具有自主性①。此外,仁的实现的条件也具有平等性。仁的实现条件就是孟子所说的"良知"与"恻隐之心",这种条件人人天生具备,而且无甚差异,不须外求,无不具足②。成就仁的条件人人平等,仁的价值的实现全决定于个人的意念与尽心尽力的程度。

孔子的这种仁优先于智的价值观,其实也就是一种德为上的价值观。在这种价值观的影响下,人的最高尊严和优越性是通过仁德获得的。仁是人性的体现,是人之所以为人的最根本的规定。《孟子》和《中庸》都明确用仁来规定人,《孟子》说"仁也者,人也",《中庸》也说"仁者,人也"。在儒家看来,人的本质就是仁,人之所以高出动物的最根本的东西就是仁,人的优越性就在仁德之中体现。中国人常常骂别人"不是人""禽兽不如",即是说他没良知,没仁德,而不是说他没智慧、没思想、没文化,或者其他。苏格拉底曾以智来作为人的最根本的规定,认为人的优越性就在于他是理智的动物,这正与儒家形成鲜明的对比。儒家自我评价以及评价他人高下的最根本的标准就是仁德。智慧、财富、社会地位、外在形貌等等这些都容易使人产生优越感,而在儒家的价值观念中,人的最高的优越性不在这些,也不在智慧,而就在人的仁德。智慧、财富、社会地位、外在形貌等等,都是身外之物,不足以从根本上规定人,仁则是"身内之物"了,它体现着人的本质。人的最高尊严也就在仁德上体现,仁德越高,就越能彰显人的本性。孟子所谓的"浩然之气",其实就有通过道德而使人获得最高尊严和优越性的成分,他所谓的"富贵不能淫,贫贱不能移,威武不能屈"的"大丈夫"气概,正是来源于德性所充盈出

---

① 详论见"仁之通向于自由"部分。
② 王阳明:"人人自有,个个圆成,便能大以成大,小以成小,不假外慕,无不具足。"(王守仁撰,吴光等编校:《王阳明全集》,上海古籍出版社,2011,第36页。)

的人的尊严和优越性。

孔子的这种仁先于智的价值导向对于当代人的价值观的塑造仍有其积极意义。人有实现自我尊严的需求,而且很多时候还会把尊严的实现寄托在"力"("智")上,企图通过"力"的较量与超越而实现自我尊严的舒张。而人在"力"的方面又总有他的局限性,外在的"力"的超越常常不得实现,人的自我尊严也常常是压抑多舒张少。即便"力"的超越得以实现,由于这种超越建立在敌对与争斗的基础上,换得的往往又是敌意、嫉愤或者不屑,而不是尊重。孔子倡导一种"骥不称其力,称其德"的价值观,正可以摆脱这种窘境。与"力"不同,"德"的实现的条件只是一颗"仁心",而这颗"仁心"统摄着人我,又是与生俱来,人人具备,自主而且平等。

到这里为止,孔子的仁学基本思想算是有了一个大体的交代,但我们的叙述却并不能以此告终。目前所述之仁主要还是道德境界的仁,道德境界的仁如果不能上升到审美境界,始终仍是一种欠缺,仁的至高之境应是美善统一的,仁是具有审美意味的,挖掘孔子仁的美学意蕴乃是本书更主要的目的之所在。

第四章 仁作为美和善的统一体

美和善是两个极其暧昧的概念，在中国文化中，美善常常很难区分，到了孔子这里，算是第一次把美善明确区分开来对待，但仍然显得暧昧。孔子一方面区分了美善，一方面又极力要调和美善的矛盾，力主将美善统一起来，而统一美善的途径正在于他的仁学。"里仁"是实现美善统一的途径，最高境界的仁，乃是美和善的完满统一体。

一、美善之辨

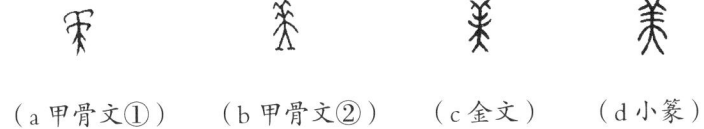

（a 甲骨文①）　　（b 甲骨文②）　　（c 金文）　　（d 小篆）

从字源上看，"美"字的起源和羊是密切相关的。关于"美"的字源，常见有两种说法：一是"羊人为美"，一是"羊大为美"。"羊人为美"的根据是"美"字的甲骨文字形，"美"字的甲骨文字形由"羊""人"构成，一个人戴着羊头在跳舞即是"美"；"羊大为美"的根据是"美"字的小篆字形，

"美"字的小篆字形由"羊""大"构成,羊长得肥大就"美"(味美)①。

"美"也是价值的正面评价,所以它和"善"常常混同。日常语言中的"美"主要指:一、美丽(事物的外观);二、人的身心愉快的感觉;三、好的;四、完美(完满);五、善良;六、美的艺术;七、审美②。其中"好的""完美""善良"的含义的"美"和伦理学意义的"善"相同。其他几种含义的"美"则是美学意义上的,和伦理学意义上的"善"有较大的差别。在美学范围内,"美"主要有三个层面的含义:一是指美的本质(美的根源);一是指审美对象(美的事物)及其性质;三是指美的感觉(美感)。《论语》中的"美"既有美学层面的含义,也有非美学层面的含义,但主要还是美学层面的含义。《论语》有十处美学层面的"美"字,其中五处表示视觉上的好看,四处表示精神之美,一处表示才艺之美。此外,《论语》中的美还有四处是非美学意义上的。其中两处是道德的正面评价,一处是超出美学和伦理学范围的正面评价③,一处表示事情的完满。

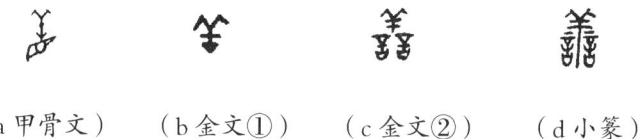

(a 甲骨文)　　(b 金文①)　　(c 金文②)　　(d 小篆)

和"美"一样,"善"字的起源也和羊密切相关。"善"的甲骨文字形从羊,从目,会意羊的眼睛。"善"的金文①字形则像羊头。许慎在《说文》中据小篆字形,把"善"(譱)释为:"譱,吉也。从誩,从羊。此与义、美

---

① "羊大为美"的说法源自许慎的《说文》;"羊人为美"的说法源自萧兵《楚辞审美观琐记》,李泽厚、刘纲纪亦从此说。李泽厚、刘纲纪:《中国美学史》,中国社会科学出版社,1984,第79—81页。
② 彭富春:《美学原理》,人民出版社,2011,第18页。
③ 如《颜渊》篇中的"君子成人之美,不成人之恶",这里"美"与"恶"对,"美"的含义是"好的","恶"的含义是"坏的","美"与"恶"的范围很宽,都不仅仅是美学以及伦理学意义上的。

同意。"后人常据此,把"善"的本义释为吉祥。《说文》又说:"譱,競言也"。从小篆及金文②的字形来看,"譱"所表示的意思是人们竞相称道吉祥(羊、详同音)。就一般的使用语境笼统而言,"善"其实就是一种正面价值的评价。日常语义的"善"一般用作形容词,主要有"好的""有用的""有道德的"等含义。由于它和道德的关联最为紧密,所以可以以道德为界点对它进行二分:一是道德的"善",一是非道德的"善"。道德的"善",也就是道德上的正面评价("有道德")。非道德的"善",包括了功利上的正面评价("有用的"),也包括了道德和功利之外的其他方面的(如美学上的)价值的正面评价("好的")。"善"的含义又可用哲学上的"合目的性"来概括。"合于目的"的,就是善的,也即是"好的""有用的""有道德的",善是合目的,从根本上看是和利益相关的①。但是也一定要区分清楚,这种利益是个人利益还是他人或群体的利益,这种利益的相关是直接的相关还是间接的相关,否则容易抹煞义利之分,滑入"利己主义"。虽然同是合目的,同是为了满足自己的愿望的,但满足自己利益上的愿望和满足自己良知上的愿望又有着本质上的差别。出于良知而利他,虽然也可以说是在"利己"(利于自己良知的满足),但这种利己是一种"义",和功利上的"利"有着本质的不同。我们在言语上已经一致默契地把这种利于自己良知的"利己"称为利他,而不称为利己。利己主义把利他也归结为利己,这实际是一种概念内涵的重设,或者说是一种语言默契的破坏,观念的混淆,它否认不了人在行为事实

---

① 刘纲纪:"实践总是为达到某个目的而进行的实践。正是从实践及其结果是否符合目的的意识中产生了'善'的意识。由于目的的达到和人的需要的满足相关,又由于人只能在社会关系中去求得需要的满足,所以'善'包含着多层的含义:第一,它泛指某种功利需要的满足;第二,它指某一社会阶级集团的普遍利益的实现;第三,它指整个人类社会生存和发展的利益的实现。道德上的善恶观念是从后两者产生出来的。最根本的善,是整个人类社会的生存和发展。……任何'善'不论看起来如何与实际的利益需要的满足无关,从历史的发展来看,最终仍然是为了一定的利益需要的满足。同任何利益需要的满足无关的'善',是没有也不可能有的。"(刘纲纪:《传统文化、哲学与美学》,武汉大学出版社,2006,第104页。)

上的义利之别。从历史发展来看,道德上的"善"或许也起源于满足利益的需要,但是就当下事实而言,道德上的"善"不论是从行为者的行为还是行为效果上看,都和功利上的"善"有着本质上的差别。《论语》中的"善"的含义有三:一是"道德",二是"好",三是"擅长"。其中出现得最多的含义是"道德"(24/43),其次是"好"(11/43),而几乎没有出现"有用"(直接功利)这一含义。《子罕》篇中子贡说到:"有美玉于斯,韫椟而藏诸?求善贾而沽诸?"这里的"善贾"似乎和功利挂点钩,但那也只是被用来作了一个比喻,以识货者(善贾)来比喻识才者,所以这一处"善"的含义其实也和直接功利没什么关系。《论语》中的"善"主要就是"道德",它包括形容词性质的"有道德",以及名词性质的"有道德的人"。其中有"善人"一词,是作为理想人格的代名词,它包含了道德之外的其他人格因素,其含义溢出道德之外,但仍然以道德为主。《论语》中的"善"也有"好"的意思,它包括了形容词性质的"好的",也包括了副词性质的"好好地",以及动词性质的"做好"。《论语》中的"善"还有动词性质的"擅长"的意思,把这一含义的"善"变成名词,就有了"长处"的意思。

由以上"美"与"善"的字义分析便已可见,"美"和"善"有着许多共通之处。从文字构成上看,"美"与"善"都从羊,《说文》更指出"美与善同意"。"美"与"善"都是正面价值的评判词,形容一个事物是好的,既可以说它是美的,也可是说它是善的。同时,善也能通向于美,道德上善的,往往同时也能引起人的愉悦感,所以善的往往也是美的。而在中国文化,特别是儒家文化中,美的东西又经过了道德的扬弃,所以美的往往也是善的。中国文化讲究美与善的统一,美与善一向区分得不那么明显。台湾学者吴森对中国文化中美与善的密切联系作过很好的描述:"季札的挂剑徐君墓,侯嬴一死以报信陵公子,梁鸿孟光的举案齐眉,千古传为'美'谈。其实我国人的伦理生活受这种'美'谈的影响极大。我们称之为'美'谈,那'美'简直成了

'善'的代用字或同义字了。'美'在英文作Beauty（名词）或Beautiful（形容词），'善'在英文作Goodness（名词）或Good（形容词）。英文的Good Family，在中国语言里却是'美满的家庭'。Good life 翻成中文也作'美满的生活'。最奇的便是英文的Virtue，我们称之为'美德'，不称'善德'。在古书中'善''恶'是相反的概念，常常并举；而'美''恶'是相反概念，也常常并举……这是'善''美'两概念关系密切到成为同一概念的明证。"①

然而，"美"与"善"毕竟又是两个不同的概念，它们仍然有较大的差别。美的不一定是善的，比如个人的"食""色"的官能性的满足是愉悦的，是美的，但它有可能以牺牲他人的愉悦为代价，牺牲他人的愉悦为代价的愉悦就不是善的；善的也不一定是美的，比如"克己复礼"是善的，然而它在一定程度上夹杂一些束缚感，束缚感就不是愉悦感，就不是美的。在文字学上，"美"和"善"两字也具有不同的原始意义。"善"的本义是吉祥②，而后发展出多种含义，而其核心含义是伦理道德层面的正面评价。"美"的原始观念主要指肉体性的、官能性的愉悦感，与伦理道德层面的"善"是不同的。从内涵的侧重点上来看，美与善也有很大的不同。如前面所说，善有道德的善，有非道德的善。非道德的善，包括了功利上的正面评价，也包括了道德和功利之外的其他方面的价值的正面评价，这其中就包括了审美价值的正面评价。作为审美价值的正面评价，它的真实内涵其实是美学意义上的，在这一层面，善和美是同义的。而在此之外，作为功利层面的正面评价的"善"和美学意义上的"美"有着本质的不同。"美"不同于"有用"，这基本是美学界的共识。

---

① 吴森：《比较哲学与文化》，东大图书有限公司，1978，第59页。
② 笠原仲二则认为，言象征二人争言，羊象征正直的天、鬼神，善就是由天、鬼神审判是非曲直。笠原仲二：《古代中国人的美意识》，杨若薇译，生活·读书·新知三联书店，1988，第261—299页。

"美"与功利层面的"善"的区别是很明显的,"美"是事物外观的欣赏价值,而功利层面的"善"是关乎事物实体的实用价值。美与道德层面的善也有区别,这种区别主要体现在自由性上。审美是自由的,席勒指出:"在'审美直观'中,由于感性现实与理性法则的结合,一方面,感性事物和人的欲望不至于因缺乏理性尊严而变成至高无上的东西,另一方面,理性法则例如道德义务也不至于因缺乏感性欲望而令人有强迫接受之感。这样,在'审美直观'中,单纯的'感性冲动'或单纯的'理性冲动'所给人的限制、强迫感'都被排除了'。"① 审美是自由的,而善伴随着义务,有一定的束缚性,这是道德意义上的"善"和美学意义上的"美"的重要差别。当"善"摆脱了束缚性而成为一种自由的时候,善也就转化成了美,更确切地说,是转化成了美和善的统一体。

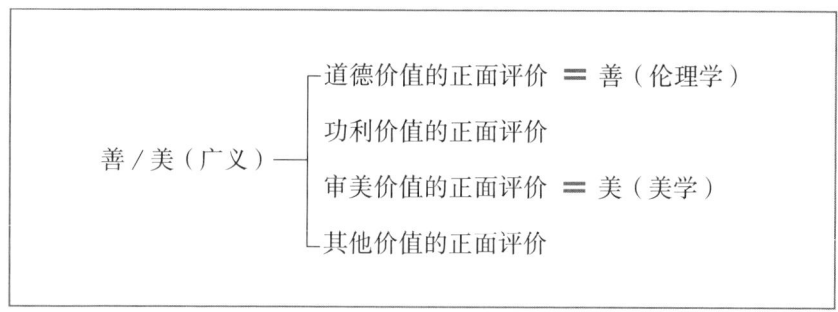

二、里仁为美

美和善是可以统一的,在孔子那里,解决美和善的矛盾,实现美和善的统一的根基就在他独特的仁学。刘纲纪认为:"孔子所以能如此,这是因为他从仁学的基本观点出发,重视人的感性现实存在,重视作为社会的人的感性享受

---

① 席勒:《审美教育书简》第15封信。转自张世英:《哲学导论》,北京大学出版社,2008,第208页。

和愉快的合理性、正当性的缘故。"①仁即是美与善的统一体,仁的最高境界即是孔子所追求的尽善尽美的理想境界。

孔子的美善观直接反映在他对《韶》乐和《武》乐的评价之中。孔子说,《韶》美极了,又善极了,《武》美极了,却不够善。《韶》是舜时的音乐,乐名有舜能继绍(韶)尧之德的寓意。《武》是武王时的音乐,乐名有武王讨伐殷纣王的寓意②。古代舞者所执的舞具,文舞执羽(羽毛),武舞执干(盾斧)。《韶》乐大抵就是配着执羽之舞的文乐,《武》乐大抵就是配着执干之舞的武乐。孔子认为,《韶》乐尽美又尽善,而《武》乐尽美未尽善。朱熹解释说:美,指的是声音阵容的强大;善,指的是美的形式背后所蕴含的内涵。又说:有怎样的德行就会作出怎样的音乐,所以于《韶》乐可见出舜的德,于《武》乐可见出武王的德。③也就是说,孔子在这里所指的"美",乃是针对人的视听上的审美感受而言,而"善"则是针对乐背后反映的观念内容而言。孔子之所以认为《韶》乐尽美又尽善,是因为《韶》乐一方面在感官视听上令人愉悦,另一方面也能体现舜的文德;而《武》乐虽然在感官视听上令人愉悦,但在内容上不能体现文德,所以是尽美未尽善。

孔子的这种美善观的意义首先在于它对美和善的明确区分。从孔子对《韶》乐和《武》乐的评价来看,孔子确实已经明确地把审美意义上的"美"和道德意义上的"善"区分开来了。在理论上第一次明确地区分"美"和"善",从中国美学史来说是从孔子开始的。在人类的早期意识中,美与善混沌未分,到了孔子这里,美感作为一种特殊的快感,逐渐同善区分开来了。

---

① 李泽厚、刘纲纪:《中国美学史》,中国社会科学出版社,1984,第138页。
② 刘宝楠:"《乐记》:'韶,继也。'注:韶之言绍也。言舜能继韶尧之德……武者,伐也。"见:刘宝楠著,高流水点校:《论语正义》,中华书局,1990,第135页。
③ 朱熹:"美者,声容之盛,善者,美之实也。""就乐中见之,盖有此德然后做得此乐,故于《韶》之乐见舜之德如此,于《武》之乐见武王之德如此。"(程树德著,程俊英、蒋见元点校:《论语集释》,中华书局,1990,第223—224页。)

孔子的这种美善观的意义更在于它将美和善统一起来①。美和善可以相分，它们有时可以统一，有时则产生矛盾。处理美和善的矛盾可以有三种路向：一种是用善去否定美；一种是用美去否定善；一种是调和美善，实现美与善的统一。第一种路向即墨家的路向，墨子就是基于这样一种立场而提出了"非乐"的思想。墨子认为，仁者要做的，是要为天下人谋利去害，为天下人立准则，对天下人有利就行，无利就废止。仁者为天下人设立法度，不是要让上层贵族满足视觉上的好看，听觉上的好听，味觉上的好吃，身体上的安逸，这些会亏损下层百姓的衣食之财，是仁者不应该干的。②第二种路向即道家的路向，道家试图脱离社会伦理道德的制约而追求绝对的美和自由。《庄子》就主张，不砥砺心志而自然高洁，不鼓吹仁义而自然修身，人人不追求功名则天下得到治理，无须浮游江海而内心得到清闲，无须导引养生而获得长寿，这些都可忘乎身外而自然拥有。淡然到了极致，一切就都自得其美。这才是真正的天地之道，圣人之德。③第三种路向则是孔子的路向，孔子的理想是尽善尽美，他试图以善来规范美，在美中追求善，实现美和善的统一。在区分美善的同时，孔子又以"尽善尽美"为理想，把美和善统一起来。美和善的统一，一方面需要善对美进行限定，一方面也需要美对善进行升华。孔子思想的核心在于他的仁学，在孔子那里，善的根本就在于仁，所以，善对于美的限定，可具体化为仁对于美的限定，美对善的升华，也可具体为美对仁的升华。孔子提出"里仁为美"，"里仁"可以视为是孔子实现"尽善尽美"的审美理想的具体途径。

---

① 这里对孔子美善观的意义的分析，主要参考了李泽厚、刘纲纪的观点。李泽厚、刘纲纪：《中国美学史》，中国社会科学出版社，1984，第135—140页。
② 《墨子·非乐》："仁之事者，必务求兴天下之利，除天下之害，将以为法乎天下，利人乎即为，不利人乎即止。且夫仁者之为天下度也，非为其目之所美，耳之所乐，口之所甘，身体之所安。以此亏夺民衣食之财，仁者弗为也。"
③ 《庄子·刻意》："不刻意而高，无仁义而修，无功名而治，无江海而闲，不道引而寿，无不忘也，无不有也。淡然无极而众美从之。此天地之道，圣人之德也。"

孔子思想中的"美"有不同的层面，仁对不同层面的美有着不同程度的限定。中国人的美的观念是不断发展的，其最原初的"美"的观念与肉体感官上的愉悦紧密联系在一起。《说文》认为羊大能给人带来味觉上的好享受，味觉上的好的享受就是"美"。段玉裁又给《说文》做了一个补充，说除了味道好之外，一切好的都可称之为"美"。[①]日本学者笠原仲二以这一观点为线索，考述了中国人的审美意识的起源，认为中国人的美的观念最初是指味觉上的官能性的愉悦感，而后延展为嗅觉、视觉、触觉等等围绕"食""色"而展开的官能性的愉悦感，而后延展为一般的物质性的不直接以"食""色"为中心的官能性的愉悦感，而后再延展为非官能性的精神上的愉悦感。[②]中国人的美的观念未必真如笠原仲二所认为的那样，由"食""色"的感官愉悦阶段性地递升延展到精神上的非感官的愉悦，然而他对中国古人的美的观念的构成与分类大致是可以成立的。美就是能引起人的愉悦感的东西，这愉悦感包括了以"食""色"为中心的肉体性的、官能性的愉悦感，一般的物质性的不直接以"食""色"为中心的愉悦感，以及非官能性的精神上的愉悦感。

《论语》于三个层面的美都有所涉及。"不有祝鲍之佞，而有宋朝之美"（《雍也》），这里的宋朝之"美"指的是美色，它属于第一个层面的美；"有美玉于斯，韫椟而藏诸？求善贾而沽诸？"（《子罕》），这里的美玉之"美"是器物之美，它属于第二个层面的美；"礼之用，和为贵；先王之道，斯为美"（《学而》），这里的"和之美"是非官能性的精神之美，它属于第三个层面的美。总体而言，孔子对美是持肯定态度的，但具体说来，孔子对这三个不同层面的美又有着不同的态度。在孔子那里，美的追求并非无限度的，

---

① 段玉裁：《说文解字注》，上海古籍出版社，1981，第146页："甘者，五味之一。而五味之美皆曰甘。引伸之凡好皆谓之美。"
② 笠原仲二：《古代中国人的美意识》，杨若薇译，生活·读书·新知三联书店，1988，第1—80页。

美要受到仁的限定。

第一个层面的美是肉体性的、官能性的愉悦,这是一种低层次的美,西方许多传统美学理论都将这一个层面的美排斥在美学范围之外,认为这一个层面的美不能算是美学意义上的美。现代的美学理论有所改观,又把这一个层面的美纳入到美学范围之内。而中国人的美学观念向来没有把第一个层面的美排除在审美范围之外,只不过人们对这一层面的美不加高扬,而是加以节制。第一个层面的美其实涉及到人的基本欲望的满足。人们对欲望的态度大致有四:无欲、禁欲、节欲、纵欲。孔子是主张节欲的,所以他对第一个层面的美的追求也较为淡泊。在"食"的方面,孔子不以粗淡的饮食为耻,主张饮食不追求饱足,居住不追求安逸,更不会在饮食上刻意地追求审美了。在"色"的方面,孔子更是加以限制。他提出三个方面的警戒,其中第一个警戒就是:人在年少时血气未定,不能迷恋女色。孔子还曾感慨,说自己很少见到喜爱仁德超出于喜爱美色的人。孔子承认人之好色这一普遍的事实,但孔子终究还是期望人们能好德甚于好色。食、色都是要让位于仁的,士志于仁,则应不耻粗衣陋食,也应好仁甚于好色。

对于第二个层面的美,孔子较为讲究。因为这个层面的美直接和礼挂钩,礼是讲究文饰的,孔子对礼之外的其他的物质层面的美也都有一定程度的重视。孔子曾盛赞禹,说他自己吃得很粗淡,却把祭祀办得很丰盛;自己穿着很简朴,却把祭服做得很华美;自己住的宫室很低矮,却致力把引水的沟渠建筑得很美好。在个人饮食以及衣着方面,禹非常地简朴,不甚讲究审美,而在祭祀以及礼服的穿戴上,禹又有美的讲究。孔子对禹的这种作风的推崇,反映出,孔子对"文"的推崇的立足点不在于个人私欲的满足,而在于公德的需要,在于礼的需要,更根本上说,是在于行仁的需要。孔子讲究文饰,但也反对奢华。臧文仲建造大庙以安放占卜用的大龟,极为奢华,孔子在这件事上对臧文仲就有所指责。物质之美的追求要符合一个度,这个度就是孔子说的"文

质彬彬"。孔子称赞卫国的公子荆对待自己家业的态度,说他刚有一点,就说差不多够了,再多一点,就说差不多完备了,再更富足的时候,就说已经很完美了。朱熹认为,孔子这是在称赞他能循序有节,不以欲速尽美累其心。[1]这种解释与孔子对物质层面的美的态度基本是一致的。对物质层面的美的追求,孔子餍道不餍欲,强调适度。

最高的美是第三个层面的美,也即是能带来精神上的(非官能性的)愉悦感的美。第三个层面的美也被仁规定着。在孔子那里,非官能性的精神上的愉悦感主要在仁道中获得。借用孔子的话来说,就是"里仁为美"。在传统注疏中,"里仁"或被解释为居住在有仁德的乡里,或被解释为居处仁道。应该说,两种解释都能与孔子的仁学思想相符,而把"里仁"释为居处仁道乃更具普遍意义,涵摄范围更加广泛,所以这里采用居处仁道一义。"里仁为美",也即是说,居处仁道就是美的。"里仁"可以视为是孔子实现尽善尽美这一审美理想的具体途径,虽然孔子自己没有这样申明,但这和孔子实现尽善尽美的方法是能够吻合的,故而可以用它来作为实现尽善尽美的方法的概括。

依孔子的仁学思想,"美"也应以善为前提,违背了仁道的美不是最高的美,甚至不能算是真正意义上的美。孔子认为,即便有周公的才华之美,如果骄傲吝啬,别的也就不值一提了。又认为,如果没有仁德,礼乐形式再美也没有意义。这都反映出,仁在一定程度上规定着美,美虽然可以独立于仁,但只有符合仁的美才是理想的美。美能够因仁性光辉的焕发而进入崇高乃至神圣的境界。人在志仁、行仁的过程中所感受的礼乐之美,在实现仁的过程中所获得的快乐和自由达成了人的精神上的最高的愉悦,达成了人的最高的美[2]。仁最终是通向于审美境界的,志仁、学仁、行仁的人生即是一种审美的人生。

---

[1] 朱熹撰:《论语集注》,齐鲁书社,1992,第126页。
[2] 关于人在志仁、行仁的过程中所感受的礼乐之美,以及仁所通达的快乐和自由的审美境界的详述见后文。

孔子的道德体系的根基在于仁。仁的根据不在于功利性的有用，而在于"安与不安""忍与不忍"的心理情感。在孔子所开创的整个儒学体系看来，这种心理情感显然具有一定的普遍性①，它一方面是超验或先验的理性的命令，一方面要求在经验性的情感中实现，虽然它本身仍然是理性的，却可以与人的经验、情感相连系相交融，也就是说，孔子伦理道德中的善本身就具备着和美统一的可能性。仁也因其感性的特征而具备美的升华的可能。美对仁的升华首先体现在艺术对于仁的辅助上。求仁的过程是一个漫长的过程，这个过程不应该是枯燥的，孔子讲"兴于诗，立于礼，成于乐"，求仁这一过程的开始、中间、结尾都与艺术紧密结合，处处充满着美感。美对仁的升华更在于仁的境界由道德境界向自由的审美境界的升华。求仁须经过"克己复礼"的过程，这一过程有一定的束缚性，当仁进一步提升，达到"从心所欲不逾矩"的自由、快乐境界的时候，就得到了美的升华，成了美与善的统一体。②

---

① 李泽厚把人类道德区分为两种：一种是"社会性道德"，一种是"宗教性道德"。"社会性道德"是对生活和生存的伦理规范，它的根据是群体为了更好地生活和生存而要求个体履行的一种义务；"宗教性道德"则是人们根据某种具有普遍性、绝对性的"绝对命令"而制定的伦理规则。根据这样一种区分，则孔子以仁为根基的道德显然是一种"宗教性道德"，它根据具有一定的普遍性、绝对性的"绝对命令"的仁而制定的伦理规则。
② 关于艺术对于仁的辅助作用及仁的快乐、自由境界的相关内容后文都有详细论述，于兹从略。

第五章
仁人作为仁之美的载体

人们所欣赏的美总是有一定的感知载体的，如书画之有纸墨，音乐之有声波。仁自身乃是一种抽象的观念，看不见，摸不着。仁之美要被人感知，也需要一定的感知载体，仁之美的这种感知载体就是仁人。仁之美是通过人的言行举止而被人感知的，它集中呈现在仁人的言行举止中。

仁人是一种理想人格，这种理想人格是一种类人格，但它须以具体的个人作为承担者。每一个具体的人都是一个独立的个体，任何一个独立的个体都有它独特的人格特征。仁人并非单一化、模式化、机械化的。然而，不同的个体可以统称为仁人之根据，全在于这些具体的个体所拥有的共同特征。在孔子仁学观念下塑成的不同的个体人格之间就有着某些共同特征。人们在这些共同特征中所感知到的美，也就是仁人的人格美。在论述仁人的人格美之前，先需明确孔子仁学中的仁人之所指。

一、何谓仁人

仁人也即孔子所谓的仁者。仔细分析《论语》文本，可以发现，仁者在孔子那里其实是有多方面的指涉的。孔子往往在不同的层面上定位一个人

是不是仁者。在孔子那里,仁者有理想的仁者与现实的仁者这两个层面的区分。这两个层面的仁者的区分直接关涉到孔子仁学思想的许多根本问题的理解,不可不详辨。以下以《论语》文本为根据,具体论述理想的仁者和现实的仁者的区分。

1. 理想层面的仁者

理想层面的仁者即是在现实中是不可能存在的仁者,它只是一个设定的理想,是使人不断朝向它,但又不可能真正达到的终极目标。理想的仁者具有全面性,这种全面性主要表现在以下几个方面:

第一,理想的仁者在德行的各方面都能合仁。这里的"仁"指的是作为一种原则与精神贯穿在忠、恕、孝、悌、勇、恭、宽、信、敏、慧等等细德之中的广义的仁。这层意义的仁者可以等同于孔子理想中的完满人格。诸多细德在不同的方面贯穿着仁的精神,理想的仁者应该在德行的各个方面都是完备的。学生原宪曾问孔子:好胜、自矜、怨恨、贪欲这些毛病都能避免,可以算得上仁者了吗?孔子回答说:这已经很难能可贵了,但大概还不能算是仁者。能做到不克、不伐、不怨、不欲,应该说是已经符合了仁的某些方面,但孔子仍然不以仁者许之。这正是基于理想的仁者在德行的各个方面的全面性而言的。不好胜、不自矜、不怨恨、不贪心,这已经在某些方面符合了仁,在其他方面却未必也能合仁,所以孔子说那还算不上仁者。孔子有时会基于仁者的这种全面性来品评某些具体人物,认为他们不可被称为仁者。如孟武伯曾问子路、冉求、公西华是否算是仁,子张也曾问令尹子文、陈文子是否算仁。孔子对这些人的某方面都给予了肯定,但紧接着又都表示"不知其仁"。这都是基于理想的仁者在德行的各个方面都应合仁的这种全面性而言的。

第二,理想的仁者于外在的言行和内在的意念两个方面都是合仁的。首先,从内在的意念上来说,仁者应该"欲仁""好仁",应该把仁德当作"无

以尚之"的最高价值来追求。其次,理想的仁者同时也应该使自己的行为符合仁德的要求,做到内外合一、心行合一、言行合一。表面上崇尚仁,言语上吹捧仁,而行为上却违背仁,这是理想的仁者所不应该有的。

第三,理想的仁者对仁的符合在时间上具有持存性,也就是说,理想的仁者应该是能时时合仁的。孔子说,君子没有须臾离仁,不管是在仓促匆忙中,还是在颠沛流离中,君子都在追求着仁。其所强调的,就是仁的时间的持存性。孔子称赞颜渊,说他的心境可以在很长的时间里不违背仁,而其他人则只是能偶尔达到仁。这也是从时间的持存性上来鞭策学生,欲使学生们能在更长的时间段内符合仁。孔子自己感叹圣人和仁人的称谓自己不敢当,那并非仅仅只是他的自谦。人容易在某段时间符合仁,而难于在长时间符合仁。理想的仁者对仁的符合应该长时间地持存,并一直贯穿到将来,直到死了为止。这也正体现着仁的无限性和开放性。没有人可以保证自己在未来也可以维持这种持存性,所以也就没有人可以自许为仁。

以上三个方面的全面性中的任何一个方面都是难以达成的,三点同时具备更是难上加难,所以理想的仁者只能看作是孔子设立的一个终极目标。孔子常常会拿出这个终极目标来否定人之可以称为仁者。当别人问仁的时候,孔子也时常拿出这个目标来激励人,欲使他们继续努力,即便不能达到这个目标,也应该更进一步地逼近它。

2. 现实层面的仁者

现实层面的仁者则是可以达到而且在现实生活中也存在着的仁者,也是值得人们去追求并力图实现的仁者。与理想的仁者的全面性相应,现实的仁者分别有三个与之相应的特征:第一,现实的仁者在诸多德行中的某些方面是合仁的,而在其他方面未必也是合仁的;第二,现实的仁者在行为上或者在意念上是合仁的,而未必是二者皆合仁的;第三,现实的仁者在某个时刻、某件事情

中符合了仁,而未必时时都是能合仁的。以上几点只要符合其中一点,孔子有时就会即时性地认可一个人为仁者。现实的仁者在现实中是能找到的,孔子赞许某人为仁者的时候,都是就现实的仁者而言的。

理解了理想的仁者的全面性的几个方面,现实的仁者在这几个方面相应的特征也就容易理解。但这里仍然有必要进一步阐释一下第二个方面的特征,它将牵扯出现实的仁者的两类具体的典型,即"求仁"者以及"为仁"者。

"求仁"者也就是"志于仁"者,是尽心尽力使自己符合于仁道的人。对这一类仁者的判断,主要是从人的意念出发的。"志于仁"首先包含了"欲仁""好仁",而且把仁德视为最高价值追求的意念;其次,"志于仁"仍然包含了尽力去践行仁并试图达成仁的效果的意念。只把仁摆在心中想想了事而无践行并试图达成仁的效果的意念,这不能算是真正的"志于仁"。"志于仁"一定要在意念上有尽力去践行仁并试图达成仁的效果的意图。尽管由于种种原因(或者是受制于外在的因素,或者是局限于自己的认识水平、实践能力等等),人在行为的效果上有时能合仁,有时不能合仁,但只要符合以上提及的"志于仁"的两个方面,就可以把他视为求仁者。

《论语》中也频繁涉及到这类仁者。孔子说,居处于一个国家,要选择与那些士大夫中间的贤者一起工作,要选择与士大夫中间的仁者交朋友。结交对象要选择士大夫中间的仁者,这也就意味着,这种仁者是现实中普遍存在的。只有普遍存在的才有选择的可能,所以,这种仁者指的就是现实的仁者。此外,朋友的根据正是在于志同道合,其所合之道,所同之志,其实就是仁,所以,这里的仁者,具体所指也就是求仁者。再如,孔子说,志士仁人,不会因为贪生怕死而牺牲仁,只会杀生取义而成就仁。孔子所说的这种志士仁人,都把仁视为最高价值追求,很明显这种人也就是求仁者。又如,孔子说,一个人如果不仁的话,懂礼又有什么用呢,懂乐又有什么用呢?孔子在这里所指的乃是不仁者。礼乐是仁的外化,人能行礼乐,自然在行为上是符合仁的,但这种人仍然有可能不是仁者。这显然是基于人的内心的意念出发而进行判断的。人的行为符合礼乐,但内心仍然有可能不欲仁,甚至还有可能有悖于仁。说这种人不是仁者,实际上是说他不是求仁者。孔子又说:我想要仁,仁就到我身边来了;为仁是一件由自己做主的事情;有谁肯花一天的时间在仁上吗,我从没有见过力量不够的(只有意念不足的)。这些都是就人的内心的意念而言的,只有人的内在的意念才有可能想要就来,才有可能真正由自己做主,才有所谓不存在力量不够。

通过以上分析可以见出,求仁者不受外在因素以及个人能力的限制,人人可以达成。孔子最常提及的也就是这一类仁者。孔子真正要求人们在事实上达成的也就是这一类仁者。

在"求仁者"之外,现实的仁者之中尚有"为仁者"。对这一类仁者的判断主要基于人的外在行为及其效果。这类人在某些具体的行为上是合仁的,但是在意念上,他未必是自觉地以仁作为自己的最高追求,他的行为选择也未必是自觉地依据仁的原则而作出。人在具体的情景中做了符合仁道或者达成仁的效果的事情,就事论事,孔子有时候就会因此而许之为仁。纣王昏淫暴虐,在劝谏无效的情况下,微子选择了归隐,箕子选择了装傻充当奴隶,比干选择了进谏而死。孔子认为,这三个人都是仁人。孔子称许这三人为仁人,就是从他们的具体行为出发的。他们三人的选择有所不同,采取的行动也有所不同,但他们的行为在一定程度上都暂时地避免了战乱纷争,所以孔子认为他们的行为都是合仁的。虽然在行为上他们都是合仁的,但就意念上而言,他们未必全都自觉地以仁为最高的价值追求,他们的选择也未必全都依据仁的原则而作出。拿微子来说吧,微子作出选择的依据主要是出于理性的考虑。据《史记》记载,微子不断进谏而不被纳,原本也想以死了之,后来向太师和少师请教,二人建议他离开,微子思量之下,认为人臣三谏,君主不听,选择离去也是合乎义的,于是就归隐了。可见,微子作出归隐的选择的根据主要在于义,是出

于理性的考虑,而不是出于仁的情感与仁的价值追求。再看箕子,箕子的选择原则倒含有几分仁的成分,他选择装傻为奴的理由是:为人臣者进谏而君主不听,如果选择离去,就成就了自己的美名而彰显了君主的恶名,这样做自己是于心不忍的。"不忍"这个字眼多少可以反映出,箕子的选择原则中确实蕴含有一定的仁的情感。所以,在一定程度上将箕子视为求仁者也未尝不可。而据《史记·宋微子世家》可知,武王灭殷以后曾求教于箕子。从箕子对武王的回答中就可以看出,箕子的思想主要是阴阳五行的思想。他对武王大谈《洪范》九畴,而根本没有涉及到仁的观念和思想。也就是说,在箕子的思想中,仁也并非核心,在箕子那里,仁也并非最高的价值追求。所以,更大程度上,箕子应被视为为仁者。①

再看管仲,孔子时而承认管仲是仁者,时而又否认管仲是仁者。对仁者的不同层面的定位作出一个区分以后,孔子对管仲的评价问题也就很好理解了。应该说,孔子称许过管仲为仁者,这是不可否认的事实。子路曾问孔子,齐桓公杀了管仲和召忽的主人公子纠,召忽以身殉主,而管仲却没有殉主,后来又去辅助齐桓公,管仲算不上仁吧? 孔子答到,齐桓公多次主持诸侯会盟,制止了许多战争,这都是管仲的功劳,这就是他的仁。子贡也以相同的问题问孔子,孔子仍然回答,齐桓公称霸诸侯,使天下得到匡正,老百姓到现在还受着他的恩惠,如果不是管仲,我们现在恐怕会像蛮夷一样,披头散发,左撇衣襟。在这两次问答中,孔子对管仲之为仁者的认可应该是显而易见的。问题只在于这种仁者是何种意义上的仁者。显然,管仲不可能是理想的仁者,那么,管仲又能否算得上是求仁者?

众所周知,管仲是春秋时期法家的代表人物。法家是很少谈儒家的仁义道德的,甚至说根本上就是排斥儒家,排斥以仁义道德治国。管仲肯定不会自

---

① 比干的相关事迹与思想无从详考,这里置而不论。

觉地以仁作为自己的最高追求,也不会自觉地以仁作为自己行为选择的准则。更重要的是,管仲在实际的许多行为上也根本不符合孔子所提倡的仁德。孔子曾批判管仲,说他器量狭窄,又说他大量任用人员而不节俭,还说他滥用国君的摆设而不懂礼节。这每一样都是与仁德背道而驰的。孔子之所以许管仲为仁者,乃是就管子所做过的对百姓有实际恩惠的行为及其效果而言的。孔子许管仲为仁者,和他许微子、箕子、比干为仁者的情况是一样的。孔子认可他们是仁者,乃是认可他们是为仁者,而不是求仁者,更不是理想的仁者。

二、仁人的人格美特征:文质彬彬

仁人的人格美特征应该以理想的仁者为准的,仁人之美即理想的仁者身上所具有的美。对于求仁者和行仁者,他们身上也具备一定的仁人的人格美特征,只不过,因他们距离理想仁者的远近不同,他们身上所具备的仁人之美的纯粹性和程度深浅又有所差别。

仁人的人格美的最主要特征,用孔子的话来概括,就是"文质彬彬"。孔子说,"质"溢出了"文",就显得粗野;"文"溢出了"质",就显得虚浮;只有"文质彬彬",才算得上君子。

（甲骨文）　（金文）　（小篆）

"文质彬彬"的"文"和我们现在一般语境中的"文"有较大差异。现在说"文",一般都指文学、文化、文雅等等,和"文"的起初含义有较大差别。从字源上看,"文"是一个指事字,甲骨文和金文字形都是一个站立的人胸前画了一些花纹，用来指代文身①。而后"文"又用来指代一切纹理。纹理在上古时代和人类的整个文化生活关系至为密切，人们对文化的朴素认识常围绕纹理展开②。在纹理的基础上中国古人制作出了八卦，并制造出了文字。所以"文"后来就有了文字的意思。文字构成文章，并形成了文献，所以"文"后来又有了文章、文献等等意思。而在后来的《易传》中，"文"这一概念被哲学化、系统化，得到极大的发展。《易传》说："观乎天文，以察时变；观乎人文，以化成天下。"这里对文区分出了两大类：一是天文，一是人文。天文指的是一切的自然现象，而人文指的则是一切的人类文化，它包括了政治伦理、礼仪规范、文物典章等等，包括了文学、文章、文献等等现在所谓的"文"。《论语》中的"文"主要指的是人文，其含义具体有六：第一，文有文字、文献典籍的意思。"吾犹及史之阙文"之"文"指的是文字，"文献不足故"之"文"指的是文献典籍。第二，文又有读书、学问的意思。"行有余力，则以学文"之文指的是读书；"君子以文会友"之文指的是学问。第三，文又指礼乐制度，如"周监于二代，郁郁乎文哉"之文。第四，文又专指六经，如"夫子之文章，可得而闻"之文。第五，文作为谥号③，如"孔文子，何以谓之文也"之文。第六，文又指文饰，如"小人之过也必文"之文。在这所有含义中，尤其需要注意的是文饰含义的文。"文质彬彬"的"文"，其含义即是文饰，它和"质"一起，构成了孔子思想乃至后来整个中国美学思想中极为重要的一对范畴。

"文质彬彬"的"质"（質）是一个会意字，从斤（繁体从两个斤），从

---

① 小篆字形省去花纹，只保留人形。这种简省去掉了不易书写的繁杂细节，而保留主体线条，符合文字发展的基本规律。
② 朱良志、詹绪佐：《"文"义阐释的文化内涵》，《安徽师范大学学报》1991年第2期。
③ 《周书·谥法》"文"有六等，称经纬天地、道德博厚、学勤好问、慈惠爱民、愍民惠礼、锡民爵位，并无修制交邻、不辱社稷等例。见：程树德著，程俊英、蒋见元点校：《论语集释》，中华书局，1990，第997页。

第五章 仁人作为仁之美的载体　81

贝。"斤"的本义是斧子,贝是贝壳,古以贝为货币,"质"字本义为抵押,会以财、物、人等相抵作保证之意。抵押的关键在于抵押之物的实在的价值,所以"质"又衍生出质量、质地、实质、本质等含义。《论语》中"质"字不多,共出现七次。其中五处是和"文"相对举而出现("君子质而已矣,何以文为"),有两处则单独出现("质直而好义""君子义以为质")。显然,单独出现的两处"质"的具体内涵指的就是义,而与"文"对举而言的"质"的内涵则随着"文"的具体内涵的不同而有所不同。"文质彬彬"的"质",其含义就是质朴、实质,它的具体内涵主要指的是人的品质性情,再具体而言,也就是人的仁性。

"文质彬彬"的"彬"也是一个会意字,从彡,从林。"彡"表示文采、文饰,"林"含光彩义,"彬"的本义即是"文采和实质兼备"。人名中常用的"斌",本字即是"彬","斌"是"彬"的俗字,从文,从武,会文质兼备之意。"彬彬"是"彬"的叠词,含义是相杂而均衡的样子。文过于质,则虚而不诚;质过于文,则粗疏鄙略。①"文质彬彬",则是文饰和实质恰到好处地相兼相济。孔子所说的"文质彬彬"首先是针对君子的人格要素而言的。"文"指的是人的外在的言行举止,"质"指的是人的内在的品质情性,"文质彬彬"指的是人的外在的言行举止和内在的品质情性能够兼顾统一。

就"文"和"质"这二者单独而论,孔子在一定程度上对它们都是推崇的。首先看孔子对"文"的推崇。孔子说,周朝的礼乐制度借鉴于夏商两代,又有所完善,它的文明真是发达呀!我崇尚周朝。又说,尧做君主真是伟大呀!他真是高大呀,天最高大,只有尧可以效法天!他真是广大呀,老百姓都无法形容他!高大呀,他的功绩!光明呀,他的礼乐文明!这都反映着孔子对礼乐之文的高度推崇。孔子说,外交辞令的拟定,由裨谌起草,世叔提意见,

---

① 朱熹:"野如野人,言鄙略也。史掌文书,多闻习事,而诚或不足也。滥用陈言,史也。"(程树德著,程俊英、蒋见元点校:《论语集释》,中华书局,1990,第401页。)

行人子羽修饰，东里子产润色。这里的"修饰""润色"都是对言辞的文饰，孔子的言外之意蕴含了对子羽和子产的文饰的肯定。《左传》还记载孔子之言：古书说，言语足以用来充分表达心志，文采足以用来充分表达语言。不通过语言，谁能知道他的心志？语言没有文采，又不能流传久远。《礼记》也载孔子言：情感要表达得真实，言辞则要追求巧妙。这更直接体现出孔子对文的推崇。

孔子对质也是推崇的。孔子说："刚毅木讷，近仁。"孔子在这里流露出对人格的内在品质的推崇。孔子曾想去东方蛮夷部落居住，有人认为那里很粗陋，孔子回应，有君子住到那里去，就不嫌那里粗陋。孔子推崇"达"者，贬抑"闻"者，认为"达"者质直而好义，"闻"者貌似好仁实则行为上背离仁。等等这些，也都反映出孔子对人格上的质的推崇。孔子强调，君子立了名义就一定可以说出口，说出口就一定可以做得到，君子对于自己的言语，没有什么苟且的；君子常常希望说话迟钝些，行动敏捷些。这是对人的言行之质的推崇。在言行关系上，言为文，行为质，君子以质为本。言辞自身又有文质之分。孔子认为言辞贵在达意，又曾称赞闵子骞，说他平时不太说话，一说话就能说到点子上。此即见出孔子对言辞之质的推崇。

正因如此，有学者就认为，在"文"和"质"这个矛盾的统一体中，孔子没有明确哪一个是主要矛盾，孔子时而"尚文"，时而"尚质"，表现出一定的含混和矛盾[①]。这种结论的得出，实际上是由于没有注意到，孔子的"尚文"和"尚质"都是在单独谈"文""质"时所表现出来的倾向。如果把"文""质"当成一个矛盾对立的统一体放在一起谈论，孔子首先讲究"文质

---

① 张家英就认为：孔子把"文"和"质"看作一个矛盾的统一体，无疑是正确的。但在这对矛盾中谁是矛盾的主要方面？孔子却既未举例说明，亦未加以论证；既没有给"文、质"规定内涵，也没有给"野""史"明确概念。孔子简约模糊的语言，给后人带来了分歧的解说。……这样，他就不可能不弄得捉襟见肘了。此外，他使用的语言是模糊的，选用的概念是含混的，这也使它难以摆脱困难与矛盾的处境。（张家英：《孔子"文质"观评议》，《东岳丛论》1986年第4期。）

彬彬",而当这个矛盾统一体不能完全统一的时候,孔子显然是偏向于"质"的。也就是说,如果在"文"和"质"这个矛盾的统一体中有一个是主要矛盾的话,那么这个主要矛盾就是"质"。这在《论语》中可以找到大量的根据。从仁和礼的关系上说,仁是礼之质,礼是仁之文,仁是礼的根本(前文已有详论),仁显然要优先于礼。林放曾向孔子问礼之本,孔子回答:礼,与其奢侈,不如节俭。又说,奢侈了就不知逊让,节俭了就显得固陋;与其不知逊让,不如显得固陋。又说,礼帽用麻布来做,这是符合礼的,现在大家都用丝料,这样节俭些,我赞同大家的做法。奢、俭都不得礼之适中,仁是礼的根本,固陋不易行仁,但也不致于害仁;不知逊让则容易相互侵害,这就是不仁了。所以从仁礼关系上说,文质不能相兼,宁质而勿文。孔子指出,要以道为志向,以德为根据,依傍于仁,游走于艺。艺即是文,而道、德、仁即是质,质以志、以据、以依,而文则以游,这也可以看出孔子的偏质的倾向。孔子说,能背诵《诗经》三百篇,交给他政治任务,却办不通;让他出使到周边国家,又不能独立应对。即便背诗背得再多,又有什么意义呢?又说,花言巧语,面容谄悦,这种人很少有仁德的。又说,如果有周公的才华之美,只要骄傲吝啬,别的就不值一提了。这些都是文有余而质不足,都为孔子所摈斥。孔子还主张,要行有余力然后从文,要以言语溢出自己的行为为耻。这更直接表现出了孔子偏质的倾向。董仲舒明确指出,如果文质不能兼备,有所偏于一端,则宁愿有质而无文。[①]杨树达也认为:"以文质兼备为主,万不得已,则存质而舍文。"[②]这都是可以与孔子的文质观相符的。

在文质关系上,孔子的理想是"文质彬彬"。孔子说"文质彬彬,然后君子",这里明显以"文质彬彬"来指代人的人格特征。其所谓"君子",乃

---

① 董仲舒:"质文两备,然后其礼成;文质偏行,不得有我尔之名。俱不能备而偏行之,宁有质而无文。"(《春秋繁露·玉杯篇》)
② 杨树达:《论语疏证》,吉林人民出版社,2013,第225页。

是理想人格的代名词,作为理想人格的代名词,君子等同于仁人。"文质彬彬"的标准首先是一种理想的人格(仁人)美的标准。在孔子那里,人外在的言行举止的典范也就是礼,而人内在的品质情性最根本的也就是仁。所以,文质彬彬在人格上最根本、最主要的内涵,其实也就是仁与礼的和谐统一。孔子认为,完备的人格应该有臧武仲那样的智慧,孟公绰那样寡欲,卞庄子那样的勇,冉求那样的多艺,还要"文之以礼乐",这里的"文",指的就是礼乐制度,落实到人的身上,也就是人的言行举止的合礼。孔子又说,通达的人"质直而好义",君子"义以为质,礼以行之"。其所谓的"质",指的即是仁义(义者仁之权)。仁人君子,应该"文质彬彬",应该达成仁义和礼仪的兼顾统一。

《颜渊》记载了棘子成和子贡的一段对答。棘子成说:"君子能质朴就行了,何必还要文采呢?"子贡说:"先生谈论君子,当谨慎才对,一言既出驷马难追!文采也如同质朴,质朴也如同文采;拔掉了毛的虎皮和豹皮,和拔掉了毛的狗皮和羊皮是看不出什么区别的。"棘子成认识到了"质"的重要性,而未领略到"文"的重要性,因而提出对"文"的必要性的质疑。子贡应对这一质疑的主要依据是:"文"反映和区分着不同的"质"。杨树达指出:"子贡谓文犹质,质犹文,于文质之轻重本末不加分别,似又非孔子之意矣。"抛开机械的言辞之争,领略一下子贡的意思,似乎他只是在强调"文"对于区分"质"的意义,并不一定就认为没有了"文","质"就没有了差别。子贡一方面追随着孔子"文质彬彬"的理想,一方面又对"文"的意义只做蜻蜓点水而又容易引起歧解的阐释。事实上,孔子提出"文质彬彬"是基于仁的根本,"文"一方面有助于反映和区分仁,一方面也有助于人们践行仁。在一定程度上,"文"也是人性的一种需求,间接说来,"文"也是仁的一部分内容。所以孔子要重视文和质的统一,重视仁和礼的统一。理想的仁人君子应该是文质彬彬的,所以孔子特别指出:"文质彬彬,然后君子。"文和质是一对对立统

一的二元概念，在不同的事物以及事物的不同方面，都体现着文和质的对立统一。在《论语》中，文质彬彬体现于人的外在的言行举止和内在的品质情性的统一，也体现于人的文化水平和道德水平的统一，人的言语和行为的统一。

"文质彬彬"其实也就是"尽善尽美"的审美理想的一种具体表现。"文"起源于人身上的文身，它和图腾相关，有装饰美化的效果，蕴含了审美。人们用文来进行美化装饰，所以文和审美始终紧密关联。刘纲纪指出："在中国古代，'文'的概念的产生和发展有一个漫长的演变过程。其含义是多层次的，但与审美相关的含义是最基本的，即不论何种层次的含义均由审美的含义演变而来，都包含有审美上的意义。"[①]所以，孔子所说的"文"可以和"美"相对应。而"质"指的是人之性（人的本质、本性），在孔子那里，最根本的人性其实也就是人的仁性。而人的仁性乃是善之所出，是最根本的善。所以，孔子所说的"质"也可以和"善"相对应。"文质彬彬"也就是美和善的统一在仁人的人格美中的表现。

孔子的文质观和他的仁学思想在根本上是可以相符的。在孔子"尚质"的倾向中就反映着，文质彬彬的根本其实也在于仁，文质彬彬的标准其实也就是一种以仁为本的审美标准，它是对孔子尽善尽美的审美理想的贯彻。它一方面要求用质（仁）来限定文（美），一方面要求用文（美）来升华质（仁），从而实现二者的完满统一。当二者不能统一的时候，又要以质（仁）这一根本要素为优先。

三、仁人之质美

总体而言，仁人之美是一种"文质彬彬"之美，礼是仁人之文，仁是仁人

---

① 刘纲纪：《〈周易〉美学》，武汉大学出版社，2006，第203页。

之质，因而，仁人之美又可从仁人的礼文之美和仁人的仁质之美这两个方面进行具体分析。对于仁人身上的礼文之美，留待后文论礼的艺术性的时候再作详述，这里专门论述仁人身上直接由仁决定着的仁质之美。

1.刚毅木讷

孔子说："刚毅木讷，近仁。"刚毅木讷是孔子所直接指出的仁人的"质"的方面的人格美特征。之所以说"近仁"而不说"为仁"，是因为仁有仁之质，也有仁之文，刚毅木讷只是仁的质的层面的内容，而非文的层面的内容，光有质不足以成仁，只有文与质的统一才是全面的仁。

"刚"就是强，就是意志坚强，不为屈挠。这种坚定刚强是对正道的执守，与褊隘固执、刚愎倔强固有所不同。仁者之刚是要以执守正道为前提的。如何才能判断自己是不是在执守正道，这又离不开学习，所以孔子说，推崇刚强而不喜欢学习，容易犯狂妄的毛病。学习就是要学道，要知道。知道又能坚定不屈地行道，这就是刚。

人往往有欲刚而不能刚的毛病。人之不能刚，根源全在于一个"欲"字。孔子看人能否坚定刚强，就看他能否寡欲。孔子说自己很少看见刚者，有人说申枨是刚者，孔子认为申枨欲望较多，所以不是真正的刚者。欲望的满足需要诉之于外物与他人，一个人的欲望越多，他的心向外的程度也就越大，他也就越是容易为满足自己的欲望而屈挠于外物与他人。因此，欲望多了，意志也就越不容易坚定，越不容易刚强。人有私欲牵缠，纵然外似刚强，而内心其实靡软。要看一个人是否真正坚定刚强，就要从根子上去看。从根子上去看，就是要看他欲望的多寡。外在言语与行事风格的坚定刚强都是皮表性的，根子上的坚定刚强决定于一个人欲望的多寡。当然，欲望多了不能刚，欲望少了也不一定就是刚。道家主张无欲，但它导向的是一种柔道，那也并非一种刚德。只不过，欲寡而不刚，这是愿不愿的问题，而不是

能不能的问题。也就是说,一个人欲望要是少了,他要做到坚定刚强是能够做到的了,欲寡而又尚柔,这是一种自主的选择,这和欲多者想要坚定刚强而又做不到坚定刚强是完全不一样的。

坚定刚强体现着一种人格尊严的实现。刚和欲正好相反,被物欲所驱使即是欲,能胜物即是刚,刚者常常超伸于万物之上,欲多的人常常屈居于万物之下。屈于万物之下,这是人格尊严的一种压抑;伸于万物之上,这是人格尊严的一种舒张。能不能"胜物",能不能超然于万物之上,不在外物,而在己欲,人格尊严的压抑与舒张在根本上也决定于一己之欲的多寡。"富贵不能淫,贫贱不能移,威武不能屈"即是一种刚强的人格,这样的人格,若非寡欲,是绝对不可能达成的。

当然,仁者的刚也要建立在柔的基础之上,仁者的刚也是与柔相兼相济的。仁者以仁为常,以义为权。扬雄说:"君子于仁也柔,于义也刚。"(《法言》)曾国藩在评文章的阴柔和阳刚之美时也指出,扬雄、司马相如的文章雄伟,有刚强之美,乃是集天地之义气所生。刘向文章得天地温厚之气,有阴柔之美,乃是集天地之仁气所生。①也就是说,仁容易产生阴柔之美,而义容易产生阳刚之美。大抵说来,仁人的人格美特征在常态下主要还是以柔为主的。这也很好理解。仁的核心含义是爱人,仁心的发动是恻隐之心的发动,仁的心态就是对人的亲昵和不忍,因而,仁往往也就对应着柔。从行为规范上讲,仁人的外在行为举止依礼而行,礼仪规范基本也都是柔和的,仁人的彬彬有礼,给人的感觉即是偏柔的。仁者能柔,这是自然而然的事情。仁者能刚,这主要又决定于义。仁主柔,义主刚,仁人仁义相济,因而在人格上也就表现出刚柔相济的特征。《述而》说孔子"温而厉,威而不猛,恭而安",此"温而厉"的人格特征,也即是仁人君子刚柔相济的人格特征。

---

① 曾国藩著,李翰章编:《曾文正公全集》,吉林人民出版社,1995,第1593页。

仁者身上还有一个与"刚"较为类似的人格特征,那就是"毅"。黄式三说:"刚者坚强而不屈挠,毅者果断而不游移。"① "毅"的含义主要是果敢而能决断。②刚和毅都体现出意志的坚定,区别在于:"刚"是能坚守已有之志,不为外在因素屈挠;而"毅"是能对现有的选择作出决断,并能果敢而不游移地坚守这个决断。《说文》释"毅"为:"毅,妄怒也。一曰有决也。"③这里其实指出了"毅"的正反两个方面的含义。黄式三指出,能决断于义就叫作"有决",所决断的不合于义就是"妄怒",而这两个方面的"毅"都同样有决断的含义。④据此,也可以认为,在选择面前能果敢地作出决断就是"毅"。而决断地选择又有能否合于道义之分,所作出的选择能合于道义,这就算是"有决",是正面的毅;所做出的选择不能合于道义,这就算是"妄怒",是负面的毅。仁者之毅自然是正面的毅,也就是说,和刚一样,仁者之毅也须以识道义为前提。

能爱人已属难能,爱人又能刚毅则更是难能。寻常人容易生发施恩惠的心,一旦要对人用刑行杀,内心就容易犹豫迟疑。这其实也就是不毅。仁而不毅,这是小仁,甚至如焦循所说,是"仁之贼"⑤。汉语中有个常见的贬义词,就是"妇人之仁"。说一个人是"妇人之仁",就是说他对人有爱,有恻隐,但少了毅,常常在做决定的时候优柔寡断。识得大仁者则不然,识得大仁者既能爱人,而又能毅,道义既明,总是能果敢决断。汉语中又有个常见的褒义词,就是"大义灭亲"。"大义灭亲"就是仁而能毅,就是识得大仁。

---

① 程树德著,程俊英、蒋见元点校:《论语集释》,中华书局,1990,第940页。
② 《泰伯》篇:曾子曰:"士不可以不弘毅,任重而道远。仁以为己任,不亦重乎!死而后已,不亦远乎!"朱熹注毅为强忍。黄式三认为:"后儒据此,以毅为持久之义……持久为毅,古之未闻。"今天我们常常以毅力与恒心并举,毅力的毅取的就是后儒延伸出来的"持久"之义。
③ 许慎:《说文解字》,中华书局,1963,第66页。
④ 程树德著,程俊英、蒋见元点校:《论语集释》,中华书局,1990,第940页。
⑤ 焦循《论语补疏》:"刚强非不仁,而柔弱者仁之贼也"。见:程树德著,程俊英、蒋见元点校:《论语集释》,中华书局,1990,第940页。

"木"也是仁人的质的方面的人格美特征。木,就是朴实厚道。现在说一个人木,往往是说他呆笨,不知变通,是一种贬抑。中国古人却往往视木为一种优良的人格特质。《史记》说尹齐"木强少文"[1],说周勃"为人木强敦厚"[2],又说周昌是"木强人"[3],这些都是以木为正面的人格特征。这也正体现出一种时代风尚的变迁,也应了"古质而今妍"这句古话。孔子更是尚木,颜渊的"愚"、曾参的"鲁"、冉雍的"不佞"都体现着木的人格特征,深得孔子赞许。仁者之木不同于呆笨迟钝。仁者刚不离木,木不离刚,"木强"这个词就反映出,仁者之木不仅仅是质朴、敦厚,还更兼有刚强。木在其外,刚在其中,仁者敛华就实,外木而内实。

木的这种人格特征可以表现在人的方方面面,讷就是木的人格特征在人的语言上的表现。讷,从言从内,意思就是忍于言,不轻易出言,出言缓慢谨慎。"讱"也是木的人格特征在人的语言上的表现,它与讷的意思相类似。司马牛向孔子问仁,孔子告诉他,仁者就是言语上能"讱"的人;司马牛又问,言语上能"讱",就能算得上仁吗?孔子回答,做起来难的事情,说起来能不"讱"吗?"讱"就是难于言,也是不轻易出言的意思。孔子指出,古代人的不轻易发言,因为他们怕自己的行为跟不上;又说,仁者言语一定要讲究信用,行为一定要讲究果断。孔子要人在行动上取其实,要人言行一致。仁者"无终食之间违仁",为仁又是一件不轻易的事情,所以仁者往往都"讷于言""讱于言"。再者,仁者心怀恻隐,常有不忍之情,这也是仁者言语讱讷的一个原因。

和木讷形成鲜明对比的是"巧言令色"。包咸解释说:"巧言"就是把言语装饰得美妙,"令色"就是把脸色装饰得美好,它们的目的都在于取悦于人,

---

[1] 司马迁撰:《史记》,中华书局,1959,第3149页。
[2] 司马迁撰:《史记》,中华书局,1959,第2071页。
[3] 司马迁撰:《史记》,中华书局,1959,第2685页。

所以巧言令色的人当中很少能有仁者。① "巧言令色"是欲取悦于人，但这种取悦他人的最终目的不在于使他人开心，而是要使他人认可自己，或者从他人身上得到一己之私欲的满足。"巧言令色"实是利欲乱人真性的一个表现。天生就言巧色令的人极少，甚或根本没有，"巧言令色"更多地需要人为矫作，而非出自本真。朱熹明确指出，"巧言令色"使得"人欲肆而本心之德亡"②。人的"本心之德"本是直而朴的，如不为利欲伪饰而取悦他人，人自然是容易木讷的。木讷体现的是一种向内的、本真的人格。心若是向外，人就会在意他人的看法，就会想要取悦迎合他人，也就容易"巧言令色"，而很难做到木讷。至于尚巧的、好胜的，则不但难于做到木讷，甚至更是从根子上鄙薄木讷的。

孔子较为反感"巧言令色"之徒，他认为"巧言令色"的人很少有仁德，又说，"巧言令色"十足的恭顺，左丘明引以为耻，我孔丘也引以为耻。古时称人口才好为"佞"，孔子却不太喜欢人"佞"。有人说冉雍有仁德但没有口才，孔子说，要口才有什么用？用口才来和别人辩驳，往往惹人讨厌，看不到他的仁德，即便他有口才，那又有什么用呢？自孔子明确表示出对"佞"的反感，"佞"也就成了一个极不好的字眼③。"巧佞""谄佞""奸佞"……总之与"佞"搭在了一起，就不是什么讨人喜欢的词汇了。孔子对"佞"的反感，正和他尚"刚毅木讷"而鄙"巧言令色"的态度一致。这也可以反映出，孔子虽然主张"文质彬彬"，但仍然有尚"质"的倾向。

2. 直而无怨

仁是人的直情，直而无怨，这又是仁人身上的一个很重要的"质"的方面

---

① 程树德著，程俊英、蒋见元点校：《论语集释》，中华书局，1990，第16页。
② 程树德著，程俊英、蒋见元点校：《论语集释》，中华书局，1990，第17页。
③ "自夫子恶夫佞者，而佞乃为不美之名。"见：程树德著，程俊英、蒋见元点校：《论语集释》，中华书局，1990，第294页。

的人格特征。

仁有直的特征,仁与不仁的很重要的一个差别就在于直与不直。《颜渊》载:樊迟向孔子问智,孔子说:"知人。"樊迟不能理解,孔子补充说,把正直的人提拔起来置于枉曲的人之上,可以让那些枉曲的人也变得正直。樊迟回来的时候,遇见子夏,便问他:"刚刚我去了孔夫子那里,问他什么是'智',夫子说:'把正直的人提拔起来置于枉曲的人之上,可以让那些枉曲的人也变得正直',这是什么意思呢?"子夏说:"这话的涵义真丰富啊!舜掌管天下,在众人里面挑选把皋陶提拔出来,那些不仁的人就远去了。汤掌管天下,在众人里面挑选把伊尹提拔出来,那些不仁的人就远去了。"这里涉及到几类人:直者与枉者,仁者与不仁者。选拔皋陶和伊尹,不仁者便远去,也就是说,皋陶、伊尹是仁者(直者),选举他们,就能疏远不仁者(枉者)。孔子又指出:通达的人,乃是品性正直爱好义的人,而好名声的人呢,外表看上去追求仁德,而实际行为上却是背离仁德的人。质直即是直者,"好义"即是仁者,外表追求仁德而实际行为背离仁德,此即是不仁者。这都反映着,仁对应着直,不仁对应着枉。

所谓的"直",也就是徇道而直诚;所谓的"枉",也就是徇私而枉曲。孔子赞史鱼之直,而视微生高为不直。史鱼坚守己道,不论邦国有道无道,都直行不迁,是为直。微生高自己没有醋,别人向他讨借,他本可使之直接向邻居讨借,但他却自己去向邻居借来,迂回予之,以掠美市恩,是为不直。最直接的直,乃如范宁所说,是就说是,非就说非,有就说有,无就说无①。然而,单就此,又不足以定枉直。是曰非,非曰是,有谓无,无谓有,未必就是不直;反而言之,是曰是,非曰非,有谓有,无谓无,也未必就一定是直。孔子说他讨厌那些以"讦"为直的人。"讦"是当面揭发人的阴私,是"有谓

---

① 程树德著,程俊英、蒋见元点校:《论语集释》,中华书局,1990,第347页。

有",然而孔子认为非直。又如子证父罪,看似直,而孔子否之;父子相隐,看似不直,孔子认为直在其中。可见,直与不直,其关键还不在于"直"自身,而在于道,确切地说,乃是在于仁道。父子相隐,虽有曲处,但符合人的天理直情,是失小义而成大仁。所以,父子相隐,看似枉曲,而直在其中。史鱼之直,在于徇道而直诚;微生高之枉,在于徇私而枉曲。

孔子说,正直是人的生存之道,不正直当然也能生存,但那只是侥幸地免祸。郑玄注释说,始生之人皆正直。① 可见,和"仁"一样,"直"也是人的初性。人的初心如果能不被利欲所遮,任情率性所之,自然合仁,此即是直,也即是仁。直者未必都仁,但仁者一定能直。

"直"的结果,就是心无余怨。人在不如意的时候,总容易生怨。外在境遇不如意了,就"怨天";外在人事不如意了,就"尤人"。孔子说,人很难做到贫困而没有怨恨。怨也是人之常情,但是这种人之常情却是自我内心的一种不安宁,同时它也容易导致人与人之间的疏离,甚至最终导致人际关系的决裂。仁的宗旨是要沟通人我,安己安人,怨自是与仁的精神相悖的。孔子欲人成为仁者,仁者身上一个很重要的人格特征就是能无怨。

孔子指出,人的行为如果以利益为最高权衡,往往会招致怨恨。人与人之间的怨,许多都因利欲之争而起,人能放下利欲之争,怨也就无从而起了。仁者以仁为最高价值追求,固不致于因利欲之争而生怨。仁的价值追求又是不决定于外在事功的,欲之则至,人能求仁得仁,因而不会有怨。常人往往一心向外,凡有不如意,都把注意力放在外己的方面,所以对于外在的不如意的境遇就容易生怨。仁者一心向内,把注意力都放在自己的方面,正己得中,循理乐天,所以不怨。

当然,怨之所起,也不完全在于人与人之间的利欲之争以及外在境遇的

---

① 程树德著,程俊英、蒋见元点校:《论语集释》,中华书局,1990,第403页。

不如意,许多时候,爱也会致怨。爱一个人,总是希望他朝着好的方向发展,当所爱之人违背自己的意志,或者已经酿成过错的时候,人往往会因爱生怨。仁者又不然,面对这样的情况,仁者"劳而不怨"。孔子说,侍奉父母含蓄地劝谏,如果自己的意见不被父母听从,则恭敬而不触犯父母,"劳而不怨"。相较于因爱生怨,"劳而不怨"才是更加彻底的爱。"劳"就是"忧"的意思,忧人之过,这是人我一体的表现,"怨"则是一种抵牾对抗,是人我相疏的表现。"劳而不怨"体现着建立在爱的基础上的人我合一的境界,要彻底的爱人,就应做到"劳而不怨"。"劳而不怨"的人格精神与儒家的担当意识是相贯通的。儒家一贯勇于担当,《论语·尧曰》:我本人有罪过,不要牵连万方百姓!万方百姓有罪过,都由我一人来承担!于此即见儒家的担当精神。"怨"在很大程度上是要苛人之过①,仁者能不怨,很重要的一个原因就在于仁者有担当意识。正如孔子所说,严于督责自己,宽于督责别人,就可以远离怨恨。就拿劝谏父母而父母不听从这件事来说,有担当意识的人总是想着如何用更加妥当而有效的方法使父母听从己谏,如何最终避免父母过错之酿成,而不是一味埋怨父母之不从己谏。真能避免过错酿成,也就没有什么好怨,即便过错最终酿成,有担当意识的人又常常自责自己如何不善谏,而不是指责父母如何不能从谏。

当然,成仁也需要一个过程,人在求仁的过程中也不能完全不生怨。一旦怨生,又不该"匿怨"。对一个人藏匿着怨恨又和他做朋友,孔子引以为耻。孔子反对"匿怨",而主张"以直报怨"。而"匿怨"又是人常常易犯的一个毛病。怨愤已生,又含忍而一时不报,致使怨在心中郁积,一有可报之机,又一发不可收拾,甚至最终导致人际关系的决裂。或者干脆以一种冷漠的姿态,

---

① 对长辈、上级以及同辈的不当之处予以指谪和规劝也是一种怨,但这种怨的目的在于使事成、使人善。这是一种理性的怨,讲究方法,讲究效果,和情绪性的怨有着很大的不同。诗就是实现这种怨的很有效的一种手段。详参"诗可以怨"部分。

始终不报。这"不报"实际是对人际关系的彻底放弃,它虽在言语、行为上是不报,但实是以人际关系的破裂为代价的"大报"。这种"匿怨"所导致的人与人之间的冷漠疏离,自然与仁的精神相悖。所以,怨既已生,就应"以直报怨"。"直报"有多种类型:自己内心不能忘掉对别人的怨恨,就当直率地发泄出来,发泄过后,就能最终消除掉对别人的怨恨,此是一种直报;如果自己内心能自发消除怨恨,即便不向外发泄,也是一种直报;内心不能自发消除怨恨,但能通过理性克制自己,使不生怨恨,也是一种直报。总而言之,"以直报怨",就是要用公平正义的方式将怨愤处理消解掉,使自己心中最终无怨,能以一种坦然直率的人格与人相处。这种直而不怨的人格乃是一种光明的、充盈的、顶天立地的人格,它蕴含着一种美的光辉。

第六章 仁的美感特征

从字面上讲，所谓美感，也就是美的感觉。人们常常对美感进行狭义和广义的区分，广义的美感，指人类的审美意识系统，它是人们在长期的社会实践尤其是审美实践中形成并不断发展起来的审美心理结构、心理功能、心理活动和观念形式的总和。狭义的美感，则是指具体的审美感受，即美感的心理结构及其运动方式，它表现为主体在欣赏美的对象时综合的心理反应。人们对美感的规定和理解正在不断地深化和全面化，目前人们对美感的研究已经涉及到了美感的心理学的层面、认识论的层面、以及存在论的层面。美感不限于心理活动，然而美感主要还是表现为心理活动，因而传统美学对美感的研究和分析主要针对美感的心理学的层面展开。然而孔子的仁学较少涉及人的审美心理结构，也较少在认识论层面探讨美感问题。孔子仁学思想中更值得分析的是仁如何作为一种美感，以及它所通向的审美感受。在美感论层面阐释仁的美学意蕴，首先要分析仁自身如何作为一种美感存在。这就要分析仁的美感特征，以及作为美感的仁的情感。此外，仁是可以通向于自由和快乐的，乐感和自由感也是一种美感。仁的美感论层面的意蕴的探究也要涉及到仁所通向的自由和快乐的相关问题。

美感主要有直觉性、超功利性、无限性、超越性等等特征，具有直觉性、

超功利性、无限性、超越性等特征的事物也容易产生美感。道德意义上的仁具有直觉性、超功利性、无限性、超越性的美感特征,这决定着道德意义上的仁也具有一定审美意蕴,它内在地可以通向于审美。

一、直觉性

"直觉"是外来词,英文为intuition。"直觉"一词有两种含义:其一为直观感觉,中文常译为"直观",又叫感性直观或感性直觉;其二为人的思维直接把握事物本质的一种内在直观认识,这种内在直观一般译为"直觉",又叫理性直观或理智直觉。①

直觉有几个基本特征,这些基本特征正是直觉区别于逻辑理性认识之所在。第一,直觉具有直观性。直观是指人的感官通过对客观事物的直接接触而获得的感知。直觉具有直观性,这就意味着,直觉乃是感性的感知,乃是人的感官作用的产物,乃是人与事物直接接触的产物。直觉极少掺杂逻辑推演与思索,即便掺杂,也是在无意识中完成。第二,直觉具有整体综合性。逻辑推理通常需要通过一个一个因素分解式地理解和把握对象(分析),或者需要将诸多因素统摄综合起来获得对对象的认知(综合)。直觉则不通过缜密的、琐碎的逻辑推理,而是通过对事物的整体把握而获得直接的感知。第三,直觉具有当下瞬间性。所谓当下性,指的是直觉不是对过去的回忆,也不是对未来的预测,而就是对当下的感知。逻辑推理,不论是分析还是综合,都不具有时间性。逻辑推理所依之前提,所推之过程,所得之结论,都可贯诸过去、现在和未来。而直觉具有时间性,直觉是当下的,是现在之实有。逻辑推演的认识过程需要持续一段时间,认识的过程和结果往往处在变动之中。而直觉过程则在

---

① 金开诚:《文艺心理学术语详解辞典》,北京大学出版社,1992,第61页。

当下的瞬间完成，而且所感知的结果也往往是固定不变的。

美感具有直觉性，它具有直觉所具有的直观、当下瞬间、整体综合的特征。首先，美感是直观的，它需要人用自己的感官直接与审美对象接触，获得一种直接的体验和感知。审美对象可以被当成认知的对象，通过间接的途径被了解和认知，但这间接所得，只能是关于审美对象的知识，而不是审美的体验。其次，美感也是整体综合的。美感通过对审美对象的整体把握而获得，具有一定的整体综合性。例如判断一个人长得好不好看，不是先看看他眼睛多大，鼻子多长，嘴巴多宽……然后做出对这人好不好看的综合判断。判断一个人好不好看，乃是整体把握而获得的整体直觉，不是分析综合的结果。再者，人要感知审美对象的美，需要综合调动感官、情感、思想等等人的一切身心要素，这也体现出审美的整体综合性。审美中的人是全面的、整体的、综合的，而不是片面的、对立的、分裂的，正因如此，席勒将拯救人性的任务交给了美育。第三，美感是当下瞬间的。朱光潜说："在观赏的一刹那中，观赏者的意识只被一个完整而单纯的意象占住，微尘对于他便是大千；他忘却时光的飞驰，刹那对于他便是终古。"① 这正是对美感的当下瞬间性的描绘。人真正处在审美状态之中，便是忘却物我、忘却时间的，美感的获得就在当下的一刹那。

和美感一样，仁也具有直觉性。仁心的感发，也即是人的良知的感发。明代罗近溪把"良知"的"良"字训解为"易直"。所谓的"易"，指的是感而遂通，简易而不出于思量；所谓的"直"，指的是感发的迅速直接，非人力刻意控制。所以说，良知不虑，良能不学，良知良能都不是思虑和学问可以达成的。罗近溪所道出的良知的直觉性其实也就是仁的直觉性。仁心发动，就有了人的安与不安。安与不安是人被外物触动直接引发的感知和体验，是直观的，

---

① 朱光潜:《文艺心理学》，复旦大学出版社，2009，第8—9页。

是"不出于思量"的。仁与不仁的判断,不是基于理性思辨出的"应该"与"不应该",而是基于情感直觉出的安与不安、忍与不忍。宰我问孔子:"守丧三年,时间好像久了些;君子三年不为礼,礼就要荒疏了,三年不为乐,乐就要堕失了;旧谷吃完,新谷又出来,打火用的木头经过一个轮回,一年就够了吧?"孔子说:"三年期间,你吃好的稻米,穿好的衣服,你安心吗?"宰我回答:"安心。"孔子说:"安心你就去做吧;君子在守丧三年期间,吃好的不觉得味美,听音乐不觉得快乐,住在宫室里,也总觉得不安心,所以才守丧三年;如果你守一年觉得安心,你就去做吧。"在这里,宰我要给自己守丧一年找一个理由,这是在思量计较了。孔子告诉他,守丧期限的决定因素只在自己内心的安与不安。内心的安与不安乃是一种直觉,是直观的、综合的、当下瞬间的一个直感判断。不安乃是一种仁的感发,这种感发和美感一样,具有直觉性。

二、超功利性

直觉性之外,仁还具有超功利性。超功利性也是美感的一大特征。美感的超功利性,是指人们在审美活动中的快感不以直接的实际功利为目的而获得。西方美学对美感的超功利性有较强的理论自觉,英国经验主义美学家夏夫兹博里、哈奇生、阿里生等人早在十八世纪就提出了美感的无功利性。康德更对美感的无功利性进行了详细的论述,认为美是无利害关系的愉快的对象,他在《判断力批判》中指出:"鉴赏是凭借完全无利害观念的快感和不快感对某一对象或其表现方法的一种判断力。"[1]美感不同于一般快感,一般的快感都涉及利害计较和欲念的满足,它需要占有对象,甚至是消耗对象,因而一般的

---

[1] 康德:《判断力批判上卷》,宗白华译,商务印书馆,1964,第47页。

快感往往以对象的实际存在为依托，是一种涉及利害关系的快感。而审美活动则从精神层面表现人的生存和追求，美感是精神上的愉悦感，它所依托的是审美对象的形式，而不是审美对象的实际存在。以绘画艺术为例，人们在画作中获得愉悦，不是通过占有、使用、消耗画作中的事物，而是通过对画作中的事物的形式的审美观照。审美的超功利性也体现在艺术创作的目的上。艺术创作的目的在于审美，纯粹的艺术精神是为艺术而艺术，而不是为实用功利目的而艺术。画家画一双鞋，不是要实现鞋的使用价值，而是要实现它的审美价值。画家创作的目的也主要在于获得审美愉悦，而不是要实现画作的交换价值。当然，艺术家进行艺术创作也不能完全排除功利性，只不过，功利性是一种附带的价值，一种间接的价值，一种不自觉的价值。越是纯粹的艺术家，艺术创作的直接功利性就越是淡薄。

和美感一样，仁也具有超功利性。孔孟提倡仁义，不是把仁义当作手段去达成某种目的，他们提倡"杀身成仁""舍生取义"，乃在于仁义自身的内在价值。"正其谊，不谋其利；明其道，不计其功"，仁义自身就是最高的目的。这就是仁的超功利性。仁者行仁的目的不在于外在的功利，而就在仁自身，仁的依据就是人的仁心。仁者行仁，不是要考量利与不利，而是要问安与不安、忍与不忍。孔子认为，君子出来做官，目的在于行义。义的根本就是仁，孔子的为人为政之道都以仁为根据。仁道才是根本，而仁又是超功利的，所以孔子"罕言利"。孔子认为以利益来权衡行为一定会招来许多怨恨，所以孔子主张施行"道之以德，齐之以礼"的仁政。刑罚利用人趋利避害的心理，是功利的，为政以刑，实际上也是为政以利，这与孔子的仁道是相悖的。人人具备仁心，在不计较功利的前提下，人人都能行仁，人们之所以会悖仁，最主要、最根本的因素就在于功利的计较。利和仁有时是冲突的，为了满足功利的需要，人们有时会牺牲仁。孔子有时排斥利，就在于利有时会妨害仁。孔子倡导的是仁义为本的生活，梁漱溟说："孔家是要作仁的生活了，最与仁相违的生活就是算帐的生活。所谓不仁的人，不是别的，就是算帐的人。仁只是生趣盎然，才一算帐则生趣丧矣！即此生趣，是爱人敬人种种美行所油然而发者；生趣丧，情绪恶，则贪诈、暴戾种种劣行由此其兴。算计不必为恶，然算计实唯一妨害仁的，妨害仁的更无其他；不算帐未必善，然仁的心理却不致妨害。美恶行为都是发于外之用，不必着重去看；要着重他根本所在的体，则仁与不仁两种不同之心理是也。"①所谓"算账的生活""算账的人"，指的也就是"功利的生活""功利的人"。仁和利有时能够统一，有时则不能。人人都能行仁，不过，其所行之仁如果不具备超功利性，那么这种仁就是不彻底的。那种"志于道而耻恶衣恶食"的人所行之仁，就是不彻底的仁，因而这种人还算不上真正的君子，不能真正安守仁道。君子能够安守困境，小人一遇困境就容易放任自己。只有领悟和践行了仁的超功利性，才能真正安守仁道。仁者以仁为本，仁是最高目的，所以，当仁和利不能一致的时候，仁者会牺牲利而成就仁。所谓"君子喻于义，小人喻于利"，君子仁义为本，功利为次。小人牺牲仁来成就利，君子牺牲利来成就仁。当然，仁与利也并非完全冲突，二者很多时候也是能统一的。孔子只是在仁利冲突的时候排斥功利，当仁利能够统一的时候，孔子也提倡功利的追求。功利的追求本身也是符合人的人性需求的，功利之不可求，只在于功利妨碍了仁道。合于仁道的功利和仁一样，也是"执鞭可求"的。仁和美感一样，并非无功利，而是超功利。

三、无限性

"无限"指的是宇宙中无条件的、无限制的、无始无终的东西，它兼有本原（基质）和属性双重含义，往往同数目、大小、时间、空间相联系②。美

---

① 梁漱溟：《东西文化及其哲学》，商务印书馆，2011，第139页。
② 冯契、费孝通主编《外国哲学大辞典》，上海辞书出版社，2000，第59页。

感具有无限性。当人们沉浸在审美之中感受着美的时候，人们往往停息思想，停息语言。因为，思想和言语所针对的是特定的对象，当思想和言语可以对对象加以规定的时候，往往就见出了对象的有限性。人在体验无限性的事物的时候，思想与语言常要归于停息。美感是不可限定的、不可穷尽的、不可完全解析的，因而才有了所谓的"无言之美"。

和美感一样，"仁"也具有无限性。"仁"的无限性至少体现在以下几个方面：第一，仁爱的对象的扩充是无限的。仁爱以血缘之爱为基础，又不断延展扩充，仁爱的对象由近亲及远亲，及大众，及万物。在这个扩张的过程中，对象由近及远，程度由浅及深，人的境界也不断向上提升。这种扩张是无限的，仁因而也是无限的。第二，仁的境界是一个无限的境界。如前所述，仁的理想境界是孔子设立的一个终极目标，人只可能向仁不断趋近，而不可能完全达成。仁的精神渗透在人的德行的各个方面，诸多的细德是无限的，仁因而也是无限的。仁的境界在时间上具有持存性，这种持存性是开放的，一直贯穿到将来，没有终点，仁因而也就是无限的。此外，仁的境界自身就有一种无限性。仁者广爱万物，无所不容，仁的境界是一种"上下与天地同流""万物皆备于我"（《孟子·尽心上》）的无限的境界。第三，仁是一种永恒不灭的存在，因而是一种无限的存在。钱穆曾这样论及人性的无限性："人心是个别的，因而也是各偏的，不完全而有生灭，相对而有限的。但人心亦有其共通的部分。这些共通部分，既不是个别的，又不是各偏的，而是完全惟一的，无起灭而绝对永存的。儒家之所谓性，即指此言。"[①]仁即是人之"性"，是人与人之间共通的部分，具有普遍性。个体的生命是有限的，而仁这一人"性"则是无限的，它存在于任何时代、任何区域、任何个人，不随时间的流逝而消失。就人类整体而言，"仁"这一人性是永恒不灭的，是一种无限的存在。

---

① 钱穆：《湖上闲思录》，九州出版社，2011，第142页。

仁具有无限性，而无限性可以产生美感。《淮南子·泰族训》论到：人最不能缺少的就是衣和食，但如果把人囚禁在幽室之中，即便给他大鱼大肉吃，给他锦衣华服穿，他也不会快乐。这是因为他的视听受到了限制的缘故。如果穿个孔，让他能看到外边的雨，他就会欣喜得大喊大叫。如果给他打开门窗，由黑暗见到光明，他就更加快乐。如果让他跑出来，坐到厅堂里，能见到太阳月亮，他又更加快乐。如果让他登泰山，走上祭坛，畅观八方，看天空只像个盖子，看江河只像一条带子，天地万物都进入视野，那他可就快乐无比了。① 这里所描述的是空间上的无限性给人带来的美感。不止于空间，其他方面的无限性也都能给人带来美感。人自身有限，而又向往无限，并不断地超越有限，在有限向无限的扩展的过程中实现自我，超越自我。无限性也就意味着无穷尽性，它给人带来的是一种动态的、敞开的、新鲜的人生。人在趋向无限的过程中，不断获得新的意义，达成新的境界，获得新的愉悦。人的求仁的过程就是这样一种由有限趋向于无限的过程，在这过程中，求仁者所获得的愉悦感就是一种美感。

四、超越性

仁还具有超越性。"超越"（Transcend）是一个常用的哲学术语，其哲学含义主要有二：第一，超越即超验（Transcendent），也就是不可经验的意思。如基督教的"上帝"、康德哲学中的"物自体"，都是超出人的一切可能经验的，超出人的认识能力所能及的，是超越的。第二，超越是指人的主观精神力量超越于自我或者某种对象之上。这种意义上的超越蕴含有超过、高于、超然等等意思。这里所要讨论的超越性，是专就超越的第二层含义而言的。

---

① 刘安著，刘文典撰：《淮南鸿烈解》，中华书局，1989，第689页。

人有超越的冲动和需求。自我、他人以及整个现实世界总是不完满的。人对于自身,对于他人,乃至对于人所生存的整个现实世界常常产生不满,因而也常常产生超越的念头。哲学、宗教和审美(艺术)都是常见的超越方式。柏拉图的理念世界就是哲学式的超越的产物,这种超越通过抽象演绎而从具体的、个别的、变动不居的现实世界超越到抽象的、普遍的、永恒的理念世界。基督教的天堂则是宗教超越的产物,这种超越通过人对于上帝的虔诚信仰而从现实世界超越到彼岸天国。人们在审美中也可以实现超越。审美是感性的,在一定程度上,审美也是现实的。审美的世界不同于一般的现实世界,一般的现实世界常常是功利的,因而也是不自由的。而审美是超功利的、自由的。人们通过审美活动,超越非审美的现实世界,达到审美的现实世界。柏拉图的理念世界和基督教的天国都是与现实世界相分离的非现实的世界,而审美超越的归属点仍然是现实世界。审美超越由现实世界出发,回归到现实世界,进入到人的存在自身,因而审美超越有时也被视为是最高的超越①。

人在超越过程中所获得超越感就是一种美感。超越的美感大体有两种,一种是对象被超越的愉悦感;一种是自我被超越的愉悦感。对象被超越的愉悦感,其实也就是崇高感。这种愉悦感是一种对自身生命力量战胜对象时的自豪感和胜利感。康德把崇高分为数量的崇高和力量的崇高。相应地,崇高感也有数量引起的崇高感和力量引起的崇高感。数量引起的崇高感,指的是对象的体积的无限的巨大引起的崇高感。人的理性要求见出对象的整体性,但由于对象体积的巨大超出了想象力的范围,使想象力不足以掌握对象的整体性。想象力的这种不适应性唤起了理性的支援,崇高感也就是理性功能弥补感性功能(想象力)的胜利感。另一种是力量引起的崇高感,它指的是巨大的威力引起的崇高感。引起这种崇高感的对象具有巨大的威力,使我们的想象力无法适应,进

---

① 彭富春:《美学原理》,人民出版社,2011,第161页。

而产生近似恐惧的感觉。但同时,由于理性的观念使人们心中产生另一种足够的抵抗力,并征服了恐惧感。理性观念的胜利使心灵在对自身的估计中感到一种胜利的自豪感。

和对象被超越的愉悦感不同,自我被超越的愉悦感,借用冯友兰"境界论"的说法,就是自我超越"自然境界""功利境界""道德境界"而进入"天地境界"所获得的愉悦感。自然境界中的人的行为顺着生物学上的性(动物性的感官欲望)的驱动,在这一境界中,人对自己的行为没有觉解,人是"无我"的。功利境界人的行为是为利的,人对自己的利有清楚地觉解,人是"有我"的。而道德境界的人的行为是行义的,在这一境界中,人对人之性已有觉解,人是"无我"的。天地境界的人的行为则是事天的,在这一境界中,人能知天,能完全知性,人是"大无我"的。①自我被超越的愉悦感是人由无觉解的"无我",到"有我",再到有觉解的"无我",进而到"大无我"的不断超越而获得的愉悦感。这也就是个体超越自我感官欲望的束缚,超越功利计较的束缚,超越道德的束缚,而实现与宇宙自然合一的人格理想而获得的愉悦感。

超越感是一种美感,美感也具有超越性。在审美活动中,审美主体超越个体存在的有限性和暂时性,超越主体与客体的对立,获得一种自由感和解放感,这就是美感的超越性。个体的存在在空间上是有限的,在时间上是暂时的,而在审美活动中,个体的存在由当前在场的有限超越到背后未出场的无限,由短暂的瞬间超越到聚集了"过去的追忆""未来的期待"和"当下的呈现"的永恒。在认识活动中,个体处在主客二分的关系之中,人与外界分裂,与外物相对而立,而在审美活动中,个体超越了主客二分的关系,达成一种"天人合一"的境界,获得精神上的自由和解放。

---

① 冯友兰:《新原人》,北京大学出版社,2014,第45页。

和美感一样，仁也具有超越性。按余英时的说法，中国在轴心突破（公元前一千年以后）出现了一个与现实世界相对照的超越世界，这一超越世界即所谓的"道"①。孔子哲学中的"道"也就是仁道，仁的境界就是孔子的超越世界，孔子哲学超越的根据和途径就是仁。孔子哲学的超越是要由小人的境界超越到君子的境界，由非仁的境界超越到仁的境界。

"仁"的超越既是内在的超越，也是即世的超越。首先，"仁"的超越是一种内在的超越。所谓内在的超越，指的是超越的根据和途径在内而不在外。儒家哲学的超越经历过由外向内的转向，这一转向的标志正是孔子的仁学的创立。余英时认为："孔子创建'仁礼一体'的新说是内向超越在中国思想史上的破天荒之举；他将作为价值之源的超越世界第一次从外在的'天'移入人的内心，并取得高度的成功。"②孔子之前的儒家，其超越的根据和目的都是外在于人的"天"，超越的途径主要是外在于人的"礼"。而在孔子，天和人是合一的，天内在于人。仁是人的性，人性受之于天，仁即是人所受之"天"。"礼"本是外施于人的礼仪规范，而孔子把仁礼统一起来，把"礼"改造为"仁"的精神的外在化，这样一来，作为超越的具体途径的"礼"也就内在化了。仁是内在的，人人与生俱来，仁的超越对于任何人都是可能的。仁的超越需要诉之于己，所谓"我欲仁，斯仁至矣"，所谓"为仁由己"。仁是内在的，同时仁又连接着他人和天地万物，为仁由己，而又及他。仁的超越是一种特殊的内在超越，它可以完全受控于自己，但又始终关涉着外在的他人，它既需要"尽己"，又需要"推己"，在"内转"的同时，又不忘"外推"，这就是儒家"内圣外王"的特殊的内向超越。这种内向超越最终要达到的是心道合一、人我合一的仁的境界。

其次，仁的超越也是即世的超越。黑格尔认为孔子的思想没有对世俗有限

---

① 余英时：《论天人之际：中国古代思想起源试探》，中华书局，2014，第219—220页。
② 余英时：《论天人之际：中国古代思想起源试探》，中华书局，2014，第229页。

的超越,李泽厚对此提出批判。他认为,孔子的哲学不是没有超越,而只是没有抽象的思辨式的超越,孔子的超越没有脱离感性的时空,他把超越放在当下即得的时空中,从而获得一种诗意的、审美的超越。[①]李泽厚所提出的,正是孔子哲学的即世性特征,也正是孔子仁的超越的即世性特征。孔子的仁学思想并没有太多的超时空的、超现实的、抽象的玄理思辨。仁不离人,不离人世,孔子的仁学思想都是在简单的日常人生之中被提炼、被印证、被阐发。仁的行为就渗透在日常行为之中,仁的境界也不离日常人伦的现实世界。仁是即世的,同时也是超越的。

上述仁的直觉性、超功利性、无限性、超越性都是美感的基本特征。仁具备美感的这些基本特征,这也就意味着,仁自身就蕴含有一定的审美意味,仁给人带来的不只是道德的束缚感,更有审美的愉悦感。

[①] 李泽厚:《华夏美学·美学四讲》,生活·读书·新知三联书店,2008,第57—58页。

第七章 仁的情感作为一种美感

美感属于人的情感的一部分。人的情感有审美的和非审美的，审美的情感也就是美感。非审美的情感有混乱、焦虑、无聊、烦闷等等，它是一种不自由的情感；而美感则是人的自由的情感①。仁是一种情感，而且是理性和感性统一的情感，它是一种自由的情感，是一种美感。

一、仁的情感的性质

仁是一种特殊的情感。蒙培元就直接把仁的情感称为"道德情感"②。作为一种道德情感，仁的情感乃是理性和感性的统一。牟宗三说："孔子所讲的仁，乃至道家、佛家所讲的，你虽然也可以说它满足我们的情感，然而这个情感并不是感性的，它里面就涵有理性。这种理性当然不是研究科学、逻辑、数学所表现的那个理性，但它也是理性。所以以前的人叫它是'道'，道是理性而不是情感。这个理性，比如说仁，它是情感，可是它也是理性。"③牟宗三

---

① 彭富春：《美学原理》，人民出版社，2011，第151页。
② 蒙培元：《情感与理性》，中国人民大学出版社，2009，第7页。
③ 牟宗三：《中国哲学十九讲》，上海古籍出版社，2005，第20—21页。

强调的是仁的情感的理性蕴含。然而作为一种情感，也不能就说它不是感性的。仁蕴含有感性，同时它又蕴含着理性，它是理性和感性的统一体，仁的情感是一种蕴含有理性的道德情感。

仁的情感蕴含有理性，这在于，仁的情感是以人己关系为重的情感，它有别于以个人的私欲为基础的情感。个人私欲往往产生偏颇的、极端的、非理性的情感。而仁的情感乃是谐和的、中正的、理性的情感。中国儒家较为重视情、欲之分，情和欲的根本差别，用钱穆的话来说，就是："欲只在己，常要把外物来满足我。情则及物，常把自己的来推及人。"① "欲"的立足点在于自己，他人乃是满足自己欲望的工具和手段；而"情"却统摄着人己，它通过成就他人而最终成就自己。仁的情感乃是"情"而不是"欲"，仁的情感统摄着人己，则它必然也就是一种蕴含着理性的情感。

仁的情感虽说是道德的情感，但它毕竟是一种情感，既然是情感，就定然有它感性的一面。仁的情感是涵有理性的情感，它所涵有的理性不是逻辑理性，它不是逻辑推演出来的结果，而是把他人摆在自己的心中，以双方关系为重的真情实感的自然流露的结果。这就见出了仁的感性的一面。前面提到，仁具有直觉性，仁与不仁的判断不是由理性思辨出"应该"与"不应该"，而是由情感直觉出安与不安、忍与不忍。西方人的道德以"真"（真理）为根基，是从"真"里求善，而中国人的道德以"美"为据点，是从"美"里求善②。孔子的仁的情感可以集中体现这种中西道德的差异。所谓从"真"里求善，意思就是说道德准则的根基在于理性，人的行为符不符合道德是以"应该"与"不应该"论的。"应该"与"不应该"，这是一种理性的思辨，以"真"为根基。而所谓从"美"里求善，意思就是说道德准则的根基在于情感，人的行为符不符合道德，乃是以"忍"与"不忍"论的。"忍"与"不忍"，这是一

---

① 钱穆：《双溪独语》，台湾学生书局，1991，第204页。
② 吴森：《比较哲学与文化》，东大图书有限公司，1978，第58—59页。

种情感的直觉,以"美"为根基。

　　仁的情感建立在"血亲之爱"这一近乎动物性的本能以及"恻隐之心"这一人的普遍心理的基础上,这在很大程度上就已经决定了仁的情感的"直"和"真"的特点。冯友兰把"仁"视为人的性情之真且合于礼的流露。①"性情之真"的流露,这是一己的方面,单有这一方面,还不足以导向仁。只有再加上心系他人的方面,加上以同情心来推己及人的方面,这才有可能做到"性情之真"又同时"合礼",人的这种真情实感的自然流露就能合仁了。颜渊死,孔子为之恸哭;路遇盲人,孔子"过之必趋";在服丧的人的旁边吃饭,孔子"未尝饱";看到原壤箕踞而坐,孔子用手杖敲打他的小腿;宰我白天睡觉,孔子骂他"朽木不可雕"……这些都是仁爱的表现,同时也都是真情实感的自然流露。孔子提出亲亲相隐,也是为了尊重人的自然情感,"父为子隐,子为父隐"是真情实感的自然流露,这是就"直",也是仁的情感的表现。以个人私欲为基础的人的非理性的情感往往也有率直真实的特点,但这种"率直真实"其实是一种放任自流,越是"直"和"真",就越是没有度的掌控,也越容易走向极端。仁的情感则不一样,仁始终是以双方关系为重,它不是个人欲望的扩张,而是人我之间的相互协和,相互牵挂,相互交融。这种情感越是"真""直",就越容易导向人与人之间关系的平衡,也越是容易导向和谐。

　　在孔子看来,仁这种心理情感显然具有一定的普遍性。用李泽厚的话来说,"它是超验或先验的理性的命令,却要求经验性的情感、信仰、爱敬、畏惧来支持和实现"②,"由于并不脱离感性存在的人类,可以渗入经验和感情。虽然它本身仍然是理性的,却可以与人的经验、情感相联系相交融。"③李泽厚把道德区分为两种:一种是"社会性道德",一种是"宗教性

---

① 冯友兰:《中国哲学史(上)》,华东师范大学出版社,2010,第60页。
② 李泽厚:《历史本体论·己卯五说》,生活·读书·新知三联书店,2008,第51页。
③ 李泽厚:《历史本体论·己卯五说》,生活·读书·新知三联书店,2008,第82页。

道德"。"社会性道德"是对生活和生存的伦理规范,它的根据是群体为了更好地生活和生存而要求个体履行的一种义务;"宗教性道德"则是人们根据某种具有普遍性、绝对性的"绝对命令"而制定的伦理规则。① 根据这样一种区分,则孔子以仁为根基的道德乃是一种"宗教性道德"。作为孔子道德根基的"仁"一方面具有超验的普遍必然性,一方面又具有感性的特征,可以渗入经验和情感。

二、仁的情感的感发和稳固

仁与不仁的一个很大的差别在于能不能"感"。《说文》把"感"解释为"动人心"。能感就是容易动心,容易产生情感。不仁者大抵是不易动心的,人们常说"麻木不仁",不仁的表征之一就是麻木。所以,中国古代在医学上称手足麻木痿痹这种病为"不仁"。不仁者对于他人的感知,就像痿痹患者对于自己四肢的感知一样,不能识其痛痒。如程颢所说,如果仁不能内于己,便像手足麻木,气不能贯注,并不是真正属于自己的身体。② 人之不仁,就是人根本不把他人放在心上,他人之喜怒哀乐和成败得失与己不相干,己之喜怒哀乐和成败得失也与他人不相干。如此,人与人便是隔着的,不能相互交感,不能有情感的交融和共鸣。

仁者则不然,仁者视万物为一体,视人如己,人之痛痒便如自己手足之痛痒,能一一感知于心。所以,梁启超就直接以人的同类意识的有无来区分仁与不仁,他指出,仁者就是同类意识觉醒能感知到彼我痛痒的人,而不仁者就是

---

① 李泽厚:《历史本体论·己卯五说》,生活·读书·新知三联书店,2008,第51页。
② 程颢:"若不有诸己,自不与己相干,如手足不仁,气已不贯,皆不属己。"程颢、程颐著,王孝鱼点校:《二程集》,中华书局,1981,第15页。

同类意识麻木不能感知彼我痛痒的人。①仁的核心内涵是爱人,爱人的表现就是能乐人之乐,悲人之悲,能关怀他人,成就他人。人能合理而恰到好处地爱他人,他人反过来必定也能爱自己,也能乐己之乐,悲己之悲,能关怀自己,能成就自己。这就通过仁而达到人我一体、人我合一的境界。仁可以打破人与人之间的隔阂,使人与人之间产生情感的交融和共鸣。仁是人之性,人人具有,然而仁心的开显或者遮蔽的程度却又人人各异,有的程度深些,有的程度浅些。仁心开显程度越深的人,其情感往往较寻常人更易触动。

人对某人、某事、某物的情感一旦凝固下来而形成某种稳定的情感,同时这种稳定的情感又影响到人对其他人、事、物的态度和情感,这就形成了一种心境。心境是人对万事万物所产生的稳定而一致的基本态度和情感。人们对世界的基本看法和观点可以称为"世界观",与之类似,心境也可以被视为是一种"世界感"或者"世界情"。仁的情感在人心中稳定凝固下来,成为人的一种常态的情感状态,这就形成了仁的心境。

仁与不仁,时间长了,都易形成一种心境。不仁就是对许多事不觉得不安,这种状况成为一种习惯,也就开始对更多事不觉得不安,最终就是麻木,但觉私利之外,万事皆与自己不相干,这就是不仁的心境。同样,随着仁的观念在人心中不断地加深,仁的情感也不断地扩大和稳定,仁的情感最终就会转化为仁的心境。仁的心境的扩充,一方面体现仁的感情的对象的扩大,由父母兄弟的血缘之爱扩大到无血亲关系的朋友之爱、大众之爱,甚至是对万物的爱;一方面体现在仁的情感的稳定性的加强,持续性的加强,由"日月至焉"到"三月不违仁",由"克己复礼""强恕而行"再到"从心所欲"皆是。

---

① 梁启超:《先秦政治思想史(第1辑)》,北京联合出版公司,2014,第79—80页。

三、仁的情感之投射于自然

仁的心境一旦形成,人的感发力量就变得更加强烈。人不仅容易感发于他人的喜怒哀乐,更会强烈地感发于自然的动静生灭。孙奇逢在《四书近指》说到:"山水无情之物也,而仁知登临则欣然向之。盖活泼宁谧之体,触目会心,故其受享无穷。"[①]仁者是宁静的,当没有被外物刺激的时候,他就是一个"宁谧之体";然而仁者又是易感的,自然物很容易激发他的情感,因而他容易在自然中产生美的享受。自然本身是没有情感、没有观念的,人在对自然的观照中产生的情感主要决定于人的心境。仁者以一种仁的心境观照自然,就容易产生与仁有关的情感和观念,这是仁的心境投射于自然的结果。

人的心境不同,因而对于同样的自然物往往产生不一样的情感。孔子说,天气变冷的时候,才意识到松柏是最后凋零的。孔子对松柏的欣赏其实不在松柏本身,他看到的不是松柏的形式美特征,而看到的是松柏在严寒之中的挺拔不凋,看到的是松柏和仁者一样的坚韧不拔的精神。这就是仁的心境在自然物上的投射。人的心境不同,因而人对于自然物的偏好也有所不同。孔子说,知者喜欢水,仁者喜欢山。山是静止的,沉稳厚重的,这和仁者的精神品格有一定的一致性。仁者对山的偏好也可视为仁的心境在自然物上的投射。

用仁的心境来观照自然,则自然往往是一种伦理化的自然,这就形成了儒家的"比德"的自然美思想。人们往往把自然美和人的精神品格联系起来,并以特定的自然物来象征人的特定的品格,如梅之象征孤傲、兰之象征幽雅、竹之象征气节、菊之象征淡泊……这种思想长期影响着中国人对自然美的欣赏,同时也影响着艺术家对创作题材的选择和创作观念的表达。

---

① 程树德著,程俊英、蒋见元点校:《论语集释》,中华书局,1990,第410页。

四、仁的情感之外显于艺术

仁的心境一方面影响着人们对自然美的欣赏,一方面更影响着人们的艺术创作。仁的心境(情感)及其感发力量对于中国古代许多艺术作品的产生是至关重要的。在儒、道、禅三大思想的影响下,中国古典艺术形成了沉郁、飘逸、空灵这三大艺术风格。艺术家的心境决定着艺术家的风格,仁的心境外显于艺术,就会产生一种沉郁的艺术风格。

沉郁的艺术风格主要表现为感情的悲概、壮大、深厚。"沉"的本义是没入水中,又引申为程度之深。在中国古代艺术理论中,"沉"字多用来表示深沉含蓄,如"沉着""沉雄""沉浑""沉实"等等。"郁"的本义是指草木的繁盛,而后引申为精神愤结积聚而产生的哀思、幽怨。叶朗把沉郁的审美特征总结为两个方面:其一,沉郁是带有哀怨郁愤、深沉厚重、温厚和平的醇美,如"穷年忧黎元,叹息肠内热。"(杜甫《自京赴奉先咏怀五百字》)、"长太息以掩涕兮,哀民生之多艰。"(屈原《离骚》)之类;其二,沉郁是一种弥漫着人生、历史的悲凉感和沧桑感的美。如"白骨露于野,千里无鸡鸣。生民百遗一,念之断人肠"(曹操《蒿里行》)、"朱门酒肉臭,路有冻死骨"(杜甫《自京赴奉先咏怀五百字》)之类。叶朗指出:"沉郁的审美意象,有两个特点。一个特点是带有哀怨郁愤的情感体验。由于这种哀怨郁愤是由对人和天地万物的同情、关切、爱所引起的,又由于这种哀怨郁愤极其深切浓厚,因而这种情感体验能够升华成为温厚和平的醇美的意象。所以沉郁之美,又是一种'醇美'。沉郁的再一个特点是往往带有一种人生的悲凉感,一种历史的苍茫感。这是由于作者对人生有丰富的经历和深刻的体验,不仅对当下的遭际有一种深刻的感受,而且由此对整个人世沧桑有一种哲理性的感

受。"①所谓的"对人和天地万物的同情、关切、爱",也就是仁的情感。仁的情感不仅表现为对具体个人的关切,也表现为对整个人类的普遍关怀,因而必然生发浓厚的人生感、历史感。仁的情感是理性的情感,它虽然具有深切浓厚的特点,但始终不会流于极端,所谓"乐而不淫,哀而不伤",即便哀怨郁愤,也不致于愤激或者颓丧,而是不失中正,表现出温厚和平的醇美。这种情感弥漫于整个中国艺术史,这是孔子的仁学对中国艺术所产生的极大的影响的具体体现。

---

① 叶朗:《美学原理》,北京大学出版社,2009,第376—377页。

第八章 仁之通向于自由

自由和审美密不可分，美感最本质的特征就在于它是一种自由的愉快。自由的境界是一种审美的境界，反过来也可以说，审美的境界是一种自由的境界。自由感有别于通过感官的直接刺激而获得的低级的快感，它是一种高层次的精神愉悦感，是一种美感，自由的境界就是审美的境界。仁是通向于自由的，人在为仁的过程中所获得的自由感也即是一种美感。

一、关于自由

　　从字面上说，"自由"就是由自，就是由自己做主。当人受到束缚，被限制、阻碍、控制或强制的时候，他就是不自由的。不自由是现实生活中的常态，如卢梭所说，"人是生而自由的，但却无往不在枷锁之中"[1]。现实中的人是不自由的，同时，现实中的人又是天生向往自由、追求自由的。

　　限制着人的自由的因素有很多。然而在根本上决定着人的不自由的，应该是人的身体。老子说："吾所以有大患者，为吾有身。"人有了身体，就有了限制，有了不自由。要维持身体的生存，就必须得饮食，由不得你想与不想，

---

[1] 卢梭:《社会契约论》，何兆武译，商务印书馆，2003，第4页。

这就是最起码的不自由。身体之外，人还有其他种种欲望，一种欲望的满足会产生限制，欲望与欲望之间的制衡又会产生限制。这些由人自身的内在因素而产生的限制，可以视为人的内在的不自由。除了人自身的因素，外在的因素也会限制人的自由，这些外在的因素有来自他人的，有来自社会的，也有来自自然的。来自他人的因素，主要是指其他社会个体（他人）对自我权益的限制；来自社会的因素主要指的是社会的道德舆论、风俗习惯、法律制度等等对人的限制；来自自然的因素主要指的是自然的客观规律对人的限制。这些由外在于自身的因素而产生的限制，可以视为人的外在的不自由。人的内外的种种限制与人对自由的渴求形成对抗，人们对这些限制有不同的态度和思考，因而也就形成了各种不同的自由理论。各种理论在消除限制的方法上，消除限制的程度上，以及消除限制的侧重面上都有所不同。在这些理论之中，限制与自由之间最终都形成某种理想的调和状态，这些理想的调和状态都各自被视为是真正的自由，因而人们对所谓"自由"的理解与规定也形形色色，各不相同。

内外因素都限制着人的自由，但归根到底，限制人的自由的最原初、最根本的因素，应该来源于人自身。人的自由的实现的着手处也应该在于人自身，人首要实现的自由应该是内在的自由。外在的自由的实现须建立在内在的自由的基础之上。钱穆把人的"内在自我的自由"（即内在的自由）视为"最本质的""最真正的""最高的"自由，他认为："近代西方为争取人权自由而掀起革命，这当然因于他们深感到当时政治社会种种现存情况之阻碍了自由。但他们之所争，实则只争得了人类自由之某种环境与机会，并不曾争得了人类自由之本质与内容。因自由只能由人自我自发，如所谓言论自由与思想自由，岂不所争只是要政治和社会给与大家以言论与思想的自由之环境与机会？至于言论些什么，思想些什么，则绝不是可以向外争求而得，也绝不能从社会外面给与。若使社会从外面给与我以一番言论与思想，此即是我言论与思想之不自由。可见言论思想自由，实际该向内向自己觅取，不能向外向社会争求。

言论思想之自由如此,凡属人生行为之一切自由,实则无不皆然。"①钱穆所指涉的自由与西方自由理论以及我们日常语言所指涉的自由都有着内涵上的差别。对人产生束缚的因素有外在于自己的,也有内在于自己的,钱穆把外在于自己的束缚因素只视为"自由之某种环境与机会",而把内在于自己的因素视为"自由之本质与内容",这是对"自由"内涵的重新设定,并不能抹杀外在因素常常对人产生束缚这一客观事实。人在争取自由的过程中不能忽视外在因素,不能把"自由之某种环境与机会"完全置之不顾,这一点钱穆自然也不能否认。然而,钱穆把实现人的自由的重心放到人自身,主张向内争取自由,这对于一味向外求自由而终不能得的个人来说,无疑是一剂很好的清醒剂。钱穆所提倡的向内争取自由的观念,正可与孔子的仁学思想相契合。

二、仁如何通向于自由

孔子的仁学是可以通向自由的②,其所通达之自由,正是从个人自身出发,向内争取而获得的自由。

1. 内在自我的自由

仁能通向于自由,这决定于仁自身的自主性。孔子的仁有"求仁"和"为仁"两个层面,这两个层面的仁都具有自主性。从求仁层面说,仁的自主性在于,求仁是一种内在的精神状态,是当下的一种意念,欲之则至,完全取决于自己。同时,我心存仁,外在任何因素也无法将它夺走。孔子说,一国军队,可以夺去它的主帅;一介匹夫,却不可夺去他的意志。求仁之心即是不可夺之志,是完全自主的。从为仁层面说,仁的自主性在于,孔子评价一个人是

---

① 钱穆:《人生十论》,广西师范大学出版社,2004,第70—71页。
② 这里所谓的"自由",只是就不受限制、束缚、阻碍、控制、或强制等等这些最基本的含义而言。

否为仁的标准不在于为仁的事功,而在于一个人是否能尽心尽力、心诚自觉地为仁,在于一个人是否具有"未成一篑,止吾止""虽覆一篑,进吾往"的为仁的精神。仁是不受个人能力和外在的因素的限制的,"为仁由己",人人可以"求仁",人人可以"为仁",而不存在"力不足"的问题。仁是内在的,本不需要外求,只要心志于仁,尽心尽力,心诚自觉,就能成就其仁。孔子的仁实际是摄"行"于"心"的,为仁虽是连接着客观世界的外在行为,却最终也被统摄到主观上去,同样是自主的了。徐复观说:"(孔子的仁)将客观世界乃至在客观世界中的各种成就,涵融于此一仁的内在世界之中,而赋予以意味、价值;此时人不要求对客观世界的主宰性、自由性,而自有其主宰性与自由性。这种主观与客观的融和,同时即是客观世界的融和。"[1]徐复观的这句话所指出的正是由仁的自主性所决定着的自由。仁是完全自主的,人一旦真的能志于仁,他的人生就注定是自由的人生。孔子把仁设定为人的最高价值追求,这就开启了人之通向于自由的大门。人一旦把完全自主的东西设定为自己的最高价值追求,那么,这也就意味着,他已经实现了最高的自由——内在自我的自由。在内在自我自由的基础之上,人才有可能真正地实现外在的自由。在孔子那里,外在自由的实现仍然是立足于自我的。

2. 人我关系的自由

外在的自由常常关涉着他人。他人有时会成为自我欲望满足的对象,有时也会成自我权益的争夺者,这时人就会感觉到他人在限制着自我的自由。当一个人觉得自己在他人面前不得自由的时候,自己与他人实际也就处在了一种冲突对抗的状态之中。用向外的眼光来看,这是他人在限制着自己的自由。而用仁者向内的眼光来看,这其实是一种不仁的状态,是自己仁义有所不施,或者

---

[1] 徐复观:《中国人性论史》,上海三联书店,2001,第62页。

是施所不及、施所不当的结果。仁者爱人,爱人则能视人若己,能推己及人。自己能真正合理有效地爱他人,他人必将反过来爱自己,这就是孟子所谓的"爱人者,人恒爱之"。有效地爱人最终达成的是一种人我一体的状态,在这种状态之中,自己能痛人之痛,乐人之乐,他人也能痛己之痛,乐己之乐。熊十力在阐释孟子的"上下与天地同流"时说到:"心是虚明健动,自然与上天下地流通无隔绝,此际正是仁。仁心之流通,正是动而健,才起一毫私意,忽尔杂染一团,便觉天地闭,此际之心即违于仁。"①所谓"与上天下地流通无隔绝",正是仁有所施,施有所当、施有所及的状态,它是一种自由的状态;而"杂染一团,觉天地闭",则是仁义不施,或者是施所不及、施所不当的状态,它是一种不自由状态。所以,当感觉到他人限制着自己的时候,仁者的态度是反躬自省,自省自己仁之所未到处。当自己的仁施有所及、施有所当,达成人我一体的境界之时,也就不再感觉到他人限制着自己的自由了。

3.人在社会面前的自由

除了个体性的他人因素,限制着人的外在自由的,还有群体性的社会因素,其中比较常见的主要有社会的道德舆论、风俗习惯和社会制度等等。与一般人相较而言,这些社会因素对仁者的限制其实是比较有限的。

仁者在社会道德舆论面前其实是自由的。孔子的仁学体系本身就是一个道德体系,它的展开不依赖于外在的道德舆论。孔子说,我对于别人,诋毁了谁?赞美了谁?如果有所赞誉,必定是自己已经考察过的。这也就是说,孔子对他人的定位不通过道德舆论,而通过自己对他实际言行的考察。对仁者自身而言,为仁贵能"慎独",贵能"内省不疚",外在舆论并不能给仁者造成限制和束缚。所谓"君子坦荡荡,小人长戚戚",仁者是仁德的践行者,为

---

① 熊十力:《原儒》,上海书店出版社,2009,第134页。

仁讲究的就是一个心安。仁者蹈仁而行，面对道德舆论他自然能够坦然；小人常常悖德，所以他时常要受到良心的谴责，受到道德舆论的谴责，道德舆论对他而言自然也就成为了一种束缚。道德给为仁者施加的束缚只在于道德本身，而不在于舆论。理想状态的为仁是自然而然的，是"从心所欲不逾矩"的，是自由的。在此之前，为仁须有"克己复礼"的过程，在此过程中，为仁仍有一定的强制性，有一定的束缚。所以在此过程中，仁更大程度上属于道德境界，存在一定的不自由。当达到"从心所欲不逾矩"的境界以后，束缚消失，心之所向，自然与法度规矩和洽，这时，仁就上升到了审美的层面，因而是自由的了。也有学者提出，"从心所欲不逾矩"是一种不自由。邓晓芒就认为，儒家讲的意志是一种无自由的意志，"从心所欲不逾矩"的"矩"是由先王传下来的，是无可选择的，因而是不自由的；孔子经过七十年的"克己复礼"所达成的"从心所欲不逾矩"只是一种不假思索的习惯。①这里需要注意的是，"从心所欲不逾矩"的"矩"并非是先王传下来的、不可变的、不可自由选择的规矩，"克己复礼"也并非是机械的训练。否则，孔子就不需要强调什么"学而不思则罔""下学上达""人而不仁，如礼何"等等之类，"礼"就在那里，跟着做就是了。事实是，孔子对"礼"不但要思考，要选择，而且还要改造。"从心所欲不逾矩"并非不假思索的习惯，而是长期地"学""思""行"的结果，是基于道德境界而上升达成的一种自由的审美境界。

　　仁者在社会风俗习惯面前也有他的自由。仁者在风俗习惯面前的自由，可以通过孔子对祭祀的态度而窥其一斑。祭祀的对象主要是鬼神，孔子对鬼神是存而不论，孔子不认定也不否认鬼神的真实存在。孔子不论鬼神，对死也是避而不论。季路曾问孔子如何侍奉鬼神，孔子回应他，活人尚且侍奉不好，还谈什么侍奉鬼神。季路又问孔子，死是怎么回事，孔子回答他，生是怎么回

---

① 邓晓芒：《什么是自由》，《哲学研究》2012年第7期。

事都还搞不清楚，又怎么知道死是怎么回事。大抵在孔子看来，死的意义在生的意义中体现，鬼神的意义在人的意义中体现，祭祀的出发点和落脚点都在活着的人那里。对孔子而言，祭祀的意义在于，它可以贯彻仁的精神。祭祀中集中体现的是孝和敬。孝是仁的根本，子孙对祖辈不但生前要孝，死后也仍然要敬。祭祀是子孙对祖辈的爱的永恒延续。所以，尽管孔子并不认定鬼神的真实存在，但他对祭祀仍然是认可和尊重的，他曾对致力于祭祀的禹大加赞美，说他自己的饮食粗淡，但致力于孝敬祭奠鬼神。孔子能把握到祭祀的真正精神，所以他也就不会被祭祀所束缚。孔子恭敬真诚地遵从祭祀的风俗，但他对祭祀的遵从不是一味地迷信。王孙贾曾问孔子，都说与其讨好屋角神，不如讨好灶神，这话是什么意思呢？孔子告诉他说，这话说得不对，如果违逆了天理，祈祷也是没用的，讨好哪个都不行。这就可以看出，孔子祭祀鬼神并不是要讨好鬼神，不是希望通过祭祀而得到鬼神的庇佑。祭祀的出发点是仁爱，是孝敬，所以孔子很反对形式主义的祭祀。他说，祭祀祖先的时候，就好像祖先真的在那里一样，祭祀神的时候，就好像神真的在那里一样，如果自己不亲自去祭祀，就如同不祭祀。祭祀决定于自己的意志自由，是发自内心的，所以，祭奠的时候就应该真诚，如同祭祀的对象真的就在跟前一般，这样才能体现祭祀的意义。如果是为祭祀而祭祀，或者是因为惧怕鬼神而不得不祭祀，那么祭祀也就成了一种束缚，成了一种不自由了。要以这样的方式祭祀，还不如选择不祭祀。祭祀并非一种外加的束缚，而是一种自由意志的选择。

仁者在社会制度面前也争取着自己的自由。仁者在社会制度面前的自由，反映在孔子对"礼"的态度之中。孔子认为，不学礼，就无法立身，一个人如果能广博地学文，又能以礼来规范自己，差不多就不会背离大道了。可见，诸如"礼"之类的社会制度，对于孔子来说并不是一种多余的束缚，而反倒是践行仁道的一种凭依和辅助。礼是仁的外化，有了礼的规范和引导，人才不至于在社交中手足无措。孔子及其弟子对诸如礼之类的社会制度是认可、尊重并遵从的,他们一方面在"知"的层面体悟着礼的根本精神,一方面也在"行"的层面落实遵从着礼。不过他们对礼的遵从也不是一味地盲从。孔子对礼是有着深刻的认识的,他不但要学礼、知礼,而且还要运用礼、改造礼。礼的精神内核就是仁道,孔子对礼的遵从是由内而外的,在他那里,仁礼是一体的,礼是仁的外化,礼对他来说并不是外加的强制束缚,而是仁道外显的自然而然的"不逾矩"。当现实社会中的礼制和仁道背离的时候,孔子就会试图改造。孔子奔波半生,周游列国,就是试图改善当时的政治和制度,使之趋向于仁道。遵王道,行德治,这是孔子的政治理想。但现实中的社会制度有时会远远地背离理想。孔子说,要坚定地相信道,努力地学习道,不顾一切地保全道;天下有道,就好好表现自己的才能,天下无道,就隐居不出;国家有道而自己贫贱,这是可耻的,国家无道而自己富贵,这也是可耻的。社会制度如果不合仁道,这对求仁者来说自然是一种束缚,要摆脱这种束缚,就得择处有道之世,择居有道之邦。道不能行了,就乘个木筏,飘到海外去,这是孔子在社会制度面前守住自我自由的最低限的选择。

4. 人在自然面前的自由

人在为仁的过程中,又须通过"学"而"知天""则天",从而尽量实现人在客观规律(包括自然规律)面前的自由。人要摆脱客观规律的束缚,就得掌握客观规律,遵循客观规律。孔子所谓的"依于仁,游于艺",体现的就是这样一种自由。"艺"指的是技艺,具体而言,主要是指"六艺",即礼、乐、射、御、书、数。"游"有涉历、游息、观赏、娱乐等意思,它所突出的是人的自由感和愉悦感。"游于艺"指的是熟练掌握一定的技巧所能达成的自由状态,是通过对客观规律的掌握和运用而实现人在客观规律面前的自由。对客观规律的掌握和运用其实是"智"的一个方面,孔子用"智"而不崇"智"。"智"更多地是服务于仁的一种手段,仁才是终极旨归。孔子不会

为智而智，所以他对"艺"的掌握也是应需而起，适可而止的。别人推崇孔子，说他掌握了很多技艺，孔子说自己小时候贫苦，后来又不被国家所用，所以学会了很多细微的技艺，真正的君子是不需要掌握太多技艺的。"智"（"艺"）本身不是目的，它是为仁道服务的，如果人被求知欲驱使，一味追求"多能"，一味在"智"上专营而不能自拔，那么"智"反倒成为人的一种束缚了。孔子的哲学是一种内守的哲学，他不会无止境地想要掌握更多的"智"，更不会试图通过最大程度地掌握客观规律而最大程度地征服自然。人如果试图征服自然，他也就对抗着自然，他也就必然要束缚于自然。"知天命""畏天命""天何言哉？四时行焉，百物生焉，天何言哉""逝者如斯夫！不舍昼夜"，孔子的这些言语无一不映射着他对自然的敬畏和崇敬。以孔子哲学为代表的儒家哲学的理念是要适度地掌握客观规律，尽量使人和自然达成一种和谐，达成性与天的合一，达成人与自然规律和洽之后的高度自由。

综上可知，孔子的仁学是从个体自身出发，引导人向内争取而获得自由。通过尽心尽力、心诚自觉地"求仁""为仁"，人首先可以获得内在自我的自由；在此基础之上，通过"推己及人"，自我和他人又达成一种人我一体的境界，从而实现自我在他人面前的自由；人能蹈仁而行，通过"慎独"而达到"内省不疚"的境界，就能实现自我在社会道德舆论面前的自由；人能尊重社会风俗习惯，并能在掌握社会风俗习惯的内在精神的前提下选择性地遵从社会风俗习惯，就能实现自我在社会风俗习惯面前的自由；人如果能懂得社会制度的精神内核，并利用社会制度来规范引导自己的行为，当社会制度自身存在问题的时候，又能试图改造不合理的社会制度，改造无望的时候又能选择远离不合理的社会制度，这样，人就能实现自我在社会制度面前的自由；人在为仁的过程中，又须通过学习掌握客观规律而实现人在自然规律面前的自由。自由的境界即是一种审美的境界。从自由的角度而言，仁是通向于审美的，仁的最高境界是一种自由的、审美的境界。

第九章
仁之通向于快乐

审美经验是一种乐的经验，美感一向被视为一种乐感。中国古代所谓的"乐"差不多就等同于我们现在所说的美感。完满的仁是美与善的统一，为仁是一个由道德境界上升到审美境界的过程，为仁是否上升到审美境界的一个很重要的判断标准，就在于能不能乐。

一、孔子之乐及其性质

孔子的几个学生曾应孔子之问，谈到自己的人生志向。子路、冉有、公西华回答的都是自己的政治上的理想，曾皙的回答则是：暮春三月，新缝的春服都穿上身的时候，我想约上五六个大人，带上六七个小童，到沂水旁边游游泳，到舞雩台上吹吹风，然后一起唱着歌儿回家。孔子长叹一声，对曾皙所向往的人生深表欣慕。这反映出孔子对"乐"的审美人生的推崇。就事实而言，孔子的人生也可以称得上是"乐"的。孔子的自我评价，就以"乐"最为突出。叶公问子路，孔子是怎样的一个人，子路不能回答。孔子知道了这事，就跟子路说，你可以告诉他，我是一个用起功来就忘记吃饭，快乐起来便忘记忧愁，连自己快要老了都不知道的人。

孔子大抵时常都是快乐的。孔子的快乐有一大部分来源于他对"艺"的热爱。孔子把自己的人生准则概括为"志于道，据于德，依于仁，游于艺"。"道""德""仁"自然是孔子的最高追求，值得引起注意的是，孔子又把"艺"拿出来，与这三者相提并论，由此足见"艺"对于孔子的重要性。孔子说自己年少的时候比较贫贱，所以学得了许多技艺，又说自己没有身处重位，所以学得了一些技艺。足见孔子对多种"艺"都是有所掌握的。《论语》较少涉及到孔子其他方面的艺，唯独于音乐却多处涉及。孔子曾评价《韶》乐，说它尽善又尽美，又评价《武》乐，说它尽美而未尽善。孔子还对鲁国的太师（乐官）谈论过他对音乐的看法，说音乐的整个过程，开始是热烈的，而后是纯和的、明净的，结束时，似连绵不绝。从孔子对音乐的这些评论中可以看出，孔子在一定程度上是通晓音乐的。《史记》还记载有孔子学琴于师襄的一则典故①，颇能反映孔子对音乐的精通。孔子对音乐的掌握，不只停留于节奏韵律之美，更进入到了精神意蕴层面。他对音乐的追求，已经上升到了"道"的层面。孔子和别人唱歌，如果唱得好，就一定让人再唱一遍，而且自己也一道和唱。可见孔子不但通晓音乐，而且还很是痴迷。音乐对于孔子来说，不只是认识对象（"知之者"），而更是已经融入到他生命当中的审美对象（"好之者""乐之者"）。孔子在齐国听《韶》乐，"三月不知肉味"，感叹到：没想到音乐中的体验居然可以达到这种地步！"艺"给孔子所带来的快乐，于此可窥一斑。

孔子能"乐"，更重要的还在于他能乐平凡之生活。孔子平时在家一般都是宽松舒坦、和畅快乐的。孔子的生活简单而快乐，这主要在于他有一颗能乐

---

① 孔子学鼓琴师襄子，十日不进。师襄子曰："可以益矣。"孔子曰："丘已习其曲矣，未得其数也。"有间，曰："已习其数，可以益矣。"孔子曰："丘未得其志也。"有间，曰："已习其志，可以益矣。"孔子曰："丘未得其为人也。"有间曰，有所穆然深思焉，有所怡然高望而远志焉。曰："丘得其为人，黯然而黑，几然而长，眼如望羊，如王四国，非文王其谁能为此也！"师襄子辟席再拜，曰："师盖云文王操也。"（《史记·孔子世家》）

的心。孔子说，吃着粗粮，喝着清水，曲着胳膊当枕头，乐趣就在这些事情里面。又说，学习并能时时复习，是一件快乐的事情；有朋友从远方而来，也是一件快乐的事情。孔子所说的这些快乐，其实都是些生活中稀松平常、简单易得的事情。能以这些简单易得之事为快乐，并懂得享受和珍惜这些快乐，这样的人定然是常乐的。

孔子之"乐"，也就是周敦颐所谓的"孔颜之乐"，我们也可以将它称为"圣贤之乐"。对于圣贤之乐的性质，可以援引陆原静与王阳明之间的一则问答书札来切入探析。陆问：过去周敦颐常常叫程颢探寻孔子和颜渊的快乐，敢问这种快乐和人的七情六欲的快乐是不是一样？如果是，那么常人只要满足了一些欲望就能获得这种快乐，又何必求做圣贤？如果另外有别的真乐，那么圣贤在遇到大忧、大怒、大惊、大惧的事情时，这种快乐是否还在？况且君子的心里常常怀着戒惧，终身都有着忧患意识，又哪里还有快乐？我平生多苦闷，很少获得真正的快乐的体验，现在很想探寻它。王阳明回答：乐是心的本体，虽然不同于七情六欲的快乐，但也不外于七情六欲的快乐。虽然圣贤别有真乐，但这种真乐也是寻常人所能同有的，只不过常人拥有而不能自知，反而自己追逐出许多忧苦，迷弃了这种快乐。即便在忧苦迷弃之中，这种快乐也不是不存在，只要一念开明，反身而诚，这种快乐也就在当下了。

陆王二人的对答之中涉及到一个问题：圣贤之乐究竟是什么样性质的一种乐，圣贤之乐是否与常人的七情之乐相同？按王阳明的意思，圣贤之乐不完全同于七情之乐，又不外于七情之乐。至于具体如何"不同于"，又如何"不外于"，王阳明没有明确说明。大抵可以这么理解，就心理机制、心理体验而言，圣贤之乐与七情之乐没什么太大的差别，这就是所谓的圣贤之乐"不外于七情之乐"。然而圣贤之乐与七情之乐毕竟又有较大的差别，差别在于：第一，圣贤之乐主要通过道义的实现而获得，七情之乐主要通过欲望的满足而获得；这也就是《乐记》所说的"君子乐得其道，小人乐得其欲"。第二，圣贤之乐似乎包括有七情之乐，同时又比七情之乐更为丰富，范围也更为宽广。刘纲纪就曾指出："在中国古代美学中经常使用的'乐'（欢乐的乐）这个词，指的就是一种和审美愉悦联系在一起的精神上的欢乐、快乐。它是由'道'的完满实现而引起的，因此也包含了和'道'的实现相关的感官的、实用功利的、伦理道德的、认识性的愉悦，但又不简单地等同于其中的任何一种愉悦。"① 圣贤之乐应该就属于刘纲纪所指的审美之乐。七情之乐偏重的是感官的、实用功利的愉悦，而圣贤之乐应该包含有七情之乐，同时又偏重于伦理道德的、认识性的愉悦。此外，人摆脱了忧虑、孤独、虚无、烦闷等等消极情绪进入澄明之境而达到的安宁平静应该在七情之乐的范围之外，却在圣贤之乐的范围之内。王阳明所谓的"一念开明，反身而诚"而得的"乐"，更多的应该就是人进入澄明之境所获得的宁静之乐。第三，圣贤之乐在时间的持存上要远远超过七情之乐。七情之乐更多的是一种情绪，来得快，去得也快。常人也有乐，不过不足以形成一种心境。圣贤之乐更多地是一种心境，能长久地持存于人的心间。圣贤之乐就是一种心境，在这种心境中，"乐"不可能在任何时间点上都是持存的，"乐"的心境也不可能排除有其他情绪存在，不过"乐"始终是占主导地位的。圣贤当然也有忧怒惊惧，圣贤的忧怒惊惧与常人的忧怒惊惧有着质的差别，同时，圣贤的忧怒惊惧只是一时的情绪，不足以改变长久的"乐"的心境。

对于孔子来说，"乐"是他的常态，"乐"已然成为了一种心境。孔子"乐"的心境的形成主要根植于他对仁道的追求。孔子之"乐"的根源在于仁，孔子的仁学可以内在地通向于乐。

---

① 刘纲纪：《〈周易〉美学》，武汉大学出版社，2006，第95页。

二、仁如何通向于快乐

孔子一生以"仁"为最高追求,正是"仁"造就了孔子"乐"的审美人生。《礼记》载孔子言:"不能爱人,不能有其身;不能有其身,不能安土;不能安土,不能乐天。"这里其实已经将"乐"的根源归结于"仁"(爱人)了。但"仁"者何以能"乐","仁"具体如何实现了乐",《礼记》不曾作相关的阐述。"乐"的消极表现即是不忧,积极表现即是能乐,这里可以通过"仁者不忧"与"仁者能乐"这两个方面来具体阐释仁如何通向于"乐"。

1.仁者不忧

仁者不忧,并不是说仁者绝然不忧,而是说仁者不忧常人之忧。常人为己而忧,仁者则为人而忧。为人而忧,根本上在于为道而忧。忧虑他人不知道自己,这是常人的忧,忧虑自己不知道别人,这是仁者的忧;"患寡忧贫",这是常人的忧,"先天下之忧而忧",这是仁者的忧。常人的忧,主要在于自己的生死、贫富、以及其他得不到满足的欲望,而仁者在这些方面都是超脱的,仁者"忧道不忧贫"。

"死生有命,富贵在天",这是孔子的学生子夏的一句话,这句话很能代表求仁者对待生死和富贵的态度。仁者一心在意的是如何为仁,而对于死生和富贵,则一任天命,并不去在意和计较。

仁者对于生死也是超脱的。仁者忧道,而不忧生死。仁道是仁者的最高价值追求,仁者活着就是为了求道。一旦能够得道,活着的最高价值也就得到了实现,即便死也没有什么遗憾。所以孔子说,早上通达了道,即便当晚死了也无憾。又说,仁人志士,不会贪生怕死而牺牲仁,只会杀生取义而成就仁。面对死亡,仁者和常人的不同在于,常人面对死亡的威胁,在意的是和私己相关的一切,个人的生命一旦终结,这一切也就都随之而终结;而仁者在意的是仁道,仁道的兴亡并不和个人的生死必然关联。所以仁者面对死亡的时候就可以坦然。事实上,孔子也确实受到过死亡的威胁。《子罕》篇记载,孔子曾经被围困在匡这个地方,他以为自己可能要死去,就说了这样一些话:周文王死了以后,他的道不就传到了我的手上吗?上天如果是要消灭这种道,也就不会使后死的人掌握这种道,上天如果不是要消灭这种道,匡地的人又能把我怎么样呢?孔子临危,心态和常人大不相同。面对死亡,孔子表现出的不是惧,也不是忧,而是几分遗憾,几分豁达。这时候他心里计较的不是私心私欲,而仍然是他一生为之奔走的仁道和礼义。孔子奉行仁道,并继承了周初的礼乐制度,他自信地认为自己所坚守的道乃是天下应行之道,他的生死决定着是否是"天之将丧斯文"。即便如此,孔子也是豁达的,如他自己所说,道将要盛行,这是命,道将要废弃,那也是命。自己的生死固然将一时影响仁道的兴衰,但仁道的兴衰终究也由天命决定,由天下之人共同决定,所以个人也就没有什么好忧虑的。

仁者对于贫富也是超脱的。常人为贫贱而忧,仁者却"忧道不忧贫"。仁者不忧贫,首先在于仁者不忧基本的生活欲求得不到保障。安居饱食是人的基本的生活欲求,对于求仁者来说,这些基本的生活欲求都是在求道的过程当中附带性的得到满足的。仁者以道为最高追求,人在求道的过程,需要学习为人处世的方法,也需要掌握一些知识技能,这些都可以成为满足基本生活欲求的手段。所以孔子才说,君子谋道不谋食,如果一味想着耕地,其中潜伏着的可能是饥饿,如果能想着学习,其中酝酿着的就是俸禄了。此外,仁者对自己的衣、食、住等等都不是太在意,即便因为某些原因迫不得已而无法安居饱食,也都可以将就,而不值得为之而忧。孔子说,君子饮食不求饱,起居不求安适,一个志于仁道的人,如果以粗衣粗食为耻,就没有什么好说的了。仁者和常人不同的地方在于,仁者能安守贫穷,而常人不能。如同颜渊那样,即便只有一竹筐的饭,一瓜瓢的水,居住在穷里陋巷,只要贫穷不妨碍他追随仁道,

他就仍然可以快乐。

孔子教人安守贫困，同时也不反对人们追求富贵，只不过富贵的追求应该是附带性的，而不是根本性的。孔子曾明确地说过，财富和权贵，是人们都想获得的东西，如果不能够以正当的手段获得，那我宁愿不要；贫穷和卑贱，是人们都不想要的东西，如果不能以正当的手段摆脱它，那我宁愿不去摆脱。又说，如果富贵能够合于道义地谋求，即便是做个拿鞭子的小卒，我也愿意去干，如果不能，那就从我自己所好吧。孔子之"所好"，即是仁道。仁道才是根本的追求，如果富贵和仁道能够统一，执鞭可为；如果不能，那么富贵就要让位于仁道。对于仁者来说，不论贫富，都不足以使人忧。只有仁道的实现与否才足以使人忧。

常人因生死、贫富以及其他个人欲望得不到满足而忧，这样的忧给人带来的是痛苦；孔子因道而忧，这样的忧给人带来的却是具有审美意味的悲壮和崇高。

2. 仁者能乐

仁是可以通向乐的。仁者不但能不忧，仁者还能常乐。仁者能乐，这首先决定于仁的自主性。仁者以仁为最高追求，而仁又是自主的，时时可以达到，所以仁者在求仁的过程中就无忧无惧，并时时能乐。是所谓"内省不疚，何忧何惧"，"反身而诚，乐莫大焉"。

仁者能乐的原因还在于，仁者的价值追求都是内化的。仁者的最高价值追求是仁。如前所述，仁具有自主性，仁这一最高价值追求因此也就是自主的。此外，仁者对于其他方面的追求也都是自主的。孔子说，不怕没有职位，就怕没有与这个职位相称的才干，不怕别人不知道自己，就怕自己没有值得别人知道的东西。有没有"位"，一方面取决于自己能不能"立"这一内在因素，一方面又取决于其他的外在因素，"位"是不能完全由自己控制的；而"所以立"的部分却是自主的,完全取决于自己。同样,别人知不知道自己,一方面取决于自己是否有东西让人去知,一方面取决于别人能不能知;而自己是否有东西让人去知,又是完全取决于自己的。常人所追求的往往都是由内外两方面因素共同决定的价值,这种价值的实现不能完全受控于自己,人若怀有这样的价值追求,人就会忧。而仁者的价值追求只在于排除了外在因素的内在部分。至于那结合着内外两方面因素的结果,则通常附带性地随着内部因素的具备而得到实现,它可以算是一种附带性的价值,有之更好,无之亦可。所以仁者的价值追求可以完全受控于自己,仁者因此也就不会忧。

仁者能乐,还在于仁者有一颗向内的心。向内的心可以安守乐处,而向外的心却不能。孔子说,不仁的人不能够长期安居贫穷,也不能长期安守快乐。又说,一般人在没有得到职位的时候,担心得不着,得到了呢,又担心失去;害怕失去的时候,就会无所不用其极。不仁者不能乐,原因全在这颗向外的心。如梁漱溟所说:"不仁者无论是富是贫,他都不能久处。他才到苦境还能勉强承受,但安之则不能;才到富境,他亦可安处,但一久则又想别的,觉得乏味,便不耐烦。其所以贫富都耐不住,根本上是由于找。不向外找的人,不但处富他泰然自适,即处贫亦安然自在。因他里面是安适柔和,境遇如何固不足以挠其志也。"[1]人心要是向外,人的心境就会受控于自己所无法掌控的外在因素,人就易忧不易乐。拿好胜心来说,好胜心就是一颗向外的心。孔子讲"君子无所争",所谓"争",争的就是一个胜负,胜负的决定因素,一半在己,一半在人,自己在意的事情不能完全由自己掌控,这必然就会忧。此外,人心要是向外,他的注意力就着落在彼处,对于此处的许多乐趣他都麻木而不能感知。即便有幸感知到的一些快乐,由于不懂得安守乐处,他所获得的快乐又很快消失,不能长久。人心要是向内,他的注意力就着落在此处,他就能

---

[1] 梁漱溟著,李渊庭、阎秉华整理《梁漱溟先生讲孔孟》,上海三联书店,2008,第40页。

安、能守，他也就常常能在人生的细微处、寻常处发现乐趣，并懂得享受和珍惜这些乐趣，所以他也就能长期处于乐境之中。

儒家哲学以乐为最高体验，乐是儒家文化，甚至可以说是整个中国文化的一个显著的特征。乐是一种精神，贯穿在整个中国文化之中，李泽厚甚至还把中国文化称为"乐感文化"，以区别于西方的所谓"罪感文化"[1]。宋明儒学在阐释孔子的思想与境界的时候尤其重视乐。宋明理学的开山祖师周敦颐教程氏兄弟"寻孔颜乐处，所乐何事"[2]，"孔颜之乐"而后也就成为宋明儒学所探讨的一个重要的问题。在孔子的思想中，乐是决定于仁的。孔子一生以仁为最高追求，并最终达成一种乐的人生境界。孔子用自己的人生实践向人们昭示着仁所能通达的乐的审美境界。

---

[1] 李泽厚：《中国思想史论》，安徽文艺出版社，1999，第315页。
[2] 脱脱等：《宋史》，中华书局，1977，第12712页。

第十章

仁与艺术

艺术是美学的重要研究对象。在美学传统里，"艺术"是美学的核心问题，有人甚至把美学研究的对象视为是艺术，认为艺术最集中地体现了美的规律，是最高形态的美。黑格尔就曾把美学看成是"艺术哲学"。在今天看来，只把艺术作为美学的研究对象显然是过于狭窄了，但把艺术作为美学的主要研究对象之一，这仍然是没有问题的。研究孔子仁学的美学意蕴，不能不涉及仁与艺术的关系。

一、孔子美学中的艺术

要讨论孔子美学中仁与艺术的关系，首先就要明白什么是艺术，进而确定孔子美学中哪些算得上是艺术。然而什么是艺术，这又是一个很难回答的问题。给艺术下一个定义，或者给艺术划定一个明确的范围界限，这是美学理论曾一直试图解决却又一直解决不了的问题。然而在我们的观念中，我们通常似乎又很容易确定一件具体的艺术作品之为艺术作品，就如同我们在理论上不知道人的定义和边界是什么，但我们很容易确定一个具体的人之为人。这就说明，在我们的观念中，我们潜在的、先于理论的有着一个艺术的范围，尽管这个范围是不明确的，甚至是变动的。即便在理论上我们很难确定艺术的边界，但要在事实上确定一件艺术作品之为艺术作品在多数时候仍然是具有可行性的。对于孔子美学来说，只要明白艺术的基本含义、主要特点、以及主要形态，就能大致确定在孔子美学中的艺术之所指。

甲骨文（埶）

我们虽然不能从理论上回答什么是艺术，但仍然可以对艺术一词的语义做一番考察，以便在字面上对艺术有更为清晰的理解。从汉字字源上看，"艺"（繁体是"藝"，起初写作"埶"）的甲骨文字形（图左）极像一人双手捧着一棵植物准备栽种的样子，以此会"种植"之意。由于种植是一种技术活，所以"艺"又延伸出技术、技艺的含义，再到后来，"艺"的含义才较为接近我们现在意义上的艺术。"术"（術）的本义是城市中的道路，后延伸出途径、门径的意思，而后再衍生出技术、技能的意思。"艺术"的"术"，即取技术、技能之意。"艺术"一词的拉丁文是ars，其原意同样是技能、技巧。可见，艺术和技术的关联是极其紧密的，甚至可以说，起初在人们的观念中，技术和艺术的分界并不是太明确。后来随着人们的艺术自觉的逐渐加强，艺术才从技术当中脱离出来。艺术和技术同属技巧性的活动，它们的区别主要在于，技艺是偏于手的活动，而艺术则是偏于心的活动，除了手工的训练，艺术还需要更多的心灵上的陶冶①。在中国古人的思想中，人的活动可以分为道和术这两大类别。技术主要是术的层面的活动，而艺术则是需要由术的层面上升到道的层面的活动。中国古人常常以艺术之接近于道的程度来评判艺术门类的高低。由此，我们可以把艺术视为是一种特殊的升华了的技术，它具有形象性、情感性、审美性等等特征。现在我们所指的艺术，主要包括了文学、音乐、舞蹈、绘画、书法、建筑、雕塑、戏剧、影视等形态。

---

① 彭富春：《美学原理》，人民出版社，2011，第211页。

《论语》中没有出现"艺术"一词,就字面上而言,《论语》中与"艺术"关联较为紧密的是"艺"。《论语》"艺"字四出,其中三处的含义都是才艺、技艺:

"求也艺,于从政乎何有?"(《雍也》)

牢曰:"子云:'吾不试,故艺。'"(《子罕》)

子曰:"若臧武仲之知,公绰之不欲,卞庄子之勇,冉求之艺,文之以礼乐,亦可以为成人矣!"(《宪问》)

这三处"艺"主要是偏于术的层面的技艺,和我们现在意义上可以通向于道的艺术还不是一回事。可见在孔子那里,艺术的自觉还不是十分的突出,艺术和技艺尚未明确区分。《论语》中孔子还提到"志于道,据于德,依于仁,游于艺",这里的"艺"和我们现在意义上的艺术就有较为紧密的关联。孔子所说的"游于艺"的"艺"虽然也并不完全等同于我们这里要讨论的艺术,但它包括了我们现在所说的艺术的内容。"游于艺"的"艺"主要指的是"六艺",即礼、乐、射、御、书、数。这种"艺"主要是从熟练掌握一定物质技巧(即技艺)这个角度来强调的。"六艺"之中的"射"指的主要是射箭的技术,"御"指的是驾驶马车的技术,"数"指的是计算、数学的技术。射、御、数是偏于技术性的技艺,在之后的历史当中,这几种技艺也只停留在技艺的层面,而没有演变成贯彻人们内在思想情感的艺术。"六艺"之中的"书"指的是书写和六书,它在当时也只是一种技艺,但在之后的历史当中,"书"就演变成了书法这种艺术自觉性极强的艺术门类。而其中的"礼"和"乐"则具有较强的艺术性,蕴含有许多艺术的内容,可以纳入到现在意义的艺术之中。"六艺"之外,孔子艺术思想中所涉及的较具代表性艺术还有诗和画。相较于礼和乐,诗的技艺性更弱,艺术性更强,是更为纯粹的一种艺术。至于

画,孔子只提到"绘事后素"这一点。也就是说,孔子的美学所涉及到的艺术的形态主要就是诗、礼、乐这三种,孔子的艺术观也主要贯穿在他对这三者的相关论述当中,因此可以说,孔子美学中的艺术形态主要指的就是诗、礼、乐。讨论仁与艺术的关系,主要就是讨论仁与作为艺术的诗、礼、乐的关系。

1. 作为艺术的诗

中国古人一般由人的"志"出发,来对诗作内涵上的说明:

诗,志也。从言,寺声。(《说文》)

诗言志,歌永言,声依永,律和声。(《尚书·尧典》)

诗,言其志也;歌,咏其声也;舞,动其容也。(《礼记·乐记》)

诗者,志之所之也。在心为志,发言为诗。情动于中而形于言,言之不足故嗟叹之,嗟叹之不足,故永歌之,永歌之不足,不知手之舞之,足之蹈之也。(《毛诗序》)

这些论述都有一个核心的思想:诗生于"志"。所谓"志",主要指的是人的内心的抱负、志向、情感以及感想。人的内心受内外各种因素的感发而产生了志,这种志有多种表达的途径。如果利用声音将这种志表达出来,就产生了乐;如果用动作将这种志表达出来,就产生了舞;如果用文字将这种志表达出来,就产生了诗。志的表现起初并不拘泥于一种形式,而常常是多种形式杂糅在一起。语言、声音、动作是最常用的三种形式,这三种形式杂糅在一起便形成了原始的诗、乐、舞三者一体的综合的艺术形式,此即原始之诗(也即原始之乐)。而后三种艺术形式分化,各自朝着自己独特的方向发展,逐步独立

起来,形成了三种不同的艺术样式①。

广而言之,"诗"即是人的内在的抱负、志向、情感以及感想等等内在之"志"的表现,此为最宽泛意义上的"诗",亦即原始之诗。严格一点说,"志"的这种表现须是语言的表现,这就有了第二种意义上的"诗",即文字之诗。再严格一点说,这种"志"的语言的表现须是艺术化的、文学化的语言,这就有了第三种意义上的"诗",也即我们现在所说的文学。再严格一点说,这种艺术化的、文学化的语言须是规律性较强的、蕴含有特定艺术技巧的语言,这就有了第四种意义上的"诗",即我们现在所说的诗歌。我们这里所讨论的"诗",主要是第四种意义上的诗,即诗歌。就孔子美学而言,诗的含义还可以再进一步具体化,孔子所指的诗,主要就是《诗经》中的诗歌。

从类别上来说,诗(诗歌)属于我们现在所谓的文学,文学乃是艺术的主要形态之一。台湾学者康晓城明确将诗定义为艺术作品:"所谓'诗',乃以合乎音乐节奏之语言或文字,抒发人生意志,而富有情感之艺术作品,能引起美感与共鸣而具有教化功能。"②将诗视为是一种艺术,这大抵是无可争议的。诗的艺术性首先表现在它的形象性。诗的语言不同与一般的语言,它具有极强的形象性。诗有"赋""比""兴"三义,"赋"是描写物象,"比"是以物象"连类譬喻","兴"是由物象兴起情感,这三种手法都使得诗的内容形象化。诗的艺术性也表现在它的情感性。诗是"志之所之",它的实质就是人的情感的表达,诗或是表现人的内在情感,或是再现外来印象,即便是再现外来印象,也无不掺杂诗人的内在情感。诗的艺术性还表现在它的形式美上。诗在形式上讲究押韵,讲究声律的和谐。诗在形式上具有极强的音乐性,诗三百都可被之管弦,可以咏唱。诗在形式上还具有很强的建筑性。《诗经》多数都是四言诗,间掺三言五言,句式规律工整。同时,《诗经》常用复沓的手

---

① 康晓城:《先秦儒家诗教思想研究》,文史哲出版社,1988,第27页。
② 康晓城:《先秦儒家诗教思想研究》,文史哲出版社,1988,第20页。

法来反复咏叹，一首诗中的各章往往只有几个字不同，这也是诗的建筑美的一种表现。总之，诗具有较强的形象性、情感性和审美性，它是较为纯粹的一种艺术。

2. 作为艺术的礼

a. 甲骨文　　b. 金文　　c. 小篆

"礼"（豊）的甲骨文和金文字形都像一个高脚的器皿（豆）里面盛着两片玉（玨），古人常用玉来祭神，故以此来会祭祀神灵之意。后来的小篆为突出祭祀这一含义，就加了一个"礻"（祭祀的神台）。从字源上看，"礼"的起初含义应该是祭祀神灵。学者们也一般都认同，"礼"起源于祀神的仪节①。这种原初的祭祀神灵的活动所蕴含的仪式和规矩，可以视为是原始的礼仪。到了夏、商、周时代，这些礼仪就被复杂化、精细化、程式化，成了一种制度性质的礼。这种制度性质的礼的演进经历了一个漫长的时期，到周公那里业已成熟，所以古代素有"周公制礼"的说法。到了孔子，又把仁援入礼，作为礼的精神内核，使得礼被心灵化。这个演变过程，也即是钱穆所指出的"宗

---

① 郭沫若："大概礼之起源于祀神，故其字后来从示。其后扩展而为对人，更其后扩展而为吉、凶、军、宾、嘉各种仪制。"（郭沫若：《十批判书》，东方出版社，1996，第96页。）胡适："最初的本义是宗教的仪节。"（胡适：《中国哲学史大纲》，上海古籍出版社，1997，第96页。）钱穆："礼本是指宗教上的一种祭神的仪文。"（钱穆：《中国文化史导论》，商务印书馆，1994，第72页。）

教性的礼"到"政治性的礼"再到"道德性的礼"的演变过程①。"道德性的礼"也即是"合乎义理可以作为行为规范的规矩"②。孔子在《论语》中所指的"礼",既包括了"政治性的礼",也包括了"道德性的礼",它是包括着社会制度、伦理规范、生活方式等等在内的一整套颇为复杂的文化体系。

"礼"有三个层面:一是礼意(或称礼义),即礼所要承载和表达的精神;二是礼仪(或称礼文),即行礼时人的仪容和动作;三是礼具,即礼的物态的层面,如宫、室、衣、服、车、旗、彝、鼎等等。③原始礼仪的礼意主要是对神灵的敬畏和崇拜,而在孔子那里,礼所要承载和表达的精神就是仁的精神,礼意主要就是仁的精神。仁有敬和爱两个方面,礼侧重的是仁的敬的方面。"礼者,天地之序也""礼者,殊事合敬者也""礼者为异……异则相敬"。"序"和"敬",这是《乐记》对礼的精神的最好概括。人与人之间存在差异,这是不容否认的事实,儒家承认这种事实,同时注重在这一事实的基础之上建立一定的长幼尊卑,使人与人之间的关系在差异中见出秩序,并最终达成和谐。人的差异性在礼中得到规定和体现,这就是所谓的"礼别异"。"礼别异"的目的最终是要实现仁的精神,使人与人之间产生敬爱之情,使得下能敬上,上能爱下,而不是要使人疏离。仁爱是有等差的爱,爱的对象不同,爱的方式和具体内涵也就有所不同。礼就是要使这些差异明晰化。

严格说来,礼不属于艺术的范畴,但礼包含着许多艺术性的内容。礼规范着人的行为,但这种规范不是干瘪瘪的法律条文式的规定,而是蕴含有一定的艺术性的规定。特别是到了孔子,礼的艺术性得到进一步地提升,杨向

---

① 钱穆:"中国古代的宗教,很早便为政治意义所融化,成为政治性的宗教了。因此宗教上的礼,亦渐变而为政治上的礼……中国古代的政治,也很早便为伦理意义所融化,成为伦理性的政治,因此政治上的礼,又渐变而成伦理上的,即普及于一般社会与人生而附带有道德性的礼了。"(钱穆:《中国文化史导论》,商务印书馆,1994,第72页。)
② 胡适:《中国哲学史大纲》,上海古籍出版社,1997,第98页。
③ 黄侃:《黄侃论学杂著》,中华书局,1964,第463—468页。

奎称:"孔子开始,丰富了社会中的礼乐内容,礼不再是苦涩的行为标准,它富丽堂皇而文采斐然,它是人的文饰,也是导引人生走向理想境界的桥梁。"①荀子把礼视为"敬文","文"即是文饰,"敬文"就是用来表达内心敬意的外在文饰。又说:"凡礼,事生,饰欢也;送死,饰哀也;祭祀,饰敬也;师旅,饰威也。""饰"是修饰,指的就是礼的审美性和艺术性。礼的形式美可称之为"文",它具有"饰"的作用。"文"和"饰"都见出礼的艺术性和审美性。

礼具和礼仪都是礼之"文",二者都蕴含有较强的艺术性。中国古称华夏,以区别于四夷。孔颖达在《春秋左氏传》疏中说到:"中国有礼仪之大,曰夏;有服章之美,谓之华。"②"华"即是华美,中国人的华美之区别于四夷,正在于中国有礼"文",更确切地说,乃是在于中国人独特的礼具之美("服章")。目前所出土的各种商代青铜礼器仍然还能让我们领略到当时的礼具之美。这些礼器一方面外在造型奇特,一方面又文饰精美,具有很强的审美性和艺术性。

礼仪也具有一定的艺术性。礼仪是对人的外在行为举止的规定,人在行礼的过程中要讲究一定的分寸尺度,这种分寸尺度就能体现审美性和艺术性,如李泽厚所说:"掌握分寸、恰到好处,出现了'度',即是'立美'。立美在人的行动中,物质活动、生活行为中,所以这主体性不是主观性。用古典的说法,这种"立美"便是'规律性与目的性在行动中的同一',产生无往而不适的心理自由感。此自由感即美感的本源。这自由感—美感又不断在创造中建立新的度、新的美。"③此外,礼仪的艺术性也还反映在某些特定的礼仪之中,有学者指出:"朝觐之礼,就可视为一种程式化的戏剧表演;而祭祀之礼,更

---

① 杨向奎:《宗周社会与礼乐文明》,人民出版社,1992,第375页。
② 李学勤主编《春秋左传正义》,北京大学出版社,1992,第1587页。
③ 李泽厚:《历史本体论》,生活·读书·新知三联书店,2002,第4页。

是一种有专职演员——尸、祝的人神相交会的戏剧演出,场景、道具、乐队,一应俱全。……先秦礼仪形式复杂,不同的礼仪具有不同的审美属性。"①

3. 作为艺术的乐

"乐"有狭义广义之分,狭义的"乐"主要指音乐,以及音乐、舞蹈、诗歌三位一体之乐;而广义的"乐"所包括的范围则极广,凡是能使人的感官获得快感的事物都可广泛称之为乐,它包括音乐、诗歌、舞蹈、绘画、雕镂、建筑,甚至还包括仪仗、田猎、肴馔等等。②这里所讨论的乐,是就狭义的乐而言的。前面在阐释诗的含义的时候说到,诗、乐、舞三者原本一体,都起源于人的情志的表达。这种诗、乐、舞三者一体的综合艺术既是原始的诗,也是原始的乐。《毛诗序》说:"情发于声,声成文,谓之音。"其所谓的"音",其实也即是乐,情志通过声音表达出来,这种声音的表达如果具有一定的形式美("文"),就形成了乐。

一般认为,原始的乐和礼一样,与原始巫祭活动紧密相关。原始巫祭活动包含有供物奉神和歌舞娱神这两个重要的方面,供物奉神即是礼,歌舞娱神即是乐③。需要注意的是,"乐"的起源应该比巫祭活动中的"乐"要早出许多,起初的音乐应该是民间的俗乐,它应该是在人们的生活和劳动之中自发地产生。当自发产生的俗乐被纳入巫祭活动的时候,它就开始被精致化、制度化、政治化了。巫祭活动中的"乐"再进一步发展,就形成了商周礼乐文明中的"雅正之乐"。孔子所指的乐,即是"雅正之乐"。这种音乐的主要特点是中正和平,它既有审美功能,也有政治功能,同时更是一种重要的教育手段。

"乐"作为一种艺术,这更是显而易见的,古今中外都把"乐"视为一

---

① 李春青:《先秦礼乐》,北京师范大学出版社,1993,第121页。
② 郭沫若:《青铜时代》,科学出版社,1960,第187—188页。
③ 杨华:《先秦礼乐文化》,湖北教育出版社,1996,第11页。

种重要的艺术形态,叔本华还把"乐"视为一种最高的艺术。当然,孔子所指的"乐"也并非是一种纯粹的艺术,它和我们今天所说的音乐还有较大的差别。我们今天所说的音乐的性质首先在于它的审美性和艺术性,而孔子所指的"乐"的性质首先更在于它的政治性和教育性。原始之乐的艺术性是较为纯粹的,"乐"起源于人们的自发性的自娱,这种自由的自娱乃是一种纯粹的艺术活动。这种艺术活动融乐、舞为一体,从音乐的节奏、旋律、歌唱,到体态的律动、整体的协调,乐舞的表现与视觉环境、服饰风格的适应和吻合等等,都是乐的艺术性的具体表现。当自娱的民间之乐被纳入巫祭活动,它就变成了寓多种功能于一体的群体性的艺术活动,它被渗入宗教性和政治性,艺术性变得不是那么地纯粹。发展到"雅正之乐",这种变化就更加突出,这时,乐的教育意义似乎在娱乐意义之上了。但这也不是说,"雅正之乐"就不重视娱乐性。乐教的意义就在于它能寓教于乐,让人在审美娱乐中达成教育的目的,"雅正之乐"仍然是具有较强的艺术性的①。到了孔子的时代,乐的教育性有所减弱,艺术性、娱乐性有所加强。孔子应该是意识到了这一点,所以特别要强调"人而不仁如乐何"。但孔子也仍然没能阻挡乐教衰微的趋势。再往后发展,乐教便逐渐退出历史舞台,乐又重新凸显它的艺术性,变成"以乐(yuè)为乐(lè)"的较为纯粹的艺术活动了。

二、仁对艺术的内容和形式的影响

孔子仁学的美学意蕴也体现于仁对于艺术的影响。孔子的艺术观受到他

---

① 修海林:"雅乐的活动同样也可以调动身心、激活情感,在它特有的文化认同范围内,在形式上和观念上均具相当规范的行乐过程中,去获得内在情感心理与外在行乐行为的谐和一致。在这种相感相应的行乐过程中,处于同一类文化氛围中的人们,无疑会达到一种审美满足的愉悦体验。"(修海林:《中国古代音乐美学》,福建教育出版社,2004,第34—55页。)

的仁学思想的极深影响，这首先体现在仁对孔子艺术观中的艺术的内容和形式的影响上。仁学思想影响下的艺术思想主张艺术的内容须符合仁的情感，艺术应具备中正和谐的形式美，能承载和体现仁的精神。同时，艺术也须体现"文质彬彬"的原则，做到文和质的统一，形式和内容的统一①。仁对孔子的这种艺术观的影响具体体现在仁对诗、礼、乐这三种艺术形态的内容和形式的影响之中。

1. 对诗的影响

孔子所指的诗，主要是《诗经》。《诗经》涉及到当时的自然风貌、社会境况与风俗人情的方方面面，其主题包括了爱情与婚姻，劳动与打猎，战争与徭役，祭祀与颂祖等等，内容极其丰富。《诗经》中诗的形式为诗之固有，与

---

① 孔子"文质彬彬"的标准原本是一种理想的人格美的标准，但这一表述又刚好和孔子的艺术美标准相符，它也可以视为是孔子的艺术美标准的一种概括。在艺术美的领域，文和质的统一主要表现为形式和内容的统一。文是艺术的形式，质是艺术的内容。比如在诗文中，文和质的统一就表现为诗文的辞藻、结构、音律等形式要素与诗文的思想、情感等内容要素的统一。需要注意的是，形式和内容是从西方艺术理论中引进来的两个概念，在一定的层面，可以用它们来对应中国古代语境中的文和质，但二者并非可以完全契合等同，将它们对应起来只是出于理解的方便以及对比的需要。内容和形式的二分自身在理论上也存在一定的窘境。内容和形式的二分曾经成为19世纪西方美学所争论的热点问题，克罗齐、杜威都对内容和形式的二分提出过批评。（克罗齐：《美学原理》，朱光潜译，外国文学出版社，1983，第22—23页；伍蠡甫、胡经之主编《西方文艺理论名著选编（下）》，北京大学出版社，1987，第11—15页。）应该说，内容和形式的二分的窘境是一切二分法的窘境，我们一方面出于认识的需要而提出某种二分，但这种二分在某种程度上又失去了事物自身。尽管内容和形式的二分不能完全契合艺术本身，但它仍然在认识上有助于我们取得对艺术的某些层面的理解。所以人们在谈论艺术的时候，仍然还时常使用内容和形式这对二分的范畴。此外，文和质一方面蕴含着形式和内容的关系，但文和质的关系也不能仅仅简单概括为形式和内容的关系。在中国古代的艺术理论中，文和质还可用来指代不同的艺术风格特征。如孙过庭《书谱》中所说："评者云：'彼之四贤，古今特绝；而今不逮古，古质而今妍。'夫质以代兴，妍因俗易。虽书契之作，适以记言；而淳醨一迁，质文三变，驰鹜沿革，物理常然。贵能古不乖时，今不同弊。"（上海书画出版社选编《历代书法论文选》，上海书画出版社，1979，第124页。）这里的文和质就不能对应形式和内容。"质文三变"，指的乃是两种不同的书法风格的交替嬗变，质和文都是就意蕴层面而言的，质指的是偏质朴的一类风格，而文指的是偏妍美的一类风格。

仁不甚相干,但诗的内容却与仁密切关连。《诗经》中的许多诗篇,都直接表现着仁的情感。此外,孔子选《诗》有一统括之标准,即"思无邪","思无邪"也与孔子的仁道相符。

孔子的仁爱有亲爱、友爱、博爱这三种主要形态。《诗经》于这三个形态的仁爱都有所表现。《诗经》有不少篇章出于子女之孝,父母之慈,以及兄弟之悌,它们都表现着仁爱中的亲爱。如"凯风自南,吹彼棘心。棘心夭夭,母氏劬劳。凯风自南,吹彼棘薪。母氏圣善,我无令人。爰有寒泉?在浚之下。有子七人,母氏劳苦。"(《邶风·凯风》)"蓼蓼者莪,匪莪伊蒿;哀哀父母,生我劬劳。蓼蓼者莪,匪莪伊蔚;哀哀父母,生我劳瘁……父兮生我,母兮鞠我。拊我畜我,长我育我,顾我复我,出入腹我。欲报之德。昊天罔极!"(《小雅·蓼莪》)两篇皆为子女感念父母的辛劳和养育之恩。"燕燕于飞,差池其羽。之子于归,远送于野。瞻望弗及,泣涕如雨。"(《邶风·燕燕》)是为父母送女子出嫁之诗,表现父母对子女的慈爱。"凡今之人,莫如兄弟。死丧之威,兄弟孔怀……兄弟阋于墙,外御其务……兄弟既具,和乐且孺……兄弟既翕,和乐且湛。"(《小雅·常棣》)是为歌咏兄弟之爱。

《诗经》也有表现友爱的篇章。如"嘤其鸣矣,求其友声。相彼鸟矣,犹求友声。矧伊人矣,不求友生?神之听之,终和且平!"(《小雅·伐木》)表达着对友情的重视以及对深厚和谐之友情的向往。又如"岂曰无衣?与子同袍。王于兴师,修我戈矛,与子同仇!岂曰无衣?与子同泽。王于兴师,修我矛戟,与子偕作!岂曰无衣?与子同裳。王于兴师,修我甲兵,与子偕行!"(《秦风·无衣》)表达着军士们交相爱、共患难的战友之情。

《诗经》又有表现博爱的篇章。如"绵蛮黄鸟,止于丘阿。道之云远,我劳如何。饮之食之,教之诲之。命彼后车,谓之载之。"(《小雅·绵蛮》)"鸿雁于飞,肃肃其羽。之子于征,劬劳于野。爰及矜人,哀此鳏寡。"

(《小雅·鸿雁》)两篇都表达着对微贱流民的顾念和同情。"交交黄鸟,止于棘。谁从穆公?子车奄息。维此奄息,百夫之特。临其穴,惴惴其栗。彼苍者天,歼我良人!如可赎兮,人百其身!"(《秦风·黄鸟》)则表达着对活人殉葬制度的怨诉,以及对被殉葬之人的悲悯。"有洌氿泉,无浸获薪。契契寤叹,哀我惮人。薪是获薪,尚可载也。哀我惮人,亦可息也。"(《小雅·大东》)表达着对穷苦百姓的悲悯。"嘒彼小星,三五在东。肃肃宵征,夙夜在公。寔命不同。嘒彼小星,维参与昴。肃肃宵征,抱衾与裯。寔命不犹。"(《召南·小星》)又表达着对辛劳小吏的同情。

  《诗经》所表达的情感之其他方面,也都与孔子的仁道相符。孔子说,《诗经》三百篇,用一句话来概括,就是"思无邪"。这是孔子对诗的内容特征的概括,其所谓的"思无邪"的情感,即是符合于仁道的情感。

  "思无邪"出自《诗经·鲁颂·駉》,孔子借以概括诗经内容之总体特征。后人对思无邪的含义的理解存在较大的分歧,历史上较为主流的训解,为思无邪即《毛诗序》所谓的"发乎情,止乎礼义","发乎情"即"思","止乎礼义"即"无邪"[1]。朱熹又以"性情之正"阐释思无邪,他认为:《诗经》或者歌善以感发人的善心,或者讥恶以惩创人的逸志,它的作用总在于劝善惩恶,让人得性情之正。比如《关雎》这首诗,主旨是要以女德配君子,君子求淑女不得,则有辗转难眠之忧,既能求得,则宜有琴瑟钟鼓之乐。忧而不害其和,乐而不失其正,所以孔子称许它。读《诗经》当玩辞审音,识

---

[1] 蔡先金在《孔子诗学研究》一书中对"思无邪"训解的流变作过梳理,认为郭店楚简的出土,可为孔子"思无邪"的训释作定谳之论,并总结:"思无邪"的命题是指三百篇都出于是人性情之正,没有邪恶的思想或念头,"发乎情,止乎礼义",应接近孔子的原意。也就是说,新出土材料论证的结果和传统主流训解基本是一致的。

性情之正。①这种阐释和"发乎情,止乎礼义"的阐释大同小异,殊途同归。依这种训解,"思无邪"其实有两个方面的蕴含,一是思之真,一是思之正。

"发乎情",这就是思之真。钱穆说:"三百篇之作者,无论其为孝子忠臣,怨男愁女,其言皆出于至情流溢,直写衷曲,毫无伪托虚假。"②《诗》的内容是人们思想情感的真实流露,是人的真性情,这种真性情来自生命本源深处,七情六欲无所不包,既有知、思、情、爱、忧、悦、敬,又有怨、恶、闷、悔、疑。而"止乎礼义",则是思之正。人的自然流露的情感有些是过激的,不能"止乎礼义",不得"性情之正",这样的情感不易入诗,即便能入诗,也在编诗的过程中被删除在外了。这样也就有了"思无邪"的诗三百。

鲁迅曾对"思无邪"的概括提出过质疑,他说:"《诗》三百篇,皆出北方,而以黄河为中心……其民原重,故虽直抒胸臆,犹能止乎礼义,忿而不戾,怨而不怒,哀而不伤,乐而不淫,虽诗歌,亦教训也。然此特后儒之言,实则激楚之言,奔放之词,《风》《雅》中亦常有。"③又说:"惟诗究不可灭,则又设范以囿之。如中国之诗,舜云言志,而后贤立说,乃云持人性情,三百之旨,无邪所蔽。夫既言志矣,何持之云?强以无邪,即非人志。"④《诗》固如鲁迅所说,也有"激楚之言,奔放之词",但这些"激楚之言,奔放之词"实际也在孔子所谓的"思无邪"的尺度范围之内。即便"激楚",即便"奔放",那也不是无理的谩骂,没有节制的淫奔。孔子自己间或也有"激楚之言",但也不妨他"温柔敦厚"的形象。至于所谓"强以无邪,即非人

---

① 朱熹:"盖诗之言美恶不同,或劝或惩,皆有以使人得其性情之正。凡诗之言,善者可以感发人之善心,恶者可以惩创人之逸志,其用归于使人得其性情之正而已。""关雎之诗,言后妃之德,宜配君子。求之未得,则不能无寤寐反侧之忧;求而得之,则宜其有琴瑟钟鼓之乐。盖其忧虽深而不害于和,其乐虽盛而不失其正,故夫子称之如此。欲学者玩其辞,审其音,而有以识其性情之正也。"(朱熹:《四书章句集注》,中华书局,1983,第53页。
② 钱穆:《论语新解》,生活·读书·新知三联书店,2002,第21页。
③ 鲁迅:《鲁迅全集(第9卷)》,人民文学出版社,2005,第366页。
④ 鲁迅:《鲁迅杂文集·坟》,河南人民出版社,1994,第22页。

志",那是只看重了思之真,而忽视了思之正。

《诗》的这种真且正的情感,即是符合于仁的情感。刘歆认为,诗以言情,情是性的符合;刘勰也认为,诗就是"持",持人性情,之所以说是"持",是因为它与性情相符。①这是从情性层面言诗,也正是朱熹以"性情之正"释思无邪之所本。仁即是人之性,并由性而生发之情,所谓"性之符",也即是人的仁性之符。如前所说,仁一方面是感性的,一方面也不违背理性。孔子论诗,一方面以情感为本,一方面又融入了理性,"思无邪"即是"情得其正,理不违道",是感性与理性的统一。"发乎情,止乎礼义"也即是人的合乎礼义的自然情感的流露,也即仁的情感的流露。冯友兰就直接把仁视为是人的性情之真而又合礼的流露。②叶秀山也说:"'无邪'必得其正,'正'必得其'仁'。""'无邪'即'天真','天然之真实','天命'之'性','自然而然'之'性',乃是本性。"③

2. 对礼的影响

在孔子那里,仁是礼的内容,仁对于礼的艺术性有着决定性的影响。礼的艺术性主要体现在礼仪和礼具之中,仁对礼的艺术性的影响,也主要体现在仁对于礼仪和礼具的影响上。

在礼仪中,人的行为举止与神态表情具有一定的审美意味。礼仪中人的行为举止与神态表情的审美特征主要表现为两个方面:一是庄严,一是和悦。礼主敬,"临之以庄,则敬",故而人在礼仪中的行为举止和神态表情的特征首要就是庄严。庄严的审美意味蕴含着一种神圣感,这种神圣感使得人严

---

① 刘歆:"诗以言情,情者,性之符也。"(《七略》)刘勰:"诗者,持也,持人性情。三百之蔽,义归无邪;持之为训,有符焉尔。"(《文心雕龙·明诗》)
② 冯友兰:"仁者,即人之性情之真的及合礼的流露。"(冯友兰:《中国哲学史(上)》,华东师范大学出版社,2010,第60页。)
③ 叶秀山:《"思无邪"及其他》,《中国哲学史》2005年第1期。

整端庄,谨慎谦恭,注意力高度集中。《乡党》篇记载,孔子在接待外国贵宾的时候,向两边的人作揖,左右两边挥张两手,衣服一俯一仰,前后开动,却很整齐;孔子在登车的时候,一定先端正地站好,然后扶好车绳,上了车,就不再环顾,不再快速说话,不再用两手指指点点。这主要体现着人在礼仪中的严整端庄。孔子在经过公门的时候,常常要恭敬地收敛身躯,好像公门容不下他的身躯一样;孔子在君主面前恭恭敬敬又威仪适中,不紧张又不松懈;孔子出使,拿着君主赐予的圭,非常恭敬谨慎,好像举不起来的样子,向上举好像在给人作揖,向下举好像要递交给别人,面色矜持庄严,脚步紧凑,好像沿着一条线在走。这主要体现着人在礼仪中的谨慎谦恭。孔子在走上大堂的时候,屏气凝神,好像不能呼吸的样子。这主要体现着人在礼仪中的注意力的高度集中。礼仪中人的行为举止与神态表情又有和悦的一面。孔子说,君子在射礼中,要先相互作揖,而后登堂,射完以后又走下堂来,又相互作揖喝酒。人与人之间互谦互让,营造出一种和顺不争的和谐氛围,此即礼仪中和悦的一面。孔子又说,朋友之间应该相互切磋批评,兄弟之间应该和悦共处,这也是有礼的表现。大体而言,待下宜宽和,事上宜谨严,礼仪中,下之事上,幼之事长,主要凸显出庄严的一面,而上之待下,长之待幼则主要凸显出和悦的一面。孔子上朝的时候和下大夫说话和乐而敬("侃侃如"),和上大夫说话中正而敬("訚訚如")。孔子走上堂的时候就恭敬屏息,待退出堂来,降阶一级,就面色放松,和悦怡然,再经过君位时,又严肃恭敬起来。升堂是由下而上,孔子变得庄严;退堂降阶一级,是由上而下,孔子变得和悦;经过君位,又是由下而上,孔子又变得庄严。此即见出,在礼仪中,待下主和悦,事上主庄严。此外,庄严与和悦还因场合的不同而有所转换,大场合往往庄严,小场合往往和悦。像在自己的乡里这样的小场合,孔子温和恭敬("恂恂如"),谦卑逊顺("似不能言者");而在宗庙朝廷这样的大场合,孔子便便而辩,严谨庄严。再就公私而论,则公共场合宜庄严,私人场合宜和悦。孔子为聘使,享公礼则庄严("勃如战色,足蹜蹜如有循"),转私礼则和悦("愉愉如")。

当然,以上种种分别也不是那么地绝对。和悦与庄严应是礼仪的相兼相济的两个方面。"温而厉,威而不猛,恭而安",这就是礼仪的两个方面的审美特征相兼相济而塑成的人的外在的形态美。其实,庄严可视为礼仪的"张"的一面,和悦可视为礼仪的"驰"的一面。礼仪中庄严与和悦的一张一弛的变换及其分寸的拿捏,本身就体现出较强的艺术性。一个有礼仪教养的人,针对不同的对象,不同的场合,能张弛有度,得其所宜,应对万变而游刃有余,其行为举止与神态表情本身也是极具审美意味的。

仁也影响着礼具的艺术性。仁规定着礼意,礼意规定着礼具的色彩、形制与规模等等,这也就决定着礼具的独特的审美取向。礼意对礼具的具体规定极其繁芜,这里只对《论语》中所涉及到的几个条目略作阐释,以窥见其一斑。

《乡党》说,君子不用绀色和緅色做服饰的镶边,不用红色和紫色来做平常居家的衣服……黑色的衣服配羔裘,白色的衣服配麑裘,黄色的衣服配狐裘。这是礼意对服饰的色彩的规定。服饰的颜色取用有一定的讲究,儒家崇尚黑色,古代正规礼服的主体颜色一般都是黑色。"绀"是微红而带深青的颜色,"緅"是红中带黑的颜色,两者都接近黑色,故而不用来作为服饰的镶边,以确保黑色的庄重性。在孔子的时代,人们有以红紫为时尚的取向。红紫是间色,不是正色,这里提倡不用红紫来做平素所穿的衣服("亵服"),以及孔子所说的"恶紫之夺朱",都是要以礼来纠正人们的服饰风尚。颜色的搭配也有讲究,依礼的规定,黑色的衣配以"羔裘"(色黑),白色的衣配以"麑裘"(色白),黄色的衣配以"狐裘"(色黄),以使色调一致,外观和谐。

礼具自身具有一定的审美价值,但礼具的取用不能完全以审美需求为出发点,而首先一定要符合礼的规定。《八佾》篇中孔子又批评管仲,说他不应该在自己的大门外设屏。依礼，只有国君能在自己的大门外设屏（"树塞门"），管仲在自己的大门外设屏，是为僭礼。又，孔子批评季氏用"八佾"的规模在家里跳舞。舞蹈人数的规模也是受礼的制约的。古代舞以八人为列（一佾），天子八佾，六十四人；诸侯六佾，四十八人；大夫四佾，三十二人；士二佾，十六人。季氏居大夫的身份而用八佾，是越礼之举，因此孔子表示抗议。

孔子的时代，礼具的审美特征较之殷商已经发生了很大的变化。殷商以前的礼具主要用于祭祀鬼神，并非为了实用，故形制巨大，以狞厉恐怖为尚。当人们面对这些礼器时，会油然而生敬畏、肃穆之情。而周代的礼，特别是孔子往后的礼，主要目的在于"人事"，因此多具有实用的特点，给人以亲切感。这种变化也体现了商、周审美理想的不同特点。①礼具的这种审美特征的演变转换也体现着当时的意识形态由天向人的转变。在孔子那里，仁是礼意的核心内容，礼制中仁的观念的援入，在根本上决定着礼具的审美意味由崇高感、神秘感向优美感、亲切感的转换。

依上可知，礼之礼意、礼仪、礼具三个层面都体现着仁的精神。礼意即礼的内容，礼的内容即是仁，而礼仪和礼具则是礼的形式，礼的形式要体现仁的庄严与和悦的精神；礼的目的在于别异，礼具有承载和表达仁的精神功能。

3. 对乐的影响

孔子所指的"乐"主要是狭义的"乐"。礼乐都源出于仁，同时旨归于仁，区别在于，礼是由外而入诸内的，乐是由内而形诸外的。《乐记》所谓的"乐自中出，礼自外作"，说的就是这个道理。"礼"起先是外在的一套行为规范，人通过习礼而培养合仁之举，矫正悖仁之行，使自己首先在外在行为

---

① 李春青编：《先秦礼乐》，北京师范大学出版社，1993，第25页。

规范上合于仁。再进一步提升,就习惯成自然,使礼内化到自己的行为习惯之中,并最终与自己的情感融为一体,达到礼悖则情乖,礼合则情遂的境界。这是由外入内的过程。"乐"则刚好相反,"乐"是情感生发在前,声形表现在后,是由内而外的过程。

仁规定着乐,反过来也即是说,乐必须合仁。就乐本身而言,乐未必都是合仁的。乐合仁,这其实是儒家人为筛选的结果。乐是人的情感的流露,人有各种情感,情感有邪正之分,乐亦相应有雅俗之别。情感的正与不正,是以仁与不仁来区分的。仁是情感之一种,也是情感之正,仁的情感所催生出来的乐便是雅乐、正乐。与雅正之乐相对的即是俗乐,《乐记》说:"郑音好滥淫志,宋音燕女溺志,卫音趋数烦志,齐音敖辟乔志。""淫""溺""烦""乔"都是人情之邪,不得其度,偏于一端,这样的情感所催生的音乐乃是不能合仁的音乐,也就是俗乐。儒家一向趋雅避俗,孔子本人也曾做过筛选雅乐的工作。孔子自述,自他从卫国返回到鲁国,才把诗乐厘正,"雅颂"各自归到它该有的位置。所谓"雅颂",指的即是承载着中和雅正的情感的诗和乐。如包慎言所论:乐有乐的"雅颂",诗有诗的"雅颂","雅颂"的精神在于性情之正,性情正,即使"风"也可称"雅颂",性情不正,雅颂也不得称"雅颂",只要是能让人心气平和的,就都是"雅颂"。①孔子的时代有以乐配诗的传统,孔子所谓的"雅颂各得其所",就是要给中和雅正之诗配以中和雅正之乐。孔子又说,要舍弃郑国的音乐,远离谄佞的人,因为郑国的音乐是"淫乐",谄佞的人危险。情感不得其中的音乐就是"淫乐",当时郑国的音乐是"淫乐"的代表。孔子对"淫乐"是持排斥态度的,因为"淫乐"违背了中正的原则,长期熏染,容易给人带来消极的

---

① 包慎言:"乐有乐之雅颂,诗有诗之雅颂……性情正,音律调,虽风亦曰雅颂;性情不正,音律不调,即雅颂亦不得为雅颂……使人听之而志意得广,心气和平者,皆雅颂也。"(程树德著,程俊英、蒋见元点校:《论语集释》,中华书局,1990,第607—608页。)

影响。正如陈启源所说："郑声靡曼幻眇，无中正和平之致，使闻之者导欲增悲，沉溺而忘返。"①孔子"删诗书，定礼乐"，其"定乐"之标准，就是正与不正，仁与不仁。《周礼·春官·大司乐》还记载："凡建国，禁其淫声、过声、凶声、漫声。"可见在当时，趋雅避俗，不只关乎个人的审美趣味，更上升到国家制度的层面，而具有了一定的强制性。雅正之乐的筛选标准就是仁与不仁，儒家言乐，又特指雅正之乐，因此也就可以说乐是合仁的了。

合仁之乐的主要特征就是中和。"中和"是仁与乐的一大会通之处，仁的情感的特征是中和，中和也正是雅乐的特征。"礼之敬文也，乐之中和也"（《荀子·劝学篇》），"乐者天下之大齐也，中和之纪也"（《乐论》）……历来人们论乐，说得最多的就是乐的中和的特征。"中和"可以拆分开来看，"中"就是中正、中庸，"和"就是和谐、安和。"中"是针对某种要素而言，某种要素度得其分，不偏不倚，就是得中；"和"是针对多种要素而言的，多种要素相济相成，不乱不争，就是能和。"中"是"和"的前提，惟其能中，所以能和。乐有各种要素，就其情感内容而言，就有人的喜乐哀悲，就其形式要素而言，就有五音十二律。音乐的和有内在情感与外在形式两个方面。

乐之能和，首先表现为音乐所传达的情感的中和。喜怒哀乐是人之天情，仁者亦有哀有乐，仁者的哀乐比常人的哀乐甚至还更为敏感。仁者乐天爱人，所以不能无乐；仁者悲天悯人，所以不能无哀。仁德的培养很大程度上是情感的培养，哀乐之情的敏感正是仁心彰显的一种体现。不过哀乐之情必须讲究一个适度，讲究一个中，如钱穆所论："乐易逾量，转成苦恼。哀易抑郁，则成伤损。然其过不在哀乐之本身。哀乐者，人心之正，乐天爱人之与悲天悯人，皆人心之最高境界，亦相通而合一。无哀乐，是无人心。无人心，何来有人

---

① 程树德著，程俊英、蒋见元点校：《论语集释》，中华书局，1990，第1088—1089页。

道?故人当知哀乐之有正,惟当戒其淫伤。"[1]孔子推崇的是"乐而不淫,哀而不伤"的中正之乐,中正之乐就是哀乐适中的音乐,中正之乐可以承载和培养仁的情感。

合仁之乐能和,也表现为形式构成要素的协和。"始作,翕如也。从之,纯如也,皦如也,绎如也,以成",这是孔子对雅正之乐的形式和谐的描绘。谢良佐阐释到:"翕如",指的是五音六律具足完合,五音能完合,则清浊高下相济而和,所以又说是"纯如";完合而又和谐,不相争夺,所以说是"皦如";五音相辅相成,连贯一体,所以又说是"绎如"。[2]通过谢良佐的这段阐释,可以总结出乐的形式的和谐所蕴含的几个方面:一是乐的各基本构成要素("五音六律")能完备而不缺;二是各基本构成要素的清浊高下能中正适度;三是各基本构成要素能相互关联,相济相成;四是各要素能有序而有生气地形成统一的有机整体。乐的外在形式的和与内在情感的和也具有一定的一致性。扬雄在《法言》中就提出,雅乐中所用的音律,俗乐的歌词就很难配入[3]。音乐有五音十二律,长短高下都有一定的节度,把中正的情感准确地表现出来,乐的音律往往也就能和。反之,乐在形式上如果符合中和的特征,它所承载的情感往往也是中和雅正的。

三、仁作为艺术的功能和目的

孔子的仁学对他的艺术观的影响,也表现在仁与艺术的功能和目的的关

---

[1] 钱穆:《论语新解》,生活·读书·新知三联书店,2002,第74页。
[2] 谢良佐:"五音六律不具,不足以为乐。翕如,言其合也。五音合矣,清浊高下,如五味之相济而后和,故曰纯如。合而和矣,欲其无相夺伦,故曰皦如,然岂宫自宫而商自商乎?不相反而相连,如贯珠可也,故曰绎如也,以成。"(朱熹撰:《论语集注》,齐鲁书社,1992,第28页。)
[3]"或问:五声十二律也,或雅或郑何也?曰:中正为雅,多哇为郑。请问本。曰:黄钟以生之,中正以平之,确乎郑卫不能入也。"(扬雄《法言》)

系上。仁道是孔子哲学的最高追求，而艺术在人们追求仁道的过程中又起着极其重要的作用。艺术有助于引导人们践行仁道，艺术的终极目的也应该就是仁道。孔子说："志于道，据于德，依于仁，游于艺。"这句话最集中地表述出了"艺"在孔子思想体系中的位置。

何晏在注疏中指出：志，是心所追慕的东西。道不可以具体体察，所以只能追慕。据，是有所凭仗。德有具体现成的形态，所以可以凭仗。依，就是依靠。仁者恩泽于人，所以可以依靠。艺，指的是六艺，不足以凭仗依靠，所以说是游。①这已经阐释得十分具体了。道是悬着的终极追求，所以当"志"；德是具体可操作的行为规范，所以可"据"。需要指出的是，"依"与"据"的差别其实不是太大，强作区分，难免捉襟见肘。"据于德，依于仁"，基本是修辞上的互文，所表含义，即是"据于德和仁，依于德和仁"。"志于道，据于德，依于仁，游于艺"好像论及了道、德、仁、艺这四者，而事实上，它主要就论述了三个东西：一个是抽象的、悬着的、不可具体把捉的道，一个是具体的、可以切实凭依的德（仁），还有一个是与道、德、仁相对远些的艺。前面提到，德是道的具体化，仁是最根本的德。道、德、仁这三者的关系是极其紧密的，甚至可以说，在孔子哲学中，这三者乃是同一事物的不同显现。所以，"志于道，据于德，依于仁，游于艺"所论及的最实质性的东西，就是艺与道的关系。

（仁）道是根本，所以要"志"、要"据"、要"依"。艺则以"游"，这个"游"字就已经把孔子对"艺"的态度说得非常透彻。"游"的本字是"斿"，字形像旌旗的飘带；后加三点水（游），表示水中浮游；或加走字底（遊），表示陆地上行走、游玩；后又引申，表示自如穿行于某物之中。

---

① 何晏："志，慕也。道不可体，故志之而已。据，杖也。德有成形，故可据。依，倚也。仁者功施于人，故可依。艺，六艺也。不足据依，故曰游。"（程树德著，程俊英、蒋见元点校：《论语集释》，中华书局，1990，第443页。）

"游"的最突出的特点就是自由、不固定,游的活动一般都是精神放松、心情愉悦的自由的活动,这种活动也就是审美活动。孔子说的"游于艺"的"游",所侧重的含义也正是自由、不固定。"德"是相对固定的,不那么自由,而"艺"则是相对自由的、不固定的。"德"给人一定的束缚感,而"艺"则给人予自由感、审美感。

"艺"的重要功能在于,它可以入道,可以辅德。只是志道、据德、依仁,则不易乐道,不易长守道,也不易达成美善合一的最高的道。艺是和人的情性最切近的,以艺入道,以艺辅德,就容易使志道者从不自由的道德境界上升到美善合一的审美境界,此美善合一的审美境界,就是最高的道的境界。当然,艺又须以道为依托。子夏说,即便是小道,也一定有它的可观之处,但是小道钻研得精深了,就容易偏颇拘泥,所以君子不做钻研小道这种事情。脱离了道的艺,也就成了"君子不为"的"小道"了。朱熹特别指出,就学习先后来说,以艺为先,就本末而言,艺乃是末[1]。这是儒家一向的艺术主张,道是本,艺是末,艺的目的在于道,艺的功能在于辅道,艺的最高境界在于与道合一。而孔子哲学中的道的具体内涵即是仁,所以艺术的主要目的即是仁,艺术的主要功能就是辅仁。

孔子对艺术的功能和目的的这种看法也落实在诗、礼、乐这三种具体的艺术形态之中。孔子所说的"兴于诗,立于礼,成于乐"即可视作他对诗、礼、乐这三种艺术的功能和目的的概括。

1.诗对仁的感发和贯彻

艺术具有引人入道的功用,孔子所谓的"兴于诗",道出的即是艺术的这

---

[1] 朱熹:"艺是小学功夫,若说先后,则艺为先,而三者为后。若说本末,则艺其末,固不可徇末而忘本。习艺之功固在先。游者,从容潜玩之意,又当在后。"(黎靖德编,王星贤点校:《朱子语类》,中华书局,1984,第867—869页。)

层功用。仁是人之性，但这种人性往往处于遮蔽状态，它需要通过艺术（诗）来开启和兴起。孔子对伯鱼说，你学习过《周南》《召南》了吗？做人如果不学习《周南》《召南》，就如同正对着墙壁站立一样。仁性遮蔽时，人的生命便处于一种麻木、滞塞的状态，如人之正对着墙壁站立。如康晓城所说："此实象征人生命之被堵塞，未读诗时人之生命几乎被堵死，故读诗正是开启人之生命。此生命自然不指物质、自然生命，而是指精神、真实生命而言。'感发志气'亦即为启发或兴起此一真实生命。因此，'兴'与'仁'直接有关。……所以'兴'为由人之私欲滞塞中，由虚妄之自我中觉起，以体认自己真实之生命，此生命即为'仁'。"①

所谓"兴"，即是"起兴"，它有"引譬连类"和"感发意志"这两个层面的含义。"引譬连类"指的是人们借助形象的譬喻，使人通过联想而领会到相关的道理。孔子所说的，依靠道德来理政，就好比北极星一样，安居其所，而众星都围绕着它转；天气变冷的时候，才意识到松柏是最后凋零的，都是典型的"引譬连类"。"引譬连类"的"譬"体现的是"兴"的形象性，用来作譬喻的都是具体的、形象的事物。在孔子那里，"引譬连类"的"类"，指的主要是社会的伦理道德原则，其核心就是他所说的仁。诗可以用形象的事物引导启发人们感悟仁的道理，让人从形象的具体事物中体悟到什么是仁。这是"诗可以兴"的第一义。诗又可"感发意志"，这是"诗可以兴"的第二义。诗的感发是情感的感发，熏陶于无形，入人于至深，正因如此，中国儒家的传统历来重视诗教②。诗的内容是合仁的，诗所感发的意志是人的"好善恶恶"

---

① 康晓城：《先秦儒家诗教思想研究》，文史哲出版社，1988，第174—175页。
② 朱熹："诗本性情，有邪有正，其为言既易知，而吟咏之间，抑扬反复，其感人又易入。故学者之初，所以兴起其好善恶恶之心而不能自己者，必由此而得之。""兴之为义，因感发力之大，沁入于不自知，奋起于不自己之谓，是惟诗歌为最宜。""诗本于人之情性，有美刺讽喻之旨，其言近而易晓，而从容咏叹之间，所以渐渍感动于人者，又为易入，故学之所得，必先于此，而有以发起其仁义之良心也。"（程树德著，程俊英、蒋见元点校：《论语集释》，中华书局，1990，第529页。）

的意志,是合仁的意志。这也是孔子删《诗》的意义之所在。合而言之,诗可以引导人们用形象的思维领悟到仁的道理,也可以感染人们自觉而愉悦地志于仁,行于道。

孔子在"诗可以兴"之后又接着提出了诗"可以观,可以群,可以怨;迩之事父,远之事君;多识于鸟兽草木之名"。诗的这些功能也无一不与仁紧密关连。

所谓"观",按郑玄的说法,就是"观风俗之盛衰"。这里其实可以作进一步地延伸,"观"不仅仅只是观风俗、观盛衰,观的对象还可以是整个现实世界的方方面面。人们对现实世界有所体察,有所深入,就会对现实世界产生一定的看法和爱憎之情,人们可以通过诗歌表达自己的这些看法和爱憎之情,这就是"诗可以观"。当然,在孔子那里,"观"也不是对现实社会生活的详细再现,观的内容也是有所侧重的,观的核心主要是人们的道德情感和心理状态。"观风俗之盛衰",确切地说,主要是观仁风之盛衰,观人们的道德精神、心理状态之盛衰。仁是观的对象,同时,仁也是观的前提。"惟仁者能好人,能恶人",只有仁心充盈,人才能不偏不颇地"观风俗之盛衰",才能不失其正地赞美和贬恶现实社会的境况。

所谓"群",就是聚集在一起,诗可以群,就是说,诗可以让人更好地聚集在一起,可以让人更好地群集相处。焦循认为,诗之所以可以群,乃在于"诗之教,温柔敦厚,学之则轻薄嫉忌之习消"①。这是有一定道理的,诗教温柔敦厚,可以消弭人的争气与锐气,使人不会互相鄙薄,互相嫉恨,故而可以使人更好地群处。诗"可以群",而"群"和仁也是紧密关联的。首先,仁是群的前提。君子以仁道相聚则为"群",以私助相聚则为"党"。整天群居在一起,谈话不及道义,只耍些小聪明,这实际是私助相聚之"党",是

---

① 程树德著,程俊英、蒋见元点校:《论语集释》,中华书局,1990,第1212页。

小人之"群";君子之"群"则群处而不搞党派,团结而不勾结。其次,群也是仁的旨归。仁离不开人与人之间的关系,使人与人能更和谐地相处,这正是孔子仁学的一大目的。可以谈得来的人不和他交谈,这会"失人",孔子认为不应该"失人"。仁者能"泛爱众",必然也就应该能群。孔子又说,"德不孤,必有邻",这也就是说,仁者必定能群。孔子尚群,这和道家形成较为鲜明的对比。道家思想以自然为根本,因而中国古代受道家思想影响的许多隐逸者和艺术家都喜欢寄情山水,离群索居。孔子曾遇一隐者,与孔子尚群的观念相左,孔子怃然而应:我又不能与鸟兽同群共处,我不和这些人打交道我又和谁打交道呢?孔子的学生曾皙也喜欢寄情自然山水,但他也仍要搭上成人五六人,孩童六七人,而不是独自一人,这正符合了孔子尚群的理念。群是仁的一大目的,志仁就必定尚群。在儒家看来,诗可以群,也应该群。

所谓"怨",孔安国注为"刺上政"。"诗可以怨",这种"怨"有它特定的含义,它主要是指人对长辈、上级以及同辈的不当之处予以指摘和规劝。诗歌温柔敦厚,委婉曲折,是一种很好的指摘和规劝的方式,可以使"言者无罪,闻者足戒"。"诗可以怨"之"怨"可视之为一种"公怨",它建立在公心的基础之上,不同于私怨,不是一般的私人之间的仇恨和不满。这种怨的目的不在于泄愤逞气,也不在于倾轧胜人,而在于感发人,规劝人,并最终能化人成事。①这种怨以仁为前提,怨者发怨乃是出于公心,这也正是反面的仁爱的一种具体表现。此外,怨者对所怨对象的行为的应该与不应该的判断的终极标准也在于仁。就这一层面而言,怨也是不离仁的。

---

① 焦循:"夫诗,温柔敦厚者也。不质直言之而比兴言之,不言理而言情,不务胜人而务感人。自道理之说起,人各挟其是非以逞其血气。激浊扬清,本非谬戾,而言不本于性情,则听者厌倦,至于倾轧不已,而忿毒之寻起。以同为党,即以比为争,甚而假宫闱庙祀储贰之名,动则千百人哭于朝门,自鸣忠孝,以激其君之怨,害及其身,祸于其国,全失乎所以事君父之道。余读明史,每叹《诗》教之亡,莫此为甚。"(程树德著,程俊英、蒋见元点校:《论语集释》,中华书局,1990,第1212页。)

而诗之可以"事父事君",主要也是在"可以怨"的层面而言的。孔子说,侍奉父母应委婉劝谏,以诗来"谏",也正是委婉劝谏了。委婉劝谏是孝,事父以孝,也就是仁。"怨,刺上政也",诗对君主和政治的美刺作用自不必论。在怨的功能之外,诗还可以作为一种事君的政治手段。孔子说,能背诵《诗经》三百篇,交给他政治任务,却办不通;让他出使到周边国家,又不能专对。即便背诗背得再多,又有什么意义呢?也就是说,诗应该在出使的时候起"专对"的作用。所谓"专对",就是大臣在出使时不须随时请示于本国朝廷和君主,可以以己之意应对。这种"专对"不围绕君主之意志展开,更不围绕一己之私利展开,而只围绕仁道展开。

至于"多识于鸟兽草木之名",则看似浅薄,实有无限深广的意义。黑格尔曾批判所谓"中国式博学",讥讽中国古代读书人读万卷书,只掌握了许多零碎的不成体系的知识。西方传统哲学曾以体系结构自鸣得意,居高临下,自然看不起"中国式的博学"。等到西方现代哲学认识到体系的弊病,重新抬高具体事物的意义,讲究回到事物本身,回到现象的时候,"中国式博学"又应该重新估价了。"多识于鸟兽草木之名"的意义,绝不简单只是记得了一些鸟、兽、草、木的名称。如同一个教师给一班级学生讲课,可以假设两种绝然不同的状态:一种是教师无意识记学生姓名,因而叫不出课堂上学生的名字,学生对他而言就是一个个抽象的个体,每一个体之间似无甚差别;一种是教师有意识记下学生的名字,学生对他就是具体的,差别对待的,如此,老师和具体的学生之间就开始展开一个个不同的世界,意义就开始丰富深广起来了。这两种状态,即便是同样的课堂时间下,相较前者而言,后一状态下老师与学生之关系定然要深刻许多。同理,当我们叫不出周遭世界事物的名称的时候,周遭世界更接近一个抽象,得不到具体的一一区分,我们与周遭世界就隔着一层,情感就不易展开;孔子说不学《周南》《召南》,犹正对墙面而立。人对着墙,就和世界隔绝了。相反,倘若我们对周遭事物一一识得名称,就为展开一个个具体世界提供了一个前提,人和具体世界隔着的那道墙就开始打开了,我们与周遭世界的情感也就容易展开。古人通过《诗经》多识鸟兽草木之名,因而这些草木鸟兽对他们而言是一一具体的。而且《诗经》并非是一本干瘪瘪的百科全书,它是承载着情感的,人们通过《诗经》识得鸟兽草木之名,本身就是一种情感的兴发,为人与自然的紧密沟通提供了前提。每读一次《诗经》,就通过情感的形式和这些鸟兽草木有了一次沟通,所以古人对大自然的鸟兽草木的情感就异常深厚。相较古人而言,我们现在对周遭的草木,显得是有些麻木了。"多识于鸟兽草木之名",不在于多获取一些零碎的知识,而是要感发人的仁心,使其仁的情感可以扩大到天地万物①。

2. 礼对仁的文饰和巩固

作为艺术的礼,对于仁的意义也是极其重大的,礼一方面可以文饰仁,一方面也可以稳固仁。礼对仁的文饰作用体现着艺术的审美性对于仁的意义,礼对仁的稳固作用则体现着艺术的技术性对于仁的意义。

如前所述,"文质彬彬"是人格美的理想标准,而文质彬彬在人格上最根本、最主要的内涵,就是仁与礼的和谐统一。仁是理想人格之质,礼是理想人格之文,礼对仁具有美化修饰的作用。人的原始的情感是人的仁质,这种情感质朴而不文,要成就理想的文质彬彬的仁人,尚需要具有一定审美性、艺术性的礼来文饰,以完善人的仁质。子夏问孔子,嘴巴笑起来是那么地好看,眼睛转起来是那么地动人,素粉来给她做装饰。这说的是什么意思呢?孔子说,绘画时要先施粉白色为底子。子夏说,礼是不是在后呢?孔子说,是你启发了我

---

① 这一点钱穆论述尤明:"诗尚比兴,多就眼前事物,比类而相通,感发而兴起。故学于诗,对天地间鸟兽草木之名能多熟识,此小言之。若大言之,则俯仰之间,万物一体,鸢飞鱼跃,道无不在,可以渐跻于化境,岂止多识其名而已。孔子教人多识于鸟兽草木之名者,乃所以广大其心,导达其仁。诗教本于性情,不徒务为多识。"(钱穆:《论语新解》,生活·读书·新知三联书店,2002,第325页。)

呀,现在可以和你讨论《诗经》了。至于礼后于什么,子夏又不曾明言,朱熹注到:"礼必以忠信为质,犹绘事必以粉素为先。"[1]礼是文,文以质为基。朱熹把"质"说成是"忠信",然而忠信只是细德,这里把"质"理解为仁应该是更具概括性的。礼后于仁,犹绚后于素,绚为素增饰添彩,犹礼为仁增饰添彩。有了礼的文饰,仁就不致于异质不分。

礼又可以稳固仁。"诗可以兴",诗所兴起的是人的率真质朴的情感,但这种情感具有一定的任意性,只有规之以礼,才易最终培养成仁的情感和心境。礼的特点是固定性、法度性,它可以立人性情。这也就是孔子所说的"立于礼"。孔子在《论语》中三次提到"立于礼"。孔子说,以诗来感发心性,依礼来立身,以乐来完成人格。又说,不知道命,就不能成为君子;不知道礼,就不能立身;不知道分辨言语,就不能真正认识别人。孔鲤有一次恭敬地走过庭院。孔子问,学礼了没有?孔鲤回答没有。孔子说,不学礼,便无所立身。孔鲤回去就开始学礼。孔子所谓的"立身于礼",乃是修身的中间阶段。人培养起了仁的情感,这种情感又能依于一定的规矩程式(礼)以遵循和表达,达到一定的稳定的状态,这就算是能"立于礼"了[2]。人的修养到了"立于礼"的阶段之后,仍离不开艺术的辅助,因为"立于礼"尚不是仁的最高境界,仁的境界进一步提升,就要达成"乐"的阶段,这也离不开艺术的辅助。

孔子自述其人生发展历程:"吾十有五而志于学,三十而立,四十而不惑,五十而知天命,六十而耳顺,七十而从心所欲,不逾矩。"在这个历程当中,有两个节点尤其值得注意。一个是"三十而立",一个是"七十而从心所欲,不逾矩"。"三十而立",所立的即是礼,自此以至七十,孔子的人生境

---

[1] 朱熹撰:《论语集注》,齐鲁书社,1992,第22页。
[2] 如梁漱溟所说:"其能从外而内,以诱发涵养乎情感也。情感敦厚深醇,有发抒,有节蓄,喜怒哀乐不失中和,而后人生意绵永,乃自然稳定。"(梁漱溟:《梁漱溟全集(第七卷)》,山东人民出版社,1989,第166页。)

界主要处于一种"立于礼"的阶段，此阶段之人生境界，主要是一种道德的境界。七十以后则算得上是"成于乐"的阶段了，此阶段之人生境界，则已经进入一种审美的境界了。"立于礼"到"成于乐"的转化，即是道德境界向审美境界的转化，也是仁德由理到情的的超升。这种超升是可能的，也是必要的。

3. 乐对仁的陶冶和完成

艺术具有陶冶人的性情，培养人的仁心仁德的功能。这种功能集中体现在"乐"这一艺术形态上。孔子所说的"成于乐"，就蕴含有以艺术来培养和完成仁德的意思。"成"就是成就、完成，"成于乐"就是要完成仁德，成就仁人。包咸说："乐所以成性。"程颐说："乐者，所以成德。"朱熹又说："（成于乐）是学之成。"他们所说的成性、成德、成学，根本上说，就是成仁。性是仁性，德是仁德，学是仁学。"成于乐"所要成就的就是仁德，具体到个人，就是要成就仁人这一理想人格。"成于乐"的"乐"则有两个方面的含义：一者，"乐"读作"yuè"，指的是一种特殊的音乐，即雅正之乐；一者，"乐"读作"lè"（古音luò），指的是快乐，它不是一般的感官的快乐，而是前文所述的圣贤之乐。历史上人们对"成于乐"之"乐"的含义的理解，于这两方面是并存着的。孔子讲"兴于诗，立于礼，成于乐"，在这一语境中，诗、礼、乐三者是相并而论的，"乐"作为礼乐之乐自然无疑。然而礼乐之乐又是一种通达快乐的手段，"成"的状态又是一种快乐的状态，将"成于乐"的"乐"解释为快乐也是顺理成章的。因而，"成于乐"也就有两个层面的含义，一是过程的，一是结果的。作为过程的"成于乐"，指的就是利用音乐来培养仁德，扩而言之，也就是利用艺术来培养仁德。作为结果的"成于乐"，指的则是仁德在一种快乐的境界当中完成。

并非所有的艺术都能培养仁德，然而在孔子的艺术观念中，艺术至少不应背离仁德，而理想的艺术则应当具备培养仁德的功能。"成于乐"的"乐"

就是一种较为理想的艺术，它具有中和的特征，可以承载仁的情感，培养人的仁德。艺术之所以有助于培养仁德，很重要的一个方面在于艺术建立在人的无差别的情感体验的基础之上，它具有沟通人我的作用，这和仁的精神是会通的。仁也以情感体验为基础，爱是仁的最根本最核心的精神，仁是沟通人我的桥梁，仁的境界就是人我一体的境界。仁既主亲又主敬，礼更侧重仁的敬的一面，乐更侧重仁的亲的一面。乐与仁一样，都建立在人的无差别的情感体验的基础之上，能使人在愉悦之中"合同"。①正因为乐与仁能够会通，所以古代也就以乐作为教育的重要手段来培养人的仁心仁德。孟子说："仁言不如仁声之入人深也。"（《孟子·尽心上》）荀子也说："夫声乐之入人也深，其化人也速，故先王谨为之文。"（《荀子·乐论》）乐的教育其实也就是审美教育，它具有情感性和趣味性，更容易使人接受，也更容易深入人心。礼和乐有一个重要区别：礼强而乐顺。"强"即强制性、束缚性，它给人敬畏感；"顺"则是自发性、自由性，它给人愉悦感。②礼乐都是"缘情而生"，它们同样体现着仁的精神。而礼自外发，乐由中出，礼是以理制情，乐是情理相融，如果没有以情感为根基的自发的道德诉求，礼的规范性就会给人以束缚和压抑，人们对礼的持守因而也就不能长久。在艺术（乐）的熏陶之下，礼的规范就能内化到人的性情之中，成为"己质"，如此，人才能愉悦地持守礼，达

---

① 朱光潜："在宗教大典中，作乐时，无论尊卑长幼，听到乐声，心里都起同样反应，一哀都哀，一乐都乐，大家都化除一切分别想，同感觉到彼此属于一个和气周流的人群。"（朱光潜：《乐的精神与礼的精神》，《思想与时代》1942年第7期。）
② 章世纯："乐者所以安礼也。礼强人心，乐则顺之，故圣人使以乐为礼。以乐为礼，是使以顺行强也。顺者既胜，则安其所强而无难；至于信，心自然不入于邪。礼，人之所畏也。畏而不安久，则去之；不去，亦非己质也。圣人制乐以和礼。乐之音声，礼之文辞也；乐之俯仰，礼之节趋也。习于乐者，通乐于礼而礼可安矣。安则化，化则天。"（《四书留书·卷三》）

到安仁、乐仁的理想境界①。

仁的理想境界是一种自由的、快乐的境界。然而仁又具有无限性，仁的境界其实没有一个真正的、静止的完成状态。对于现实中的个人而言，"成于乐"的标志应该是乐的心境的形成，它仍然是可以实现的。现实中的"成于乐"的状态并非绝对的自由和快乐的状态，只不过自由和快乐是一种常态，是一种主导性的状态。"成人"也有程度之别，即便如孔子、颜渊这样的已经"成于乐"的圣贤，也仍然不断地朝着仁的理想境界超升。

---

① 徐复观："礼所以制情与理之中，实即是以理制情，使情在理的许可范围之内发抒，而并不是把生命中之情加以断绝。久而久之，情随理转，情可成为实现理的一股力量，而情亦是理。完整的生命，便在这一修养的过程中升进。亦即是由'克己（情欲），复礼'，而实现人我一体的仁。仁是人己俱成的'人的主体'。但在立于礼的阶段中，仍有以理制情的要求，生命中的对立尚未完全泯去。'成于乐'，则情理相融，生命通过对立的克服，而重新归于纯一，归于澈底的谐和统一。"（徐复观：《中国思想史论集》，台湾学生书局，1983，第241页。）朱熹："八音之节，可以养人之性情，而荡涤其邪秽，消融其渣滓，故学者之终，所以至于义精仁熟而自和顺于道德者，必于此而得之，是学之成也。"（朱熹撰：《论语集注》，齐鲁书社，1992，第77页。）

附 录

/ 附录一 /

孔子仁学及其美学研究概述

一、孔子思想研究概要

孔子的相关事迹和言行思想主要被记载在《论语》《孔子家语》《左传》《礼记》《史记》，以及其他一些子部典籍之中。其中，《孔子家语》早已失传，现行本《孔子家语》为三国王肃所伪托，内容多不可信。《左传》《礼记》《史记》可信度相对较高，但其中也掺杂有许多不可信的部分，其可信部分的内容更多的是孔子相关事迹的记载，它们成为后人研究孔子生平的凭依。子书所记载的孔子相关事迹和言行思想，可信度就更低。最能反映孔子思想整体全貌，且较为可信的，要数《论语》一书。研究孔子思想，最可凭借的就是《论语》。人们对孔子思想的研究，差不多也就是对《论语》思想的研究。中国古代学者对孔子思想的研究主要经历了战国争鸣、两汉经学、魏晋玄学、宋明理学、清代考据学这五个重要时期。

孔子死后，孔子的思想一方面在争鸣之中被墨、道、法家所批判，一方面也被其弟子及再传弟子、门生所继承发展。到了战国时期，就产生了孟子和荀子这两个大儒，孔子的思想被他们所阐释、吸收和发展，促成了儒学的两个大的流派的形成。

《论语》至汉代方被整理成书，汉代是经学发展最为繁荣和昌盛的时期，经学家们对《论语》一书的诠释工作也在这一时期全面展开。汉代经学有"今文经学"和"古文经学"之分。西汉重今文经学，以疏通文义为主，西汉经学家对《论语》的研究同样也以释讲大义为主，如《齐说》《鲁安昌侯说》。东汉重古文经学，以名物训诂为主，东汉经学家对《论语》的研究同样也以疏通解释难解字句为主，其中就有郑玄的《论语注》。

《论语》研究在魏晋时期得到进一步发展。魏晋时期佛教进一步传播，玄学兴盛，儒家学者面对释道的新挑战，开始援佛解经，因道解经，并试图构建新的儒学体系，《论语》思想的研究因而得到了新的发展。何晏的《论语集解》和皇侃的《论语义疏》都是这一时期重要的研究《论语》的成果。《论语集解》一书博采西汉以来诸家《论语》校本及诸名家训解，崇简弃繁，考辨得失，取长弃短以注解《论语》，又加以新义，阐释、发挥、引申《论语》的哲理思想。《论语义疏》以何晏《论语集解》为底本，广录旧说，兼采东晋十三家之说注疏《论语》，又常以己意疏通何注，不拘家法，堪称会通儒道之力作。

《论语》研究在隋唐时期中衰，随着宋元明清时理学和心学的发展，《论语》研究方始复盛。宋明时期的《论语》研究出现了许多创造性的解释，同时《论语》思想的体系性的构建也不断加强。邢昺的《论语注疏》和朱熹的《论语集注》都是这一时期产生的重要的《论语》研究的著作。邢昺的《论语注疏》对皇侃的《论语义疏》进行了加工整理，去取别裁，又增加了义理性的解说和阐释，开启了以义理解《论语》的先河。朱熹的《论语集注》兼采古今

《论语》注疏,集训诂、释文、正音、经义于一体,弃烦取简,通经明理,融汇己意,备受后世推崇,堪称《论语》学史上最具影响的一部力作。

清代是中国古代《论语》研究的总结期。清代学术重考据、崇实学,这一时期的《论语》研究以注释、辨伪、考异、辑佚为主,对义理的阐发则不及宋明时期。这一时期的集大成之作是刘宝楠的《论语正义》。该书荟萃古今众说,破除门户之见,注重汉学,兼采宋说,实事求是,持论谨严,是有清一代考据最精详,义理最精深的一部《论语》注疏。程树德的《论语集释》也是这一时期的产物,该书相对繁芜,取舍不精,但它所采录的资料相对较全,其中也间有己意,不失为供《论语》研究参考索引的一部佳著。

二十世纪以来,受政治因素与西学的影响,国内学界的研究方法和学术思想较之古代都发生了翻天覆地的变化,孔子思想研究因之也出现了新的面貌。二十世纪上半叶的孔子研究主要在反孔与尊孔的思想斗争之中展开。其中的尊孔思潮主张维护孔子的神圣性,以陈焕章等人为代表;而反孔思潮则试图批判孔子思想的封建性,以梁启超、章太炎、陈独秀、李大钊、鲁迅等人为代表,在"五四"新文化运动中达到高潮。这时期的孔子思想论争有许多都是立场之争、政治之争,甚至是意气之争。不过在此之外,这一时期也产生了许多学术价值较高的孔子研究的相关著作。哲学史类的涉及孔子思想研究的重要著作有胡适的《中国哲学史大纲》和冯友兰的《中国哲学史》;专著类的孔子研究的重要著作有陈焕章的《孔教论》、谢无量的《孔子》、周予同的《孔子》、车铭深的《论语与儒家思想》、陈大齐的《孔子学说》、温裕民的《论语研究》。二十世纪后半叶至今,国内的孔子研究大致可分为两大时期,其中1949年至1976年为第一时期,1976年至今为第二个时期。前一时期是孔子研究逐渐被政治化的时期,至"文革",孔子研究的政治化达到高潮;后一时期是孔子研究逐步走出泛政治主义的笼罩,呈现出开放、多元、国际化局面的时期。这期间出现的国内孔子思想研究的相关著作中,学术价值较高的有郭沫若的《十

批判书》与《青铜时代》（孔子相关章节）、冯友兰的《论孔子关于"仁"的思想》（及其相关的一系列论文）、庞朴的《孔子思想的再评价》、李泽厚的《孔子再评价》、匡亚明的《孔子评传》等等。

二十世纪新儒家的代表学者对孔子思想的研究更是作出了较大的贡献。其中对孔子思想的精神把握得最为深刻的，要数梁漱溟和钱穆。梁漱溟对孔子思想的相关论述主要集中在《东西文化及其哲学》《中国文化要义》及《梁漱溟先生讲孔孟》之中。钱穆对孔子的研究有《论语文解》、《论语新解》、《孔子传》《四书释义》（《论语》部分）、《孔子与论语》这几部专门的著述。此外，他的《中国思想史》《中国文化精神》《人生十论》《湖上闲思录》等书中也有他对孔子思想的相关论述。梁、钱之外，新儒家对孔子思想的研究较具参考价值的尚有熊十力的《原儒》，徐复观的《中国学术精神》《中国人性论史》《中国艺术精神》，牟宗三的《中国哲学的特质》《心体与性体》《中国哲学十九讲》，唐君毅的《中国哲学原论·原道篇》等书的相关部分。

海外孔子思想研究和二十世纪国内研究有较大差异，其与中国传统的孔子思想研究差异就更大。海外孔子思想研究建立在西方学术的方法和思维习惯的基础之上，因而较重视概念的界定与阐释，以及思想框架的重新建立，也有较多的西方哲学理论的外阐释。其中较为常见的有美国顾立雅所著的《孔子与中国之道》，赫伯特·芬格莱特所著的《孔子：即凡而圣》，郝大维、安乐哲所著的《孔子哲学思微》。

二、孔子仁学思想的研究

仁是孔子思想中最重要的概念，孔子仁的思想研究历来被研究者们所重视。其中仁的含义、为仁的方法、以及仁的根本性的研究是孔子仁学思想研究较为重要的几个问题。

1. 关于仁的含义：

人们往往试图通过仁的字源来确定仁的含义，因而仁的含义的研究与仁的字源的研究就紧密联系在了一起。目前有不少的论文和著作涉及到仁的含义和字源的探究，其中较为重要的有：冯友兰的《论孔子关于"仁"的思想》《对于孔子所讲的仁的进一步理解和体会》，徐复观的《释〈论语〉的"仁"》，容谷的《卜辞中"仁"字质疑》，刘文英的《"仁"之观念的历史探源》，刘家和的《先秦儒家仁礼学说新探》，柴毅龙的《孔子"仁"字本义探源》，白奚的《"仁"字古文考辩》《从〈左传〉、〈国语〉的"仁"观念看孔子对"仁"的价值提升》《儒家"仁"观念思想渊源之考察》，庞朴的《"仁"字臆断》，廖名春的《"仁"字探源》，彭富春的《孔子的仁爱之道》《论孔子》。在这些研究当中，研究者们提出了许多新的看法，这些看法杂而不一，有些甚至近于猜想，但它们为以后进一步的研究提供了许多参考。这些研究对仁的本义的理解与看法大致有这几种：

仁是"相人偶"。"相人偶"是两人见面时互相作揖的一种礼仪，有学者认为，"相人偶"就是仁的观念的原形（刘文英、白奚）。这种礼仪主要体现的是一种敬意，如果以"相人偶"为仁的观念的原形，那么仁的最初含义应该是更多地偏向于敬，而不是爱。这与后来儒家的以爱人为核心含义的仁就有了较大的差异。

仁就是亲爱。以"从人从二"为仁的本字的学者多认为仁的本义之中已蕴含有亲爱的含义，也有一些学者通过其他仁的本字而推出仁的本义就是爱人，甚至就是亲子之爱（柴毅龙、廖名春）。

仁即是人。"仁"和"人"的关系确实极其紧密。从文字构形上说，仁的各种构形（"仁""𡰥""忎""𠈎""㥽"）虽各有不同的侧重，但都以人为核心构成要素。所以有学者认为，仁就是人，确切地说，仁就是超出一般人之上的，更为像样的人（徐复观）。

事实上，通过仁的字源来确定仁的含义是一种困难甚至无效的做法，所以也有学者不从仁的字源义出发来探讨仁的含义。学界基本认同以"爱人"作为仁的基本含义，而具体如何爱人，学者们又有各自的看法，如冯友兰就把仁看作是"人之性情之真的及合礼的流露，而即本同情心以推己及人者"；彭富春则把仁看作是"生生""让生成"。

2.关于为仁的方法：

孔子思想中属于为仁的方法的有"中庸""忠恕"和"克己复礼"。

关于孔子中庸思想的研究，较具参考价值的有：梁启超的《孔子》（"时中的孔子"部分）、冯友兰的《新世训》（"道中庸"部分）、刘纲纪的《中国美学史》（"孔子的美学批评尺度——中庸"部分）、匡亚明的《孔子评传》（"作为仁的人生哲学方法论的中庸"部分）。学界对中庸含义的理解分歧不大，一般认为，"中"就是中正，中和，恰到好处，无过不及，"庸"就是常，是恰到好处的常道。中庸是一切为人为事的方法，有些学者也特地把它作为为仁的方法拿出来讨论（匡亚明）。

学界涉及到孔子忠恕思想的研究较多，其中较具参考价值的有：冯友兰的《中国哲学史》（"孔子及儒家之初起"部分）、《新世训》（"行忠恕"部分），唐君毅的《中国哲学原论》（"孔子之知命"部分），惠吉兴的《"忠恕"之道与孔子思想体系刍议》，牛京辉的《"忠"的历史演变和基本内容》，杨宝忠的《"恕"字古义考——兼论"恕"和"仁"的关系》，窦立春的《先秦儒家"忠恕之道"的伦理精神透视》。忠恕的含义以及忠与恕的关系是这些研究基本都涉及到的问题。这些研究对孔子忠恕思想的理解大致分为两大类：一是将"忠恕"作为一个整体概念来看待，认为"己所不欲，勿施于人"是忠恕的否定性表达，"己欲立而立人，己欲达而达人"是忠恕的肯定性表达（窦立春）；一是将"忠""恕"作为两个概念来看待，认为"尽己为人"是忠,"推己及人"是恕(冯友兰),忠为体,恕为用,恕成于忠,忠可摄恕(唐君毅)。

关于孔子"克己复礼"思想的研究也非常的多,较具参考价值的有:戴玉斌的《"克己复礼"辨正》、赵光贤的《论孔子学说中"仁"与"礼"的关系》、白奚的《援仁入礼 仁礼互动——对"克己复礼为仁"的再考察》、许家星的《仁的工夫论诠释——以朱子"克己复礼"章解为中心》、刘述先的《从方法论的角度论何炳棣教授对"克己复礼"的解释》、何炳棣的《答刘述先教授——再论"克己复礼"的诠释》、李波的《"克己复礼"再认识》、杜维明的《建构精神性人文主义——从克己复礼为仁的现代解读出发》。从古至今,"克己复礼"都是一个争论性非常强的问题,人们对"克""己""复""礼"这四者的理解都存在一定的分歧。"克",或被理解为"克制""约束"(马融、孔安国),或被理解为"胜""战胜"(邢昺、二程、朱熹),或被理解为"能"(俞樾);"己",或被理解为"己身"(马融),或被理解为"个人不合理的欲望"(赵光贤);"复",或被理解为"践、履"(李波),或被理解为"反复"(戴玉斌);"礼",或被理解为"周礼"(何炳棣),或被理解为具有普遍意义的社会规范(刘述先、杜维明)。本研究抛开那些细致的分歧,取同去异,将"克己复礼"宏观地理解为:改变自己身上易使自己偏离于道的特质,而使自己能趋向于道。

3.关于仁的根本性:

这个问题与学界争论较多的"孔子思想的核心"这一问题有很大的关联。人们对孔子思想体系有不同的重新构架,因而对什么是孔子思想的核心以及孔子思想到底有无核心存在不同的看法。一般认为,孔子思想的核心是仁(孔凡岭:《孔子研究·导言》,北京:中华书局,2003年版,第43页);也有人认为是礼(侯外庐、赵纪彬等:《中国思想通史》(第一卷),北京:人

民出版社，1957年，第141、159页）；也有人认为是义（韩石萍：《孔子之道"义"以贯之》，《史学月刊》1996年第1期）；也有人认为是中庸（范文澜：《中国通史简编》）；也有人认为是和（骆承烈，参《孔子研究·导言》）；也有人认为，孔子的思想是仁礼二位一体的结构（张岂之：《中国思想学说史·先秦卷（上）》，桂林：广西师范大学出版社，2007年，第246—247页）；还有人认为，孔子的思想是仁义礼三位一体的结构（劳思光：《中国哲学史（一）》，台北：三民书局股份有限公司，1982年，第56页）。本书主张仁是孔子思想的核心，并对仁的根本性作出了较为详细的论证。

"仁"的核心地位首先体现在它与最高的哲学范畴"道"的关系之中。关于"仁"和"道"的关系的相关研究，较具参考价值的有唐君毅的《中国哲学原论·原道一》（"论道"部分）、《中国文化之精神价值》（"孔子之继往开来与继天道以立人道"部分），刘奉光的《孔子人道思想研究》，马振铎的《仁·人道——孔子的哲学思想》，白奚的《"仁者人也"——"人的发现"与古代东方人道主义》。在这些研究之中，孔子的仁学被视为是人道。孔子的思想以道为最高范畴，这个"一以贯之"的"道"涵盖了天道与人道。然而，孔子较少论及玄远的天道，而更多地只论切近的人道，所以孔子的"道"基本指的就是人道。而人道的具体内涵就是仁，仁就是孔子之道的具体化。目前的许多研究把孔子的人道（Humane）与西方人道主义的人道（Humanity）混在一起，因而引发了一些争议。孔子的"人道"与西方人道主义的"人道"也有许多相通之处，但二者存在许多的不同之处，研究中须加以辨析区分。

仁的根本性也体现在它与义、礼、智等诸细德的关系之中。仁是义、礼、智等诸细德的根本。关于这一问题的研究，可资参考的有温裕民的《论语研究》（"论义""论礼""论智"部分）、冯友兰的《新原道》（"孔孟"部分）、唐君毅的《中国哲学原论·原道一》（"孔子之仁道"部分）、熊十力的《原儒》（"原外王""原内圣"部分）、赵光贤的《论孔子学说中"仁"

与"礼"的关系》、刘家和的《先秦儒家仁礼学说新探》、马振铎的《仁·人道——孔子的哲学思想》("中庸之道和仁、智并重思想"部分)。

三、孔子美学思想的研究

目前学界研究孔子美学思想的专著还非常少见。孔子美学思想的研究较多地散见于各类(中国)美学史以及期刊论文与硕博论文之中。对孔子美学思想阐发得较为深刻全面的,首推刘纲纪和李泽厚二人。刘纲纪和李泽厚在《中国美学史》中认为仁学是孔子美学思想的基础,并详细地论述了孔子"成于乐""游于艺"的艺术观、"兴""观""群""怨"的艺术功用论、文质统一的审美观与中庸的美学批评尺度,最后评价了孔子美学的贡献和局限性。而后,刘纲纪又在《儒家美学思想》中对孔子美学思想作了一些补充,指出了决定着孔子仁学能内在地通向于美学的仁的几个特征。李泽厚对孔子美学思想的研究也有一定的独到贡献,他在《华夏美学》《美的历程》《中国思想史论》等书中对孔子美学思想也有所阐发。李泽厚尤其重视对孔子美学中"情感理性""乐感文化""自由"等内容的阐释,这对孔子美学思想的阐发注入了新鲜的血液。刘、李之后,国内出现了许多中国美学史类的著作,如叶朗的《中国美学史大纲》,敏泽的《中国美学思想史》,左克厚的《中国美学》等等。这些论著所涉及的孔子美学思想主要有孔子的文质统一的审美观、中和的审美标准、礼乐美学思想、美育思想、比德的自然美、君子的人格美思想等等。研究孔子美学相对专门的著作有邓承奇的《孔子与中国美学》,该书有较大篇幅(一半以上)涉及到孔子美学思想的论述,但真正意义上论述孔子美学思想的部分也不是太多。如,书中所谓"忠恕之美""孝悌之美",其实是在论述孔子的"忠恕""孝悌"的哲学思想,而对于"忠恕""孝悌"的具体的美学内涵,书中并没有真正探讨。不少硕博论文也对孔子美学思想进行过专门的研

究，这些研究所涉及的有孔子的文艺美论（如张振羽的《孔子人格思想的文艺学阐释——从礼乐与仁的辩证关系看孔子文艺思想》）、孔子的诗乐美论（如祁文洁的《天人视野下的兴观群怨——孔子"兴观群怨"诗学思想研究》、余群的《孔子诗乐思想研究》）、孔子的人格美论（如黄振涛的《"夫子气象"：对孔子人格魅力的美学称述》、吴端涛的《"仁人之美"——孔子的审美人格及其现代阐释》）、孔子的中和美论（如叶仁雄的《孔子中和之美的时空阐释——以〈诗经〉、〈论语〉为个案分析》、刘琼的《论孔子以"和"为美的思想》）、孔子的美育思想（如高丽娜的《孔子美学思想的德育价值研究》），也有孔子美学思想的综合性的研究（如王晓燕的《论孔子的美学思想》）。

四、孔子仁学的美学意蕴的研究

孔子仁学的美学意义其实体现在两个方面：一是仁作为一种外在的观念，影响着孔子的审美观和艺术观；一是仁可作为一个美学概念，它自身就具有一定的美学意蕴。关于孔子仁学的美学意义的第一个方面，目前学界探讨得较多。人们在探讨孔子文质统一的审美观、中和的审美标准、礼乐美学思想、美育思想、比德的自然美等美学思想时，或多或少一般都会提及孔子仁学的思想对它们的影响。而对于孔子仁学的美学意义的第二个方面，学界目前涉及相对较少。

目前的孔子美学研究当中，涉及到孔子仁学的美学意蕴的主要有：

1. "里仁为美"的美的本质论。传统注疏中，"里仁"或被解释为居住在有仁德的里邑之中，或被解释为居处仁道。应该说，两种解释都能与孔子的仁学思想相符，而把里仁释为居处仁道乃更具普遍意义，涵摄范围更加广泛。关于孔子"里仁为美"的美学思想的研究，较具参考价值的有刘纲纪、李泽厚的《中国美学史》("孔子文质统一的审美观"部分)、左克厚《中国美学》("孔子——人际关系的美学"部分)、钱穆的《论语新解》(释"里仁为美"部分)、谭好哲的《"里仁为美":先秦儒家美学思想的元问题》。

2.孔子的人格美论。目前孔子人格美论的相关研究非常的多,这些研究较多地探讨的是孔子的人格之美,或者是圣人、君子等等理想人格之美及其特征。但人格美的特征和仁的具体关联的相关研究仍然缺乏。关于孔子人格美思想的研究,较具参考价值的有:梁启超的《孔子》("孔子之人格"部分)、唐君毅的《孔子与人格世界》、钱穆的《如何完成一个我》、李天道的《中国古代人生美学》("儒家之人生美学思想·人格修养"部分)。

3.孔子的自然美论。一般认为,孔子能在对自然美的欣赏之中体验到人的精神品格之美,这也就是所谓的"比德"。自然物之所以美,很重要的原因在于它能"比德"。关于孔子自然美思想的研究,较具参考价值的有刘纲纪、李泽厚的《中国美学史》("孔子关于自然美的看法"部分)、刘纲纪的《儒家美学思想》("比德说"部分)、叶朗的《中国美学史大纲》("孔子论'知者乐水、仁者乐山'")、蒙培元的《蒙培元讲孔子》("仁与生态"部分)、李天道的《中国古代人生美学》("乐山乐水的情怀"部分)、孔智光的《中国古典美学研究》、成复旺的《中国古代的人学与美学》、钟子翱的《论先秦美学中的"比德"说》。

4.孔子的艺术美论。孔子的艺术美思想主要集中体现在他对诗、礼、乐的相关论述之中。孔子的艺术美思想是孔子美学的重要构成部分,也是孔子美学思想中被人们研究得最多的部分。关于孔子艺术美思想的研究,较具参考价值的有朱光潜的《乐的精神与礼的精神》、刘纲纪、李泽厚的《中国美学史》("孔子以仁学为基础的艺术观"及"孔子论艺术的作用"部分)、李泽厚的《华夏美学》("礼乐传统"及"孔门仁学"部分)、徐复观的《中国艺术精神》("由音乐探索孔子的艺术精神"部分)、马一浮的《论语大义》("诗教"部分）、钱钟书的《诗可以怨》、蒙培元的《蒙培元讲孔子》（"文艺思想"部分）、曹利华的《中华传统美学体系探源》（"孔子的'仁'学美学"部分）。

以上是孔子仁学的美学思想中人们研究得较多的部分。孔子仁学的美学思想之中，至少有以下一些方面是较为被人们忽略，但值得进一步详细展开研究的：

1.仁自身的美学特征。刘纲纪曾在《儒家美学思想》一文中简略地总结出了仁的五个特征：① 仁与个体的感性生命的合理发展相关；② 仁以个体内在的社会性的情感心理为根基，不是纯理智性的概念，也不是外在的道德律令；③ 仁以和谐统一为最高理想；④ 仁是最高目的，而不是利益的手段；⑤ 仁的实现是人生所能达到的最大快乐。[1]这些特征使得仁可以内在地通向于审美。但该文尚未对仁的这些特点展开详细论述。

2.仁作为一种情感。把仁当作情感来研究是较为常见的。钱穆曾指出："其主要关键，在一个情字上。人类群体日大，则欲日退而情日进。盖欲只在己，常要把外物来满足我。情则及物，常把自己来推己及人。"[2]冯友兰认为："仁者，即人之性情之真的及合礼的流露，而即本同情心以推己及人者也。"[3]钱、冯二人显然是把仁当作一种情感来看待的。在二人的基础之上，李泽厚又提出"情本体"的概念，更为明确地把仁的本体视为是一种情感。[4]此外，在梁漱溟的《中国文化要义》、牟宗三的《中国哲学十九讲》、蒙培元的《情感与理性》等著作中均涉及到仁的情感的分析。从美学的角度而言，仁作为一种情感，它常常成为艺术作品所要表现的内容，它如何产生、它如何被

---

[1] 刘纲纪：《传统文化、哲学与美学》，武汉大学出版社，2006，第287—288页。
[2] 钱穆：《双溪独语》，台湾学生书局，1991，第204页。
[3] 冯友兰：《中国哲学史》，华东师范大学出版社，2010，第60页。
[4] 李泽厚：《情本体、两种道德和"立命"》，载《论语今读》，生活·读书·新知三联书店，2004，第540—567页。

表现，它有什么风格特点，它如何影响人们的审美等等，都是值得探讨的问题。而目前的孔子美学思想的相关研究并没有集中而系统地探讨过这些问题。

3.仁之通向于自由。自由和审美密不可分，西方美学较多地论及自由和审美的关系。在西方早期的美学思想中，美和自由的关系的发现尚处在朦胧的孕育之中，直到文艺复兴开始，"美在自由"的思想开始日益明晰，成为欧洲近代美学思想的标志。康德、席勒、黑格尔、马克思的美学思想都曾涉及到它。彭富春在《美学原理》中总结说："如果我们说自由是审美的境界的话，那么也可以说审美是自由的境界。"关于仁和自由的关系，前人也有一些零散的论述，其中可参考的有：钱穆的《如何获得我们的自由》、徐复观的《中国人性论史》（"孔子在中国文化史上之地位"部分）、冯友兰的《新原人》（"才命"部分）。此外，刘纲纪、李泽厚的《中国美学史》（"游于艺"部分）及李泽厚的《华夏美学》（"游于艺"部分）也都略微涉及到仁与自由的关系，但以上研究并没有把仁之通向于自由形成一个主题来加以讨论，也没有探讨仁具体如何通向于自由。

4.仁之通向于乐。中国古代美学的"乐"大抵相当于西方美学所谓的"美感"。宋明儒学在阐释孔子的思想与境界的时候尤其重视乐，宋明理学的开山祖师周敦颐教程氏兄弟"寻孔颜乐处，所乐何事"，孔颜之乐而后也就成为宋明儒学乃至整个孔子研究所探讨的一个重要的问题。在相关研究中，较具参考价值的有：梁漱溟的《梁漱溟先生讲孔孟》（"孔子的态度（乐）"部分）与《东西文化及其哲学》（"孔子生活之乐"部分）、钱穆的《如何解脱人生之苦痛》、徐复观的《中国艺术精神》（"孔子与音乐"部分）、冯友兰的《新原人》（"天地""境界"部分）、唐君毅的《中国哲学原论·原道一》（"孔颜乐处之问题之讨论"部分）、李泽厚的《中国思想史论》（"乐感文化"部分）、蒙培元的《情感与理性》（"乐的体验"部分）。这些研究涉及较多的是对孔颜之乐的现象的描述和分析，也略

微涉及到孔颜之乐的性质和原因的分析。对于孔颜之乐的现象的描述和分析，徐复观在《中国艺术精神》中就论述过孔子从音乐中获得的快乐。对于孔颜之乐的性质，王阳明在《答陆原静书》中作过很精辟的分析论述，颇有可借鉴之处。对于孔颜之乐的原因，梁漱溟在《梁漱溟先生讲孔孟》一书中也作过较好的分析。但这些分析都有些零碎，还不够系统全面，而且对于仁如何具体通向于乐，前人的研究也都不曾涉及。

总的来说，近几十年孔子美学思想的研究取得了一定的成果，但这些研究和目前孔子哲学思想的研究相比，还显得有些疏浅，孔子美学思想的研究仍然有进一步专题化、细致化的必要。本书把焦点投在"仁"这一概念上，深入地探讨"仁"自身的美学意蕴，这正是将孔子美学的研究进一步推向专题化、细致化的一种努力。

/ 附录二 /

仁的字源研究述评

为更好地理解孔子的仁的含义,有必要先对仁的字源取得一定程度的了解。仁的字源问题是学者们探讨较多的一个问题,分歧争论较多,也取得一些共识。以下对现有的仁的字源学研究作一番梳理与总结,以了解目前学界对仁的字源所取得的认识。

一、目前通行的仁字的最早出处

目前通行的仁字以"人""二"相构为"仁"。大抵秦统一文字之后,这一字形就成为了通行的字形。一般认为,甲骨文中尚无这一字形的仁字,这一字形的仁字的出现是西周以后的事情[①]。在现存的古籍范围之内,以

[①] 阮元:《研经室集(上)》,中华书局,1993,第179页;容谷:《卜辞中"仁"字质疑》,《复旦学报》1980年第4期;刘文英:《"仁"之观念的历史探源》,《天府新论》1990年第6期;郭沫若:《孔墨的批判》,载《十批判书》,东方出版社,1996,第87页;白奚:《"仁"字古义考辩》,《中国哲学史》2000年第3期。

"人""二"相构的仁的最早出处可以追溯到《尚书》。《尚书·金縢》中有"予仁若考,能多材多艺,能事鬼神",这是通行的仁字在现存古籍中的最早出处。而后,《诗经》中也两处出现仁字:"不如叔也,洵美且仁"(《郑风·叔于田》)、"卢令令,其人美且仁"(《齐风·卢令》)。而在《逸周书》《左传》《国语》《公羊传》《谷梁传》中,仁字则已经频繁出现。需要注意的是,就其含义而言,《尚书·金縢》中的仁是否就是仁德之仁,这仍然是个疑问[1];而《诗经》中出现的两处仁,一般都被认为并非仁德之仁[2]。直到《逸周书》《左传》《国语》中,才开始大量出现仁德含义的仁字[3]。

二、仁的本字

目前通行的仁字字形当然不是仁的最初字形,那么,通行的仁字之前的仁的字形又是什么?仁的最初字形又是什么?这就涉及到了仁的本字的问题。就目前的研究现状而言,仁的本字是什么,它的发展演变的过程如何,这都是尚未解决的问题。在仁的字源的相关研究中牵涉到的仁的文字构形主要有几种:

(1)仁

这个构形的仁也就是上面提到的通行的仁,该构形见于许慎的《说文解字》。《说文》以小篆"仁"作为"仁"范字,将"仁"释为"亲也。从人从

---

[1] 刘家和认为,"予仁若考"之"仁"为"佞"字之代,《尚书》未见真正的仁字。刘家和:《先秦儒家仁礼学说新探》,《孔子研究》1990年第1期。
[2] 于省吾认为,《诗经》中出现的两处仁都通"夷",训为夷悦、喜悦,并非仁德之仁。于省吾:《泽螺居诗经新证》,中华书局,1982,第105—108页。
[3] 白奚对《逸周书》《左传》《国语》中作为仁德的仁作过细致的分析。白奚:《从〈左传〉〈国语〉的"仁"观念看孔子对"仁"的价值提升》,《首都师范大学学报(社会科学版)》,2007年第4期;白奚:《儒家仁观念的思想渊源之考察》,载《天问(丁亥卷)》,江苏人民出版社,2008。

二"①。把这个"仁"当作仁的本字的也不乏其人,从古至今也有许多学者依据这个构形来解说仁的本义②。但从目前的研究来看,这个"仁"并非仁的本字,而系后起字无疑。仁发展为这个"从人从二"的构形以后,便成为通用构形③,不论是以后的篆、隶,还是楷、行、草,都以"人二"相构为"仁"。

（2）忎

这个构形的仁也见于许慎的《说文解字》。《说文》释仁:"忎,古文仁,从千心。"④"忎",现隶定为"忎",由"千""心"相构而成。其中的"心"理解为人心,无所争议。而后人对"千"的理解则又有多种。较多人把"千"理解为"身"的简化或讹变,"忎"也就是"愬"的简化或讹变⑤。也有人把"忎"的上半部理解为人形,释为"尸",古文"尸""夷""人"相通,"千"也就成了"人","千心"就成了"人心",可与《孟子》"仁,人心也"相合⑥。清代徐灏直接将"千"理解为数字意义的千,认为"千心为仁,即取博爱之意"⑦,但这种解释显得简单牵强,也很少被人采纳。"忎"一般都被视为仁的一个过渡的字形,不见有人把它视为仁的本字。

（3）愬

这个构形的仁见于战国印玺和郭店楚简。战国印玺文中的"愬"字以及

---

① 许慎:《说文解字》,中华书局,1978,第161页。
② 如,康有为《中庸注》:"仁从人二,人相偶,有吸引之意,即爱力也。"
③ 这个时间点大概就在秦始皇统一文字的时候。白奚甚至认为:"秦统一之后通行的小篆"仁"字,以及有相同写法的大篆"仁"字,显然是北方的""一系,一直沿用至今,而南方的"愬"("忎")则于秦统一文字后被废弃。白奚:《"仁"字古文考辨》,《中国哲学史》2000年第3期。
④ 许慎:《说文解字》中华书局,1978,第161页。
⑤ 刘翔:《中国传统价值诠释学》,生活·读书·新知上海三联书店,1996,第159页;白奚:《"仁"字古文考辨》,《中国哲学史》2000年第3期;庞朴:《"仁"字臆断》,《寻根》2001年第1期。
⑥ 柴毅龙:《孔子"仁"字本义探源》《昆明师专学报(哲学社会科学版)》,1994年第16卷第2期。
⑦ 丁福保:《说文解字诂林》,中华书局,1988,第7918页。

郭店楚简中的"㠯"字，今人都将其隶定为"息"。这个上半为"身"，下半为"心"的"息"，也就是后来的"仁"。许多学者认为，"息"后来演变为"忎"，"忎"后来又演变为"仁"①。从六书构成上看，"息"字会意兼形声，从身从心。所以，以"息"作为仁的初形的学者在探寻仁的本义的时候，往往把仁的含义和人的身体关联在一起，认为仁的初义是心思爱惜人的身体，而后才发展出仁爱的含义②。

（4）忈

这个构形的仁见于秦以前的古玺。古玺中有40个 忈，有学者认为这是仁的古字，从人从心。忈隶定为"忈"，古文"人"与"身"通用，就写成了"息"，再简化讹变，就成了"忎"。"忈"又可写成"㒰"，"心"简省为"="，"="误解为"二"，就成了"仁"。③

（5）尼

这个构形的仁见于《中山王鼎》以及许慎的《说文解字》。《中山王鼎》的"尸"和《说文》的"尼"，都被隶定为"尼"，从尸从二。"尸"与"人"相通，"尸二"也就是"人二"，"尼"也就是"仁"。也有人把"尼"下部的"="理解为装饰性符号，"尼"就是"尸"，也就是"人"，这样一来，古文的"仁"和"人"就是同一个字④。

（6）人

有不少人还认为仁的本字就是"人"。"尸"有解读为"人"的可能性，同时，先秦还出现过"人""仁"互通的情况。《论语·雍也》有的"井有仁焉"，这里"仁"通"人"，"井有仁"即"井中有人"；《论语·宪问》有

---

① 刘翔：《中国传统价值诠释学》，生活·读书·新知上海三联书店，1996，第159页；白奚：《"仁"字古文考辨》，《中国哲学史》2000年第3期；庞朴：《"仁"字臆断》，《寻根》2001年第1期。
② 刘翔：《中国传统价值诠释学》，生活·读书·新知上海三联书店，1996，第159页。
③ 廖名春：《"仁"字探源》，载《中国学术史新证》，四川大学出版社，2005，第66页。
④ 庞朴：《"仁"字臆断》，《寻根》2001年第1期。

"人也,夺伯氏邑",这里是孔子以"人"评价管仲,即说他算得上"仁";"先祖匪人,胡宁忍予"(《小雅·四月》),这里的"匪人",也有人理解为"非仁"[1];所以有学者就认为,起初有仁的观念而无仁的字形,仁的观念直接用"人"字指代[2]。

然而,仁的本字是否真的就存在于以上几种字形之中,这仍然是个疑问。即便真的存在于以上几种字形之中,哪一种又是仁的本字,这也是个难解的问题。而人们又习惯于先确定仁的本字,而后再从仁的本字出发去推测仁的本义[3],这样一来,对仁的本字的确定就直接影响着人们对仁的本义的理解。

三、仁的本义

仁的本字尚待确定,因而人们对仁的本义的解释也就众说纷纭。事实上,即便仁的本字能够确定,也很难通过仁的初形来确定仁的本义。首先,如刘文英所说,仁的初形即便确定,也还存在一个如何解读的问题[4]。其次,即便能确定仁的本字的含义,也不能说这种含义就是仁的本义。因为,仁的观念的产生和仁的文字的创造一般不可能同时发生,而且,仁的观念和仁的字形也都处于发展变化之中。有可能是仁的字形的创造早于仁的观念的产生,比如说,人们有可能在已有的文字之中引申出一种含义,来代表后来产生的仁的观念;也

---

[1] 阮元:《研经室集(上)》,中华书局,1993年,第176页。
[2] 阮元:"周初有此言,而尚无此字……周初但写人字,周官礼后始造仁字也。"(阮元:《研经室集(上)》,中华书局,1993,第176页。)于省吾:"初本无仁字,后世以人事日繁,用各有当,因别制仁字。仁德之仁,至早起于西周之世。"(于省吾:《释人尸仁尼夷》,《大公报·文史周刊》,1947年1月29日。)
[3] 只有刘文英例外。刘文英试图通过对注疏的解读先确定仁的观念的原型,而后再通过仁的观念的原型来确定仁的本字,认为仁的本字是"相人偶"的象形。刘文英:《"仁"之观念的历史探源》,《天府新论》1990年第6期。
[4] 刘文英:《"仁"之观念的历史探源》,《天府新论》1990年第6期。

有可能是仁的观念的产生早于仁的字形的创造，比如说，有可能是在仁的观念产生之后，人们为了指代这一观念而创造出一个新的仁的字形。就前一种情况而言，既然仁只是某一字形的一个引申义，就不能通过该字的字形来确定仁的含义。就后一种情况而言，通过仁的初形所确定的仁的含义也只能是处于发展之中的某一阶段的仁的含义，而并非就是仁的本义。

正因如此，通过借助新出土的考古资料来确定仁的本字，再通过仁的本字来探寻仁的本义，这看似较前人有了突破性的材料和方法，而事实上并没有取得什么突破性的成果。当然，在这些研究当中，研究者也提出了许多新的看法，为以后进一步的研究提供了许多参考，尽管这些看法更多地都近于猜想。以下结合前人的注疏与今人的研究，梳理一下人们对仁的本义的理解与看法。

仁的本义的探讨涉及到两个问题：其一，仁的观念究竟可以上推到什么时代？其二，最初的仁的观念的具体内涵又是什么？

对第一个问题的回答主要有两种。第一种认为，仁的观念可以上推到夏代或夏代以前。这种看法认为："相人偶"的礼仪是仁的观念的客观原形，而"相人偶"的礼仪可以上推到东方夷人，东方夷人又和夏后氏同时，因此，仁的观念可以上推到夏代或夏代以前[1]。这种看法的理论前提是："相人偶"的礼仪是仁的观念的客观原形。这一前提依据的是郑玄的一个注疏[2]，而这个注疏的根据又是"现在已经难以考察，但必有其本"[3]。因此，这一看法也只能视为一种猜想。

第二种认为，仁是兴起于春秋时期的一种思想观念[4]。但如论者所限定，

---

[1] 刘文英：《"仁"之观念的历史探源》，《天府新论》1990年第6期。
[2] 《中庸》："仁者，人也。"郑玄注："人也"，读如"相人偶"之"人"，以人意相存问之言。
[3] 刘文英：《"仁"之观念的历史探源》，《天府新论》1990年第6期。
[4] 白奚：《儒家仁观念的思想渊源之考察》，载《天问（丁亥卷）》，江苏人民出版社，2008，第25页。

这种仁的观念是已经"属于道德范畴的思想观念"[1]，而"属于道德范畴"的仁的观念未必就是仁的最初观念。此外，这一论断主要基于这样一个依据：春秋战国之前没有发现"属于道德范畴"的仁字。但是，（"属于道德范畴"的）仁的观念的出现仍有可能在仁字的出现之前，或者如前所述，（"属于道德范畴"的）仁的观念起初也有可能由"人"字指代。因此，可以说，春秋时期就已经有了"属于道德范畴"的仁的观念，但不能说"属于道德范畴"的仁就是兴起于春秋时期。可以看出，春秋时期已经出现了仁的观念，而仁的观念是否还可以上推到夏代或者夏代以前，这仍然无法确定。

而对于最初的仁的观念的具体内涵，人们也有多种解释。目前人们对仁的本义的理解有以下几种值得注意：

（1）"相人偶"

"相人偶"是两人见面时互相作揖的一种礼仪。古今有许多学者都将仁的观念与"相人偶"联系起来，甚至还有学者认为"相人偶"就是仁的观念的原形[2]。这种礼仪主要体现的是一种敬意，即如郑玄所谓的"以人意相存问之""以相人偶为敬"。如果以"相人偶"为仁的观念的原形，那么仁的最初含义应该是更多地偏向于敬，而不是爱。这与后来儒家的以爱人为核心含义的仁就有了较大的差异。

（2）亲爱

儒家的仁的观念包含有亲爱，而且其基础也就是亲爱，问题在于，最初的仁的观念是否就已经蕴含有亲爱的含义。许慎《说文》以"亲"训仁[3]，以《说文》"从人从二"为仁的本字的学者也多认为仁的本义之中已蕴含有亲爱

---

[1] 白奚：《儒家仁观念的思想渊源之考察》，载《天问（丁亥卷）》，江苏人民出版社，2008，第25页。
[2] 刘文英：《"仁"之观念的历史探源》，《天府新论》1990年第6期。
[3] 许慎：《说文解字》，中华书局，1978，第161页。

的含义①。也有一些学者通过其他仁的本字而推出仁的本义就是爱人,甚至就是亲子之爱②。但这些观点附会和猜想的成分都相当大,基本不甚可靠。

(3)人

以"人"训仁,古已有之,《孟子》《中庸》都曾以"人"训仁。此外,清代徐灏更明确把"人"视为仁的本义:

《中庸》曰:"仁者,人也。"《孟子》曰:"仁也者,人也。"《荀子·君子》篇曰:"仁者,仁此者也。"谓仁即为人之道也。人能尽为人之道,斯谓之仁,故因而重之以见义。二有偶义,故引申之有相亲之义。郑康成氏所谓相人偶,是也。扩而充之则曰博爱之谓仁。千心为仁,即取博爱之意。③

徐灏在这里把"相亲"和"博爱"都视为仁的引申义,而把"人"(确切地说,是"为人之道")视为仁的本义。"仁"和"人"的关系确实极其紧密。从文字构形上说,仁的各种构形("仁""𡰥""㤳""𢛩""忎")虽各有不同的侧重,但都以人为核心构成要素。人们对仁的含义的阐发也都围绕着"人"来展开。如前所述,历史上更出现过"仁""人"互通的文字使用情况。

当然,"人"也未必就是仁的本义。以"人"释仁,不能说最具本源性,但可以说最具概括性。仁的所有内涵都离不开"人","人道"二字便是孔子仁学的最好概括。

---

① 段玉裁:"'人耦'犹言尔我亲密之词,独则无耦,耦则相亲。故其字从人二。"(段玉裁:《说文解字段注》,成都古籍书店,1981,第387页。)徐灏:"二有偶义,故引申之有相亲之义。"(丁福保:《说文解字诂林》,中华书局,1988,第7918页。)康有为:"仁从人二,人相偶,有吸引之意,即爱力也。"(《中庸注》)
② 柴毅龙:《孔子"仁"字本义探源》,《昆明师专学报(哲学社会科学版)》1994年第16卷第2期。廖名春:《"仁"字探源》,载《中国学术史新证》,四川大学出版社,2005,第71页。
③ 丁福保:《说文解字诂林》,中华书局,1988,第7918页。

/ 附 录 三 /

《论语》征引文本及译注

（为方便检索，本附录按正文篇章结构依次列出所征引《论语》文本）

一、仁的内涵

"井有仁焉"（《雍也》）

译：井里掉了一个人在那里。

注："仁"同"人"。

"观过，斯知仁矣。"（《里仁》）

译：仔细考察一个人的过错，就可以知道这是怎样一种人了。

注：此处"仁"字也同"人"。

（一）仁的核心义

樊迟问仁。子曰："爱人。"（《颜渊》）

译:樊迟向孔子问什么是仁。孔子说:"爱人就是仁。"

"孝弟也者,其为仁之本欤。"(《学而》)

译:"孝和悌,应该是仁的本源吧。"

厩焚。子退朝,曰:"伤人乎?"不问马。(《乡党》)

译:孔子退朝回来,发现家里的马棚起火了。孔子问:"伤着人了吗?"不问马的情况。

"子钓而不纲,弋不射宿。"(《述而》)

译:"孔子钓鱼只用独竿,而不忍心用钓钩很多的钓绳;孔子也猎鸟,但他始终不忍心去射那些安栖在巢穴中的鸟类。"

注:①钓:用独竿钓鱼。②纲:提网的总绳。钓鱼的用具中有一类钓钩很多,系于一根总绳,这种钓具钓鱼即是"纲"。③弋:系有绳子的箭,用来射鸟。

叶公语孔子曰:"吾党有直躬者,其父攘羊,而子证之。"孔子曰:"吾党之直者异于是:父为子隐,子为父隐,直在其中矣。"(《子路》)

译:叶公跟孔子说:"我们乡里有个人很正直,他父亲偷了别人的羊,他就把他父亲给告发了。"孔子回答说:"我们乡里所谓的正直和你所谓的正直不太一样,父亲替儿子隐瞒,儿子替父亲隐瞒,正直就蕴藏在其中了。"

注:党:古代地方户籍编制单位,五百家为一党。

"惟仁者能好人,能恶人。"(《里仁》)

译:"只有仁者能合理地喜欢他人,合理地讨厌他人。"

"己欲立而立人，己欲达而达人"（《雍也》）

译："想成就他人就如同自己想成就自己一样，想别人通达就如同自己想自己通达一样。"

"己所不欲，勿施于人。"（《颜渊》）

译："自己所不想要的，就不要轻易施加给别人。"

颜渊死，子曰："噫！天丧予！天丧予！"（《先进》）

译：颜渊死的时候，孔子说："唉！这是老天要我的命呀！这是老天要我的命呀！"

伯牛有疾，子问之，自牖执其手，曰："亡之，命矣夫！斯人也，而有斯疾也！斯人也，而有斯疾也！"（《雍也》）

译：冉伯牛有疾病，孔子去探望他，从窗外抓着他的手说："如果真要死去，这也是命呀？这样的人居然患上了这样的病！这样的人居然患上了这样的病！"

子见齐衰者，冕衣裳者，与瞽者，见之，虽少必作，过之必趋。（《子罕》）

译：孔子遇到服丧的人，做官的人，眼盲的人，即便他们比自己年轻，也一定会站起身来，从他们身旁经过，一定会快步走过。

子食于有丧者之侧，未尝饱也。（《述而》）

译：孔子在服丧的人的旁边吃饭，未曾吃饱过。

子适卫，冉有仆。子曰："庶矣哉！"（《子路》）

译：孔子来到卫国，冉有为他驾车，孔子对他说："人口真多呀！"

子曰："贤哉回也！一箪食，一瓢饮，在陋巷，人不堪其忧，回也不改其乐。贤哉回也！"（《雍也》）

译：孔子说："颜渊可真算是贤德的人！一筐饭，一瓢水，生活在贫穷的巷子里，别人因忍受不了这样的贫困而忧虑，颜渊却不改变他快乐的心境。颜渊可真算是有贤德的人！"

子谓卫公子荆："善居室。始有，曰：'苟合矣。'少有，曰：'苟完矣。'富有，曰：'苟美矣。'"（《子路》）

译：孔子评价卫国的公子荆："这人能善处自己的家业。刚有一点，他就说差不多够了；再多一点，他就说，差不多完备了；再更富足的时候，他就说，已经很完美了。"

"至于犬马，皆能有养；不敬，何以别乎？"（《为政》）

译："人对狗、马等家畜都能有所养；如果（对父母）不能敬，与养家畜有什么区别呢？"

宰予昼寝。子曰："朽木不可雕也，粪土之墙，不可杇也；于予与何诛？"（《公冶长》）

译：宰予在白天睡觉，孔子看到了不太高兴，说："就像一块烂了的木头，怎么雕都雕不好，就像一堵肮脏的土墙，怎么粉饰都粉饰不好。我对这些还有什么好责备的呢？"

注：杇：把新建泥墙的凹凸不平的表面进行铲平，或对粗糙的表面进行

附录 197

磨平处理。

"爱之欲其生,恶之欲其死;既欲其生,又欲其死,是惑也。"(《颜渊》)

译:"喜欢他的时候就希望他生,厌恶他的时候就希望他死。既想他生,又想他死,这就是迷惑。"

"人而不仁,疾之已甚,乱也。"(《泰伯》)

译:"对于那些不太道德的人,如果过分厌恶他们,也是容易生乱的。"

"君子周而不比,小人比而不周。"(《为政》)

译:"君子相互团结而不相互勾结,小人相互勾结而不相互团结。"

原壤夷俟。子曰:"幼而不孙弟,长而无述焉,老而不死,是为贼。"以杖叩其胫。(《宪问》)

译:原壤又开腿坐在地上,孔子说:"小的时候不懂礼节,长大了无所称述教导后辈,虽然年老未死,也只是偷生贼活。"说完又用拐杖敲他的小腿。

(二)仁的延伸义

1.仁作为理想准则的代名词

樊迟问"仁"。子曰:"居处恭,执事敬,与人忠。虽之夷狄,不可弃也。"(《子路》)

译:樊迟问孔子什么是仁。孔子的回答:"平时一个人居处的时候能端庄,工作的时候能严肃认真,待人能尽心,这几样,就是到了夷狄之邦也不能丢弃。"

仲弓问"仁"。子曰:"出门如见大宾,使民如承大祭,己所不欲,勿施于人。在邦无怨,在家无怨。"(《颜渊》)

译:仲弓问孔子什么是仁。孔子说:"平时出门的时候要像马上会遇见贵宾一样,指使百姓的时候就像对着重大的祭祀;自己所不想要的,不要强加给别人;在工作岗位上没有怨气,在家里也没有怨气。"

"恭近于礼,远耻辱也。"(《学而》)

译:"恭敬有礼,就可以远离耻辱。"

"恭则不侮。"(《阳货》)

译:"自己能恭敬,别人就不轻易侮辱自己。"

2.仁作为最高价值的代名词

"好仁者,无以尚之。"(《里仁》)

译:推崇仁道的人,就会把它放到最高的地位。

子曰:"君子去仁,恶乎成名?君子无终食之间违仁,造次必于是,颠沛必于是。"(《里仁》)

译:孔子说:"君子如果抛弃了仁,如何能成就他的声名?君子没有一顿饭的时间可以离开仁,不管是在仓促匆忙的时候,还是在颠沛流离的时候,君子都在追求着仁。"

"求仁而得仁,又何怨?"(《述而》)

译:"以仁为最高追求而成全了仁,又有什么怨恨的呢?"

"苟志于仁矣，无恶也。"（《里仁》）

译："如果心志于仁，对别人也就不存在真正的厌恶了。"

子曰："志士仁人，无求生以害仁，有杀身以成仁。"（《卫灵公》）
译：孔子说："仁人志士，不会贪生怕死而牺牲仁，只会杀生取义而成就仁。"

曾子曰："士不可以不弘毅，任重而道远。仁以为己任，不亦重乎？死而后已，不亦远乎？"（《泰伯》）
译：曾子说："士不可以不弘大而刚毅，因为他肩负重，行路远。以实现仁道作为自己的使命，这不正是肩负重吗？到死才能放下，这不正是行路远吗？"

3.仁作为理想人格的代名词

"泛爱众，而亲仁。"（《学而》）
译："泛爱大众，亲近仁爱之人。"

司马牛问"仁"。子曰："仁者，其言也讱。"（《颜渊》）
译：司马牛问"仁"。孔子说："仁者说话总是很谨慎。"

"若圣与仁，则吾岂敢？"（《述而》）
译："要说圣和仁，我又怎么敢当呢？"

4.仁作为理想境界的代名词

子曰："回也，其心三月不违仁，其余，则日月至焉而已矣。"（《雍也》）

孔子说:"颜渊呀,他的心可以三月不违仁,其他人,只是三天两头偶尔能达到仁罢了。"

二、为仁之方

(一)中庸

子曰:"乡原,德之贼也!"(《阳货》)

译:孔子说:"老好人,是偷德的贼。"

子曰:"不得中行而与之,必也狂狷乎!狂者进取,狷者有所不为。"(《子路》)

译:孔子说:"如果不能行中庸之道,就行狂狷之道吧!狂者进而有所奋发,狷者退而有所不为。"

子贡问曰:"乡人皆好之,何如?"子曰:"未可也。""乡人皆恶之,何如?"子曰:"未可也。不如乡人之善者好之,其不善者恶之。"(《子路》)

译:子贡曾问孔子:"乡里人都喜欢的那种人,为人怎么样呢?"孔子说:"还不行。"子贡又问:"乡里的人都不喜欢的那种人,为人又怎么样呢?"孔子说:"也不行,比不上乡里的好人都喜欢他,乡里的恶人都讨厌他的那种人。"

子曰:"中庸之为德也,其至矣乎!民鲜久矣!"(《雍也》)

译:孔子说:"中庸这种道德,可算是至高的了,可是大家缺失它已

经很久了。"

子贡问:"师与商也孰贤?"子曰:"师也过,商也不及。"曰:"然则师愈与?"子曰:"过犹不及。"(《先进》)

译:子贡问孔子:"子张和子夏这两人谁更优秀一些?"孔子说:"子张呢,做得太过了,子夏呢,做得还不够。"子贡说:"这样的话,岂不是子张更胜一筹吗?"孔子说:"太过和不够都是一样的不好。"

子曰:"《关雎》,乐而不淫,哀而不伤。"(《八佾》)

译:孔子说:"《关雎》这首诗,快乐而不放荡,悲哀而不痛苦。"

子曰:"质胜文则野,文胜质则史。文质彬彬,然后君子。"(《雍也》)

译:孔子说:"朴实太过就显得粗野,文采太过就显得虚浮。朴实和文采相兼,这就像个君子了。"

子曰:"君子惠而不费,劳而不怨,欲而不贪,泰而不骄,威而不猛。"(《尧曰》)

译:孔子说:"君子给人好处,自己却不见减损;劳动百姓,却不会使百姓怨恨;有一定的欲望,但不至于贪婪;安泰矜持,却不能骄傲;保持威严,却不能凶猛。"

仲弓曰:"居敬而行简,以临其民,不亦可乎?居简而行简,无乃大简乎!"子曰:"雍之言然。"(《雍也》)

译:仲弓说:"心存严肃认真,以简单之道治理百姓,不是可以吗?心存

简单，行又简单，岂不太过于简了吗？"孔子说："仲弓说得是。"

子夏曰："虽小道，必有可观者焉，致远恐泥，是以君子不为也。"（《子张》）

译：子夏说："即便是小道，也一定有它的可观之处，但是小道钻研得精深了，就容易偏颇拘泥，所以君子不做钻研小道这种事情。"

子游曰："事君数，斯辱矣。朋友数，斯疏矣。"

译：子游说："对待君主太过烦琐，就容易招致侮辱，对待朋友太过烦琐，就容易招致疏远。"（《里仁》）

"唯酒无量，不及乱。"（《乡党》）

译："喝酒这事情，没有量的限制，只是不要喝醉就行了。"

(二)忠恕

言忠信，行笃敬（《卫灵公》）

译：言语忠诚有信，行为笃实肃敬。

子张问政。子曰："居之无倦，行之以忠"（《颜渊》）

译：子张向孔子问政治。孔子说："在位不要倦怠，执行政令要有始终。"

"居处恭，执事敬，与人忠。"（《子路》）

译：见"仁的延伸义"部分。

子曰:"我未见好仁者,恶不仁者。好仁者,无以尚之;恶不仁者,其为仁矣,不使不仁者加乎其身。"(《里仁》)

译:孔子说:"我没有见到真正算得上喜好仁和憎恶不仁的人;如果一个人能喜好仁,他自会觉得世上没有什么能胜过仁;如果一个人能憎恶不仁,那人也算得上是仁人了,因为他将不让那些不仁的东西加在自己身上。"

冉求曰:"非不说子之道,力不足也。"子曰:"力不足者,中道而废,今女画。"(《雍也》)

译:冉求说:"不是不喜欢夫子的道理,只是我践行起来力有所不及。"孔子说:"所谓力有所不及,就是在中途放弃了,现在你就给自己划出了放弃的界限了。"

"有能一日用其力于仁矣乎?我未见力不足者!"(《里仁》)

译:"有真正愿意花一天的工夫用到仁上的吗?我从来没见过力不足的。"

子贡曰:"如有博施于民,而能济众,何如?可谓仁乎?"子曰:"何事于仁,必也圣乎?尧舜其犹病诸!夫仁者,己欲立而立人,己欲达而达人。能近取譬,可谓仁之方也已。"(《雍也》)

译:子贡问孔子:"如果有一个人能广泛地施舍民众,又能帮助他们把生活过好,这人可以算得上仁吗?"孔子说:"这哪里是仁的事情,这是圣的事情了,尧舜恐怕都还难以做到啊;想成就自己,便同时也想成就他人,自己想通达,便也帮助别人通达;能把眼下的事情做好,就是在为仁了。"

譬如为山,未成一篑,止,吾止也!譬如平地,虽覆一篑,进,吾往也!《子罕》)

译：孔子说："就像堆土成山，在还差一筐就要完成的时候，如果停止了，就是自己停止了；在平地刚要开始的时候，即便只堆上一筐，如果努力向前，那也是自己在向前。"

子曰："仁远乎哉？我欲仁，斯仁至矣！"（《述而》）

译：孔子说："仁道很远吗？我一想仁，我就已经到了仁道上了！"

"为仁由己"（《颜渊》）

译："为仁是由自己决定的事情。"

子曰："参乎！吾道一以贯之。"曾子曰："唯。"子出，门人问曰："何谓也？"曾子曰："夫子之道，忠恕而已矣！"（《里仁》）

译：孔子说："曾参，我所讲的道理有一个一以贯之的东西。"曾子说："是。"孔子走后，门人问曾子："孔夫子说的指的是什么呢？"曾子说："孔夫子的道理，'忠恕'而已。"

子贡问曰："有一言而可以终生行之者乎？"子曰："其恕乎！己所不欲，勿施于人。"（《卫灵公》）

译：子贡问孔子："是否有一个可以终生奉行的道理？"孔子说："那就是恕，恕就是自己不想要的，不要施加给别人。"

(三) 克己复礼

颜渊问仁。子曰："克己复礼为仁。一日克己复礼，天下归仁焉。为仁由己，而由人乎哉？"颜渊曰："请问其目。"子曰："非礼勿视，非

礼勿听,非礼勿言,非礼勿动。"颜渊曰:"回虽不敏,请事斯语矣。"(《颜渊》)

译:颜渊向孔子问仁。孔子说:"克己复礼就是仁。一天能克己复礼,天下就复归于仁了。为仁决定于自己,哪里是决定于别人的呢?"颜渊说:"请问老师,克己复礼又有哪些细目呢?"孔子说:"不合于礼的不看,不合于礼的不听,不合于礼的不说,不合于礼的不做。"颜渊说:"我虽然不聪明,但愿意依着您说的去做。"

三、仁的根本性

(一)仁与道的关系

子曰:"天何言哉?四时行焉,百物生焉,天何言哉?"(《阳货》)

译:孔子说:"天又说了些什么呢,然而四季照样运转有序,百物照样生长不停,天又说了些什么呢?"

子不语怪、力、乱、神(《述而》)

译:孔子不喜欢谈怪异、强力、悖乱、神道之类的事情。

子贡曰:"夫子之文章,可得而闻也;夫子之言性与天道,不可得而闻也。"(《公冶长》)

译:子贡说:"可以听到老师讲诗书礼乐等文章,但很难听到老师讲性和天道。"

子曰:"人能弘道,非道弘人。"(《卫灵公》)

译：孔子说："人能弘大道，并非道能弘大人。"

"道之以德，齐之以礼。"（《为政》）

译："以道德来引导，以礼法来治理。"

子曰："以不教民战，是谓弃之"（《子路》）

译：孔子说："让未经训练的人民上战场，就是（间接地）抛弃他们。"

"不教而杀谓之虐。"（《尧曰》）

译："不曾教导就施以杀戮，可谓之暴虐。"

"子为政，焉用杀。"（《颜渊》）

译："您从事政治，何必要杀戮？"

"善人为邦百年，亦可以胜残去杀矣。"（《子路》）

译："由善人来治理国政持续一百年，就可以克服残暴，免去杀伐了。"

"节用而爱人，使民以时。"（《学而》）

译："要节约费用爱惜人力，又有时节地役使百姓。"

"赦小过。"（《子路》）

译："要善于宽赦小过失。"

"臣事君以忠。"（《八佾》）

译："臣下对君上应当做到忠。"

"事君，能致其身。"(《学而》)

译："侍奉君上，能豁出自己的性命。"

"事君尽礼。"(《八佾》)

译："侍奉君上能尽到礼。"

"事上也敬。"(《公冶长》)

译："侍奉君上能肃敬。"

"勿欺也，而犯之。"《宪问》)

译："不应当欺瞒，而应当犯颜相谏。"

"所谓大臣者，以道事君，不可则止。"(《先进》)

译："对于大臣来说，应当以道侍奉君主，当不再能依道侍奉的时候，就应当离开他。"

"邦有道，则仕；邦无道，则可卷而怀之。"(《卫灵公》)

译："国家政治清明，就出来做官；政治黑暗，就把自己的本领隐藏起来。"

"生，事之以礼；死，葬之以礼，祭之以礼。"(《为政》)

译："父母健在，就以礼侍奉；父母死了，就依礼埋葬，依礼祭祀。"

"有事，弟子服其劳；有酒食，先生馔。"(《为政》)

译："父母的事情，就帮他们操劳；有吃的喝的，就先让给长辈。"

"事父母,能竭其力。"(《学而》)

译:"侍奉父母能做到竭尽全力。"

"又敬不违,劳而不怨。"(《里仁》)

译:"尊敬而不忤逆,忧劳而不怨恨。"

子曰:"自行束脩以上,吾未尝无诲焉。"(《述而》)

译:孔子说:"只要带点拜师礼前来求学的,我从没有不教诲的。"

互乡难与言。童子见,门人惑。子曰:"与其进也,不与其退也。唯何甚?人洁己以进,与其洁也,不保其往也!"(《述而》)

译:互乡这个地方的人不太好打交道,孔子接见了一个从这个地方来的童子,门人为此感到困惑。孔子说:"我认可的是他的上进,不认可他的后退。这有什么不妥的呢?人怀着自洁之心来求上进,我只认可他现在的自洁的上进,并不对他的过去耿耿于怀。"

"人不知而不愠。"(《学而》)

译:"面对别人的不知,自己不烦怨。"

"循循然善诱人。"(《子罕》)

译:"有步骤地引导人。"

注:循循然:有顺序的样子。

"诲人不倦。"(《述而》)

译:"教诲别人不觉倦烦。"

"友其士之仁者"（《卫灵公》）

译："选择读书人里面有仁德的做朋友。"

"择不处仁，焉得知？"（《里仁》）

译："不选择有仁德之风的地方居住，又怎么算得上有智慧呢？"

曾子曰："君子以文会友，以友辅仁。"（《颜渊》）

译：曾子说："君子以文章学问为媒介来交朋友，又借助朋友来辅助仁德的培养。"

子曰："益者三友，损者三友。友直，友谅，友多闻，益矣；友便辟，友善柔，友便佞，损矣。"（《季氏》）

译：孔子说："有三种有益的朋友，有三种有害的朋友：与正直的人交友，与诚信的人交友，与见多识广的人交朋友，这是有益的；与谄媚的人交朋友，与软媚的人交朋友，与油嘴滑舌的人交朋友，这是有害的。"

"敬而无失，与人恭而有礼，四海之内，皆兄弟也。"（《颜渊》）

译："君子在处事上肃敬认真，不出过失，与人交往恭敬有礼，天下四方的人都是可以是自己的兄弟。"

切切偲偲（《子路》）

译：互相切责、责难的样子。

"忠告而善道之，不可则止。"（《颜渊》）

译："真诚地告诫并合理地引导，仍不起作用就可以停止和他交往了。"

"匿怨而友其人"(《公冶长》)

译:"心里对人藏着怨恨,又和他做朋友"。

"博学而笃志,切问而近思,仁在其中矣。"(《子张》)

译:"学习广博,志向坚定,切实地发问,踏实地思考,仁德就体现在其中了。"

修己以敬。(《宪问》)

译:修养自己使自己肃敬认真起来。

行己也恭。(《公冶长》)

译:自己的操行谦恭。

退而省其私。(《为政》)

译:回去以后能反省自己的言行。

日三省吾身。(《学而》)

译:每天多次反省自己。

(二)仁与德的关系

1.孝者仁之始

"君子务本,本立而道生;孝弟也者,其为仁之本欤?"(《学而》)

译:"君子要做好开端,开端做好了,大道也就随之展开了;孝和悌这两者,不正是仁道的开端吗?"

注：此处"本"不当作根本解，仁为孝悌之根本，非孝悌为仁之根本，本当作"本源""开端"解。详辨见正文。

子夏问孝。子曰："色难。有事，弟子服其劳；有酒食，先生馔，曾是以为孝乎？"（《为政》）

译：子夏向孔子问孝。孔子说："不给父母好脸色看，即便父母有事情能帮他们操劳，有吃有喝能以他们优先，你认为这算得上孝吗？"

子游问孝。子曰："今之孝者，是谓能养。至于犬马，皆能有养；不敬，何以别乎？"（《为政》）

译：子游向孔子问孝。孔子说："现在所谓孝，只是指能够对父母有所养。人对狗和马也都能有所养，对父母不能敬，和对待狗、马有什么差别呢？"

孟懿子问孝。子曰："无违。"樊迟御，子告之曰："孟孙问孝于我，我对曰：'无违'。"樊迟曰："何谓也？"子曰："生，事之以礼；死，葬之以礼，祭之以礼。"（《为政》）

译：孟懿子向孔子问孝。孔子说："不违背父母。"樊迟为孔子驾车，孔子告诉他说："孟懿子向我问孝，我告诉他：'不违背父母'。"樊迟问："指的是什么呢？"孔子说："父母健在，就以礼侍奉他们；父母死了，就以礼埋葬，以礼祭奠。"

2.礼者仁之常

子曰："人而不仁，如礼何？人而不仁，如乐何？"（《八佾》）
译：孔子说："人没有仁德，礼又有什么意义呢？人没有仁德，乐又有什么意义呢?"

子曰:"礼云礼云,玉帛云乎哉?乐云乐云!钟鼓云乎哉?"(《阳货》)

译:孔子说:"礼呀!礼呀!岂仅仅是指玉帛这些礼物之类吗?乐呀!乐呀!岂仅仅是指钟鼓这些乐器之类吗?"

知及之,仁能守之,庄以莅之。动之不以礼,未善也。(《卫灵公》)

译:依靠智慧获得了,依靠仁德守住了,依靠严肃能治理了,如果不能以礼来动员他们,这还是不够完善。

"知和而和,不以礼节之,亦不可行也。"(《学而》)

译:"知道要和,便一味追求和,而不顾依礼来节制,也是不行的。"

子曰:"暴虎冯河,死而无悔者,吾不与也。必也临事而惧,好谋而成者也。"(《述而》)

译:孔子说:"徒手和老虎搏斗,不借助船只去渡河,死而不悔,这样的人我不认可。我所认可的,是那些面对事情有所谨惧,善于用智慧做好事情的人。"

注:冯,即凭,凭借,借助的意思。凭,繁体为憑,简省"心"部,即为馮(冯)。

(三)仁与智的关系

"知者利仁。"(《里仁》)

附录 213

译："有智慧的人善于借助于仁道。"

"民可使由之,不可使知之。"(《泰伯》)
译："百姓宜让他们遵行指导去做,不宜让他们尽知指导的用意所在。"

"告诸往而知来者。"(《学而》)
译："告诉他过去的事情,他便能推知未发生的事情。"

子曰:"道之将行也与,命也;道之将废也与,命也。公伯寮其如命何?"(《宪问》)
孔子说:"大道将要昌行,这是命呀;大道将要废弃,这也是命呀。公伯寮能改变命吗?"

知为君之难。(《子路》)
译:知道做君主的难处。

子曰:"岁寒,然后知松柏之后凋也。"(《子罕》)
译:孔子说:"天气变冷的时候,才意识到松柏是最后凋零的。"

子曰:"知之者不如好之者,好之者不如乐之者。"(《雍也》)
译:孔子说:"知道它,不如喜欢它;喜欢它,不如以之为乐。"

"孰谓鄹人之子知礼乎?"(《八佾》)
译:"谁说叔梁纥的儿子懂礼呢?"
注:鄹,地名,孔子的父亲曾在鄹这个地方做过大夫,古人常将某地大夫

称为某人,故以"鄹人"称孔子父亲叔梁纥。

"人而无信,不知其可也。"(《为政》)

译:"一个人如果不讲信用,真不知这人还有什么可取之处。"

子张问曰:"令尹子文三仕为令尹,无喜色;三已之,无愠色。旧令尹之政,必以告新令尹。何如?"子曰:"忠矣。"曰:"仁矣乎?"曰:"未知,焉得仁?""崔子弑齐君,陈文子有马十乘,弃而违之;至于他邦,则曰:'犹吾大夫崔子也。'违之;之一邦,则又曰:'犹吾大夫崔子也。'违之。何如?"子曰:"清矣。"曰:"仁矣乎?"曰:"未知,焉得仁?"(《公冶长》)

译:子张问:"令尹子文三次做上了官,而没有喜色,三次被罢了官,也没有忧色,只把自己的旧政尽职地交给接替他的人。这人如何呢?"孔子说:"可以算忠。"子张又问:"算不算仁?"孔子说:"还不能了解,哪里可以称之为仁呢?""齐国崔杼弑杀了君主,陈文子有四十匹马,全部丢弃,离开齐国,去了别的国家。(看到这里的执政者腐败)就说:'和我们的崔杼差不多',于是又离开了这个国家;再到了另一个国家,又说:'和我们的崔杼差不多'于是又离开了这个国家。这人又如何?"孔子说:"可以称得上清。"子张又问:"算不算仁?"孔子说:"还不能了解,哪里可以称之为仁呢?"

子曰:"知者乐水,仁者乐山。知者动,仁者静。知者乐,仁者寿"(《雍也》)

译:孔子说:"智者喜欢水,仁者喜欢山。智者偏于动,仁者偏于静。智者快乐,仁者长寿。"

仁者安仁，知者利仁。（《里仁》）

译：仁者安于仁（以仁为目的），智者利用仁（以仁为手段）。

知者不惑，仁者不忧。（《子罕》）

译：有智慧的人不易困惑，有仁德的人不易忧虑。

好仁不好学，其蔽也愚。（《阳货》）

译：喜欢仁而不喜欢学习，这种人的弊端是容易愚昧。

择不处仁，焉得知？（《里仁》）

译：见"仁与道的关系"部分。

知及之，仁不能守之，虽得之，必失之。（《卫灵公》）

译：依靠智慧获得了它，如果不能依靠仁德守住它，那么即便已经获得，也最终会失去。

下学而上达。（《宪问》）

译：通过具体的知识的学习通达普遍的道理。

子曰："臧武仲以防求为后于鲁，虽曰不要君，吾不信也。"（《宪问》）

译：臧武仲凭借防这一封邑请求鲁国封其子弟为卿大夫，虽然有人说他不是要挟君主，但我是不相信的。

注：①防：臧武仲的封邑，离齐国边境很近。②要：要挟。

子曰:"晋文公谲而不正,齐桓公正而不谲。"(《宪问》)

译:孔子说:"晋文公多谋而不正派,齐桓公正派而不多谋。"

注:谲:诡诈多谋。

好知不好学,其蔽也荡。(《阳货》)

译:推崇智慧而不推崇学问修养的人,容易生放荡的弊病。

宰我问曰:"仁者虽告之曰:'井有仁焉。'其从之也?"子曰:"何为其然也?君子可逝也,不可陷也。可欺也,不可罔也。"(《雍也》)

译:宰我问:"别人告诉一位仁者,井里有人,那么,这个仁人会跳下井去(救人)吗?"孔子说:"怎么会呢?可以诱骗这个仁者过去看看,却不能诱骗陷害他跳井,仁人也会被骗,但面对别人的欺骗不会一直糊涂。"

子曰:"不逆诈,不亿不信,抑亦先觉者,是贤乎!"(《宪问》)

译:孔子说:"不先揣度他人为欺诈,不先臆测他人为不信。(他人真要是欺诈不信,)但又能够先察觉出,这就是贤能吧!"

注:①逆:方向相反,迎的意思,事未至而迎之,即为预测、揣度。逆诈,他人未必以诈待我,我先揣度其为诈,是为逆诈;②亿:即臆,臆测,含义与"逆"相似。亿不信:他人未必以不信待我,我先揣度其为不信,是为亿不信。

就有道。(《学而》)

译:跟随有道德的人。

直道而行。(《卫灵公》)

译:遵行着大道而行。

附 录 217

子曰:"道不同,不相为谋。"(《卫灵公》)

译:孔子说:"奉行的最高准则不同,就不必共事了。"

好从事而亟失时。(《阳货》)

译:想做一番事业,却又经常失去时机。

危邦不入,乱邦不居。(《泰伯》)

译:不进入临危的国家,不居处祸乱的国家。

里仁为美。(《里仁》)

译:以居处仁德为美。

事其大夫之贤者,友其士之仁者。(《卫灵公》)

译:选择与做官的人里面的贤者共事,与读书人里面的仁者为友。

言中伦,行中虑。(《微子》)

译:言语合乎礼法,行为合乎熟虑。

好谋而成者也。(《述而》)

译:善于运用智虑和谋略来成事的人。

子路问成人。子曰:"若臧武仲之知,公绰之不欲,卞庄子之勇,冉求之艺,文之以礼乐,亦可以为成人矣!"曰:"今之成人者,何必然?见利思义,见危授命,久要不忘平生之言,亦可以为成人矣!"(《宪问》)

译:子路问孔子,什么样的人才算得上人格完备的人。孔子说:"有臧

武仲那样的智慧,能像孟公绰那样寡欲,有卞庄子那样的勇,能像冉求一样多艺,再增加上礼乐修养,差不多就算得上人格完备的人了。"孔子又补充说:"在现今这样的时代,又谈不上这些了!谋利的时候能顾及义,遇到危险的时候能忘却生命,久处贫困却能不忘记平生的诺言,这样也可以算得上人格完备的人了。"

无终食之间违仁,造次必于是,颠沛必于是。(《里仁》)

译:没有一顿饭的时间可以离开仁,不管是在仓促匆忙的时候,还是在颠沛流离的时候,君子都在追求着仁。

子曰:"骥不称其力,称其德也。"(《宪问》)

译:孔子说:"称良马为'骥',不是称许它的力量,而是称许它的德行。"

子曰:"直哉史鱼!邦有道,如矢;邦无道,如矢。君子哉蘧伯玉!邦有道,则仕;邦无道,则可卷而怀之。"(《卫灵公》)

译:孔子说:"史鱼可真是正直啊!政治清明的时候,他像箭一样直道而行,政治黑暗的时候,他也像箭一样直道而行;蘧伯玉可真是君子啊!政治清明的时候,就出来做官,政治黑暗的时候,就把自己的才能隐藏起来。"

四、仁作为美和善的统一体

(一)美善之辨

巧笑倩兮,美目盼兮,素以为绚兮。(《八佾》)

译:嘴巴笑起来是那么地好看呀,眼睛转起来是那么地动人呀,素粉来给

她做装饰呀。

如有周公之才之美。(《泰伯》)

译:如果有周公的才华之美。

尊五美,屏四恶。(《尧曰》)

译:尊奉五美,摒除四恶。

君子成人之美,不成人之恶。(《颜渊》)

译:君子成全人的好事,不成全人的坏事。

子谓卫公子荆:"善居室。始有,曰:'苟合矣。'少有,曰:'苟完矣。'富有,曰:'苟美矣。'"(《子路》)

译:见"仁的核心义"部分。

"有美玉于斯,韫椟而藏诸?求善贾而沽诸?"(《子罕》)

译:"有美玉在这,是放到盒子里藏着呢,还是该找个识货的把它卖了呢?"

见善如不及,见不善如探汤。(《季氏》)

译:看到别人的善行就追赶,生怕赶不上;看见别人的恶行就避开,好像伸手到沸水里一样。

举善而教不能,则劝。(《为政》)

译:提拔有道德的人,教育能力弱的人,这样大家就会相互勉励了。

忠告而善道之。(《颜渊》)

译：见"仁与道的关系"部分。

工欲善其事，必先利其器。(《卫灵公》)

译：工匠想要做好他的事情，首先须得完善他的器具。

羿善射，奡荡舟。(《宪问》)

译：后羿擅长射箭，奡擅长水战。

注：荡：毁坏、破坏，如倾家荡产。

乐道人之善。(《季氏》)

译：喜欢称道别人的长处。

子谓《韶》："尽美矣，又尽善也。"谓《武》："尽美矣，未尽善也。"(《八佾》)

译：孔子这样评价《韶》："美极了，又善极了。"这样评价《武》："美极了，却不够善。"

（二）里仁为美

子曰："不有祝鲍之佞，而有宋朝之美，难乎免于今之世矣。"(《雍也》)

译：孔子说："如果没有祝鲍的口才，只有宋朝的美貌，一定很难以在当今这个世道免祸。"

恶衣恶食。(《里仁》)

译：粗陋的衣着和饮食。

食无求饱，居无求安。(《学而》)

译：饮食不追求饱足，居住不追求安逸。

孔子曰："君子有三戒：少之时，血气未定，戒之在色；及其壮也，血气方刚，戒之在斗；及其老也，血气既衰，戒之在得。"(《季氏》)

译：孔子说："君子有三个方面的警惕：年少的时候，血气未定，要警惕不迷恋于女色；壮年的时候，血气旺盛，要警惕不要争强斗胜；老年的时候，血气开始衰颓，要警惕不要贪得无厌。"

子曰："吾未见好德如好色者也。"(《子罕》)

译：孔子说："我没有见过喜爱仁德超出于喜爱美色的人。"

子曰："禹，吾无间然矣！菲饮食，而致孝乎鬼神；恶衣服，而致美乎黻冕；卑宫室，而尽力乎沟洫。禹，吾无间然矣！"(《泰伯》)

译：孔子说："对于禹，我没有什么好说的！自己吃得很粗淡，却把祭祀办得很丰盛；自己穿着很简朴，却把祭服做得很华美；自己住的宫室很低矮，却尽量把财力用于建筑沟渠。对于禹，我没有什么好说的！"

子曰："臧文仲，居蔡，山节藻棁。何如其知也。"(《公冶长》)

译：孔子说："臧文仲，（建造大庙以）安放占卜用的大龟，斗拱雕刻得像山一样，梁柱画满了华丽的藻草，又怎么称得上有智慧呢？"

注：蔡，一种占卜用的龟的名字。

子谓卫公子荆:"'善居室。始有,曰:'苟合矣。'少有,曰:'苟完矣。'富有,曰:'苟美矣。'"(《子路》)

译:见"仁的核心义"部分。

"里仁为美,择不处仁,焉得知?"(《里仁》)

译:"居处仁道就是美,不选择仁道处世,又怎么称得上有智慧呢?"

子曰:"如有周公之才之美,使骄且吝,其余不足观也已!"(《泰伯》)

译:孔子说:"如果有周公的才华之美,只要骄傲吝啬,别的就不值一提了。"

"人而不仁,如礼何?人而不仁,如乐何?"(《八佾》)

译:见"仁与德的关系"部分。

"兴于诗,立于礼,成于乐。"(《泰伯》)

译:"兴起于诗歌,立身于礼节,成人于快乐。"

五、仁人作为仁之美的载体

(一)何谓仁人

(宪问)"克、伐、怨、欲,不行焉,可以为仁矣?"子曰:"可以为难矣,仁则吾不知也。"(《宪问》)

译:(原宪问孔子):"好胜、自矜、怨恨、贪欲这些毛病都能避免,可以算得上仁了吗?"孔子说:"这已经很难能可贵了,但大概还不能算是仁。"

附 录 223

色取仁而行违。(《颜渊》)

译：表面看上去是在求仁，实际行为却违背仁。

子贡问君子。子曰："先行其言，而后从之。"(《为政》)

译：子贡问怎样才算君子。孔子说："先做好了想说的，然后再把它说出来。"

仁者，其言也讱。(《颜渊》)

译：见"仁的延伸义"部分。

君子耻其言而过其行。(《宪问》)

译：君子以说的比做的多为耻。

"居是邦也，事其大夫之贤者，友其士之仁者。"(《卫灵公》)

译：居处于一个国家，要选择与做官的人里面的贤者共事，与读书人里面的仁者为友。

志士仁人，无求生以害仁，有杀身以成仁。(《卫灵公》)

译：见"仁的延伸义"部分。

微子去之，箕子为之奴，比干谏而死。孔子曰："殷有三仁焉。"(《微子》)

译：微子选择了离开，箕子选择了充当奴隶，比干选择了进谏而死。孔子说："殷朝有三个仁人。"

子路曰:"桓公杀公子纠,召忽死之,管仲不死。曰未仁乎?"子曰:"桓公九合诸侯,不以兵车,管仲之力也。如其仁!如其仁!"(《宪问》)

译:子路问:"齐桓公杀了公子纠,召忽殉之而死了,而管仲却没有死,管仲还算不上仁吧?"孔子说:"齐桓公多次主持诸侯会盟,制止了许多战争,这都是管仲的功劳呀,这就是他的仁!这就是他的仁!"

子贡曰:"管仲非仁者与?桓公杀公子纠,不能死,又相之。"子曰:"管仲相桓公,霸诸侯,一匡天下,民到于今受其赐;微管仲,吾其披发左衽矣!岂若匹夫匹妇之为谅也,自经于沟渎,而莫之知也!"(《宪问》)

译:子贡问:"管仲不是仁者吧?齐桓公杀了公子纠,管仲非但不能殉公子纠而死,还要去辅佐齐桓公。"孔子说:"管仲辅佐齐桓公,齐桓公称霸诸侯,使天下得到匡正,老百姓到现在还受着他的恩惠,如果不是管仲,我们现在恐怕会像蛮夷一样,披头散发,左掩衣襟。难道非得像普通百姓一样守着小节,在山沟里自杀,死了都没人知道吗?"

子曰:"管仲之器小哉!"或曰:"管仲俭乎?"曰:"管氏有三归,官事不摄,焉得俭?""然则管仲知礼乎?"曰"邦君树塞门,管氏亦树塞门。邦君为两君之好,有反坫,管氏亦有反坫。管氏而知礼,孰不知礼?"(《八佾》)

译:孔子说:"管仲的器量真是狭小啊!"有人问:"不是因为管仲节俭的缘故吗?"孔子说:"管仲有三处收入,他手下的官差也从不兼职,哪里算得上节俭呢?""那么管仲算得上知礼吗?"孔子说:"国君门前设置了屏风,管仲也照设。国君为了两国的交好,在堂上有放置酒杯的设备,管仲也照设。管仲都算得上知礼的话,那还有谁不知礼呢?"

(二)仁人的人格美特征:文质彬彬

子曰:"质胜文则野,文胜质则史。文质彬彬,然后君子。"(《雍也》)

译:见"中庸"部分。

吾犹及史之阙文。(《卫灵公》)

译:我还可以看到史书阙疑的地方。

行有余力,则以学文。(《学而》)

译:做起来还有余力,就可以从事学问。

君子以文会友。(《颜渊》)

译:见"仁与道的关系"部分。

子曰:"周监于二代,郁郁乎文哉!吾从周。"(《八佾》)

译:孔子说:"周朝借鉴于夏商两朝(又有所完善),其礼乐制度真是盛大呀!我崇尚周朝。"

注:郁郁:茂密的样子。

夫子之文章,可得而闻。(《公冶长》)

译:见"仁与道的关系"部分。

孔文子,何以谓之文也?(《公冶长》)

译:孔文子这个人,为什么被称为"文"呢?

小人之过也必文。(《子张》)

译:小人对他的过错一定会进行狡辩。

君子质而已矣,何以文为?(《颜渊》)

译:君子能质朴就可以了,为什么还要文采呢?

质直而好义。(《颜渊》)

译:性情直率而又爱好仁义。

子曰:"大哉,尧之为君也!巍巍乎,唯天为大,唯尧则之!荡荡乎,民无能名焉!巍巍乎,其有成功也!焕乎其有文章!"(《泰伯》)

译:孔子说:"尧做君主真是伟大呀!他真是高大呀,天最高大,只有尧可以效法天!他真是广大呀,老百姓都无法形容他!高大呀,他的功绩!光明呀,他的制度!"

子曰:"为命,裨谌草创之,世叔讨论之,行人子羽修饰之,东里子产润色之。"(《宪问》)

译:孔子说:"外交辞令的拟定,由裨谌起草,世叔提意见,行人子羽修饰,东里子产润色。"

子曰:"刚毅木讷,近仁。"(《子路》)

译:孔子说:"刚强、坚毅、质朴、讷言,这四种品质偏近于仁。"

子欲居九夷。或曰:"陋,如之何?"子曰:"君子居之,何陋之有?"(《子罕》)

译：孔子想到东方蛮夷居住的地方去。有人说："那里很粗陋，怎么好去那里呢？"孔子说："有君子住到那里去了，又怎么会粗陋呢？"

子张问："士何如斯可谓之'达'矣？"子曰："何哉，尔所谓'达'者？"子张对曰："在邦必闻，在家必闻。"子曰："是'闻'也，非'达'也。夫'达'也者，质直而好义，察言而观色，虑以下人，在邦必达，在家必达。夫'闻'也者：色取仁而行违，居之不疑。在邦必闻，在家必闻。"（《颜渊》）

译：子张问："读书人怎样才算是'达'？"孔子说："你所谓的'达'是指什么呢？"子张回答："在朝廷里有一定的名望，在家族里有一定的名望。"孔子说："你所说的不是'达'，而是'闻'。所谓的'达'，应该是品性正直爱好仁义，又善于察人言语，观人容色，常常想着居处人下，在朝廷里能够通达，在家族里也能通达。而所谓的'闻'呢，外表看上去追求仁德，而实际行为上却背离仁德，而且心安理得地以仁人自居，这样的人，在朝廷可以猎得名望，在家族里也可以猎得名望。"

君子名之必可言也，言之必可行也。君子于其言，无所苟而已矣。（《子路》）

译：君子立了名义就一定可以说出口，说出口就一定可以做得到。君子对于自己的言语，没有什么苟且的。

子曰："君子欲讷于言而敏于行。"（《里仁》）

译：孔子说："君子希望说话迟钝些，行动敏捷些。"

"夫人不言，言必有中。"（《先进》）

译:"这个人不太说话,一说话就能说到点子上。"

辞,达而已矣。(《卫灵公》)
译:言辞,只要达意就可以了。

大哉问!礼,与其奢也,宁俭。(《八佾》)
译:问得真好啊!礼,与其奢侈,不如节俭。

奢则不孙,俭则固;与其不孙也,宁固。(《述而》)
译:奢侈了就不知逊让,节俭了就显得固陋;与其不知逊让,不如显得固陋。

麻冕,礼也;今也纯,俭,吾从众。(《子罕》)
译:礼帽用麻布来做,这是符合礼的;现在大家都用丝料,这样节俭些,我赞同大家的做法。

志于道,据于德,依于仁,游于艺。(《述而》)
译:以道为志向,以德为根据,依傍于仁,游走于艺。

子曰:"诵《诗》三百,授之以政,不达;使于四方,不能专对。虽多,亦奚以为?"(《子路》)
译:孔子说:"能背诵《诗经》三百篇,交给他政治任务,却办不通;让他出使到周边国家,又不能独立应对。即便背诗背得再多,又有什么意义呢?"
注:专对:使节出使他邦,"受命不受辞",言辞的对答随机应变,独立

附录

行事，这就叫作"专对"。

巧言令色，鲜矣仁！（《学而》）

译：花言巧语，面容谄悦，这种人很少有仁德。

君子耻其言而过其行。（《宪问》）

译：见"何谓仁人"部分。

子路问成人。子曰："若臧武仲之知，公绰之不欲，卞庄子之勇，冉求之艺，文之以礼乐，亦可以为成人矣！"（《宪问》）

译：见"仁与智的关系"部分。

子曰："君子义以为质，礼以行之，孙以出之，信以成之。君子哉！"（《卫灵公》）

译：孔子说："君子应当以义作为他的原则，以合乎礼节的行为来表现，以谦逊的言语来表达，以诚信的操守来完成。这才是君子啊！"

棘子成曰："君子质而已矣，何以文为？"子贡曰："惜乎，夫子之说君子也，驷不及舌！文犹质也，质犹文也；虎豹之鞟，犹犬羊之鞟。"（《颜渊》）

译：棘子成说："君子能质朴就行了，何必还要文采呢？"子贡说："先生谈论君子，当谨慎才对，一言既出驷马难追！文采也如同质朴，质朴也如同文采；拔掉了毛的虎皮和豹皮，与拔掉了毛的狗皮和羊皮是看不出什么区别的。"

注：驷：指驾一车之四马。

(三)仁人之质美

1.刚毅木讷

子曰:"刚毅木讷,近仁。"(《子路》)

译:见"仁人的人格美特征:文质彬彬"部分。

好刚不好学,其蔽也狂。(《阳货》)

译:推崇刚强而不喜欢学习,容易犯狂妄的毛病。

子曰:"吾未见刚者。"或对曰:"申枨。"子曰:"枨也欲!焉得刚?"(《公冶长》)

译:孔子说:"我没有见过刚强的人。"有人反驳道:"申枨就是刚强的人。"孔子说:"申枨欲望较多,怎么可能真正刚强呢?"

子温而厉,威而不猛,恭而安。(《述而》)

译:孔夫子温厚而又严厉,有威严而又不凶猛,庄严而又安详。

司马牛问"仁"。子曰:"仁者,其言也讱。"曰:"其言也讱,斯谓之'仁'已乎?"子曰:"为之难,言之得无讱乎!"(《颜渊》)

译:司马牛问孔子什么是仁。孔子说:"仁者说话迟钝。"司马牛说:"说话迟钝,这就算得上仁了吗?"孔子说:"做起来艰难的事情,说起来能不迟钝吗?"

子曰:"古者言之不出,耻躬之不逮也"(《里仁》)

译:孔子说:"古代的人不轻易发言,因为他们怕自己的行为跟不上。"

言必信,行必果。(《子路》)

译:言语一定要讲究信用,行为一定要讲究果断。

巧言令色,鲜矣仁。(《学而》)

译:见"仁人的人格美特征:文质彬彬"部分。

子曰:"巧言、令色、足恭;左丘明耻之,丘亦耻之。匿怨而友其人,左丘明耻之,丘亦耻之。"(《公冶长》)

译:孔子说:"花言巧语,面容谄悦,十足的恭顺,左丘明引以为耻,我孔丘也引以为耻。心里藏着对他人的怨恨,表面上却又和他做朋友,左丘明引以为耻,我也引以为耻。"

或曰:"雍也,仁而不佞。"子曰:"焉用佞?御人以口给,屡憎于人。不知其仁;焉用佞?"(《公冶长》)

译:有人说:"冉雍有仁德但没有口才。"孔子说:"要口才有什么用?用口才来和别人辩驳,往往惹人讨厌。看不到他的仁德,即便他有口才,那又有什么用呢?"

2.直而无怨

樊迟问"仁"。子曰:"爱人。"问"知"。子曰:"知人。"樊迟未达。子曰:"举直错诸枉,能使枉者直。"樊迟退,见子夏,曰:"乡也吾见于夫子而问'知',子曰:'举直错诸枉,能使枉者直',何谓也?"子夏曰:"富哉言乎!舜有天下,选于众,举皋陶,不仁者远矣。汤有天下,选于众,举伊尹,不仁者远矣。"(《颜渊》)

译：樊迟问仁。孔子说："爱人。"又问智。孔子说："知人。"樊迟不能理解。孔子说："把正直的人提拔起来置于枉曲的人之上，可以让那些枉曲的人也变得正直。"樊迟回来的时候，遇见子夏，便问他："刚刚我去了孔夫子那里，问他什么是'智'，夫子说：'把正直的人提拔起来置于枉曲的人之上，可以让那些枉曲的人也变得正直'，这是什么意思呢？"子夏说："这话的涵义真丰富啊！舜掌管天下，在众人里面挑选把皋陶提拔出来，那些不仁的人就远去了。汤掌管天下，在众人里面挑选把伊尹提拔出来，那些不仁的人就远去了。"

"夫'达'也者，质直而好义……夫'闻'也者，色取仁而行违。"（《颜渊》）

译：见"仁人的人格美特征：文质彬彬"部分。

"直哉史鱼！邦有道，如矢；邦无道，如矢。"（《卫灵公》）

译：见"仁与智的关系"部分。

子曰："孰谓微生高直？或乞醯焉，乞诸其邻而与之。"（《公冶长》）

译：孔子说："谁说微生高这人爽直？有人向他借醋，（自己没有）他就到邻居那里借来转交给人家。"

恶讦以为直者。（《阳货》）

译：憎恨那些以揭发别人隐私为直的人。

注：讦：斥责别人的过失；揭发别人的阴私。

子曰："人之生也直，罔之生也幸而免。"（《雍也》）

附录 233

译：孔子说："正直是人的生存之道，不正直当然也能生存，但那只是侥幸地免祸。"

贫而无怨难。（《宪问》）
译：贫困而没有怨恨很难做到。

子曰："放于利而行，多怨。"（《里仁》）
译：孔子说："一切依照利益来行动，往往会招致怨恨。"

子曰："事父母几谏，见志不从，又敬不违，劳而不怨。"（《里仁》）
译：孔子说："侍奉父母含蓄地劝谏，如果自己的意见不被父母听从，则恭敬而不触犯父母，为他们担忧，但不生怨恨。"

"朕躬有罪，无以万方！万方有罪，罪在朕躬！"（《尧曰》）
译："我本人有罪，不要牵连万方百姓！万方百姓有罪，都有我一人来承担！"

子曰："躬自厚，而薄责于人，则远怨矣！"（《卫灵公》）
译：孔子说："严于督责自己，宽于督责别人，就可以远离怨恨了。"

"匿怨而友其人，左丘明耻之，丘亦耻之。"（《公冶长》）
译：见"仁人之质美"部分。

以直报怨。（《宪问》）
译：以正直来应对别人的怨恨。

六、仁的美感特征

(一)直觉性

宰我问:"三年之丧,期已久矣!君子三年不为礼,礼必坏;三年不为乐,乐必崩。旧谷既没,新谷既升,钻燧改火,期可已矣。"子曰:"食夫稻,衣夫锦,于女安乎?"曰:"安!""女安,则为之!夫君子之居丧,食旨不甘,闻乐不乐,居处不安,故不为也。今女安,则为之!"(《阳货》)

译:宰我问孔子:"守丧三年,期限好像久了些;君子三年不为礼,礼就要荒疏了,三年不为乐,乐就要堕失了;旧谷吃完,新谷又出来,打火用的木头经过一个轮回,一年就够了吧?"孔子说:"三年期间,你吃好的稻米,穿好的衣服,你安心吗?"宰我回答:"安心。"孔子说:"安心你就去做吧;君子在守丧三年期间,吃好的不觉得味美,听音乐不觉得快乐,住在宫室里,也总觉得不安心,所以才守丧三年;如果你守一年觉得安心,你就去做吧。"

(二)超功利性

君子之仕也,行其义也。(《微子》)
译:君子出来做官,目的在于推行仁义。

士志于道,而耻恶衣恶食者。(《里仁》)
译:追求仁道,又以粗陋的衣食为耻。

子曰:"君子固穷,小人穷斯滥矣。"(《卫灵公》)
译:孔子说:"君子能够安守困境,小人一旦遇到困境就放任自己了。"

子曰:"君子喻于义,小人喻于利"(《里仁》)

译:孔子说:"君子通晓于为义之道,小人通晓于为利之道。"

七、仁的情感作为一种美感

(一)仁的情感的性质

颜渊死,子哭之恸。从者曰:"子恸矣!"曰:"有恸乎?非夫人之为恸而谁为!"(《先进》)

译:颜渊死了,孔子哭得很伤心。跟随他的人说:"夫子您哭得太过伤心了。"孔子说:"真的太过伤心了吗?我不为这个人伤心,还能为什么人伤心呢?"

子见齐衰者,冕衣裳者,与瞽者,见之,虽少必作,过之必趋。(《子罕》)

译:见"仁的核心义"部分。

子食于有丧者之侧,未尝饱也。(《述而》)

译:见"仁的核心义"部分。

原壤夷俟。子曰:"幼而不孙弟,长而无述焉,老而不死,是为贼。"以杖叩其胫。(《宪问》)

译:见"仁的核心义"部分。

宰予昼寝。子曰:"朽木不可雕也,粪土之墙,不可杇也;于予与何诛?"(《公冶长》)

译：见"仁的核心义"部分。

(二)仁的情感的感发和稳固

子曰："回也,其心三月不违仁,其余,则日月至焉而已矣。"(《雍也》)
译：见"仁的延伸义"部分。

(三)仁的情感之投射于自然

岁寒,然后知松柏之后凋也。(《子罕》)
译：见"仁与智的关系"部分。

知者乐水,仁者乐山。(《雍也》)
译：见"仁与智的关系"部分。

乐而不淫,哀而不伤。(《八佾》)
译：见"中庸"部分。

八、仁之通向于自由

仁如何通向于自由
1.内在自我的自由

子曰："三军可夺帅也,匹夫不可夺志也。"(《子罕》)
译：孔子说："一国军队,可以夺去它的主帅;一介匹夫,却不可夺去

他的意志。"

"未成一篑，止吾止""虽覆一篑，进吾往"（《子罕》）

译："在还差一筐就要完成的时候，如果停止了，就是自己停止了""在平地刚要开始的时候，即便只堆上一筐，如果努力向前，那也是自己在向前。"

2.人在社会面前的自由

子曰："吾之于人也，谁毁谁誉？如有所誉者，其有所试矣。斯民也，三代之所以直道而行也。"（《卫灵公》）

译：孔子说："我对于别人，诋毁了谁？赞美了谁？如果有所赞誉，必定是已经考察过的。我所考察过的这种人，正是和夏、商、周三代一样直道而行的人。"

子曰："君子坦荡荡，小人长戚戚。"（《述而》）

译：孔子说："君子内心坦荡，小人内心常常忧愁。"

季路问事鬼神。子曰："未能事人，焉能事鬼？"曰："敢问死。"曰："未知生，焉知死？"（《先进》）

译：季路问孔子如何侍奉鬼神。孔子说："活人尚且侍奉不好，还谈什么侍奉鬼神？"（季路又问孔子：）"死是怎么回事？"孔子说："生是怎么回事还搞不清楚，又怎么知道死是怎么回事？"

"禹，吾无间然矣！菲饮食，而致孝乎鬼神。"（《泰伯》）

译：见"里仁为美"部分。

王孙贾问曰:"'与其媚于奥,宁媚于灶。'何谓也?"子曰:"不然,获罪于天,无所祷也。"(《八佾》)

译:王孙贾问孔子:"都说'与其讨好屋角神,不如讨好灶神',这话是什么意思呢?"孔子告诉他说:"这话说得不对,如果违逆了天理,祈祷也是没用的。"

祭如在,祭神如神在。子曰:"吾不与祭,如不祭。"(《八佾》)

译:祭祀祖先的时候,就好像祖先真的在那里一样,祭祀神的时候,就好像神真的在那里一样。孔子说:"如果自己不亲自去祭祀,就如同不祭祀。"

不学礼,无以立。(《季氏》)

译:不学礼,就无法立身。

博学于文,约之以礼,亦可使弗畔矣夫!(《颜渊》)

译:如果能广博地学文,又能以礼来规范自己,差不多就不会背离大道了。

有子曰:"礼之用,和为贵;先王之道,斯为美;小大由之。有所不行,知和而和,不以礼节之,亦不可行也。"(《学而》)

译:有子说:"礼的运用,贵在能和;古代圣贤之道,其美处也正在这里;大小事都依着这个原则,但有时也会行不通。知道要和,便一味追求和,而不顾依礼来节制,也是不行的。"

子曰:"道之以政,齐之以刑,民免而无耻;道之以德,齐之以礼,有耻且格。"(《为政》)

译:孔子说:"用政治手段引导,用刑法手段整顿,百姓或许能幸免于

附 录

罪，却不能有廉耻之心；以道德来引导，以礼教来整顿，百姓能有廉耻而且愿意归顺。"

子曰："能以礼让为国乎，何有？不能以礼让为国，如礼何？"（《里仁》）

译：孔子说："如果能以礼让治国，治国有什么难呢？不能以礼让治国，空设个礼又有什么意义？"

子曰："笃信好学，守死善道。危邦不入，乱邦不居。天下有道则见，无道则隐。邦有道，贫且贱焉，耻也；邦无道，富且贵焉，耻也。"（《泰伯》）

译：孔子说："坚定地信仰又好学习钻研，至死守护善道。危险的国家不进入，祸乱的国家不居处。天下有道就出来，无道就归隐。国家有道，自己贫困而卑贱，这是耻辱；国家无道，自己富足高贵，这也是耻辱。"

道不行，乘桴浮于海。（《公冶长》）
译：大道不能推行，就乘木筏到海外浮游。

3.人在自然面前的自由

太宰问于子贡曰："夫子圣者与？何其多能也？"子贡曰：固天纵之将圣，又多能也。"子闻之，曰："太宰知我乎！吾少也贱，故多能鄙事。君子多乎哉？不多也！"（《子罕》）

译：太宰向子贡问道："孔夫子是位圣人吧？为什么他能掌握这么多本事呢？"子贡说："大概是上天让他成为圣人，又让他多才多艺吧。"孔子听到

了，说："太宰知道我的情况吗？我小时候贫贱，所以掌握了许多技能。君子一定要追求技能多吗？不须要的。"

知天命。（《为政》）

译：知道天命。

畏天命。（《季氏》）

译：敬畏天命。

天何言哉？四时行焉，百物生焉，天何言哉？（《阳货》）

译：见"仁与道的关系"部分。

子在川上曰："逝者如斯夫！不舍昼夜。"（《子罕》）

译：孔子在河边说："流逝的东西都和这个一样，不舍昼夜地流逝。"

九、仁之通向于快乐

（一）孔子之乐及其性质

子路、曾晳、冉有、公西华侍坐。子曰："以吾一日长乎尔，毋吾以也。居则曰：'不吾知也。'如或知尔，则何以哉？"子路率尔而对，曰："千乘之国，摄乎大国之间，加之以师旅，因之以饥馑，由也为之，比及三年，可使有勇，且知方也。"夫子哂之。"求，尔何如？"对曰："方六七十，如五六十，求也为之，比及三年，可使足民；如其礼乐，以俟君子。""赤，尔何如？"对曰："非曰能之，愿学焉！宗庙之事，如会同，端章甫，愿为小相焉。""点,尔何如?"鼓瑟希,铿尔,舍瑟而作;对曰:"异乎三子者之撰。"子曰:"何伤乎!亦各言其志也。"曰:"暮春者,春服既成;冠者五六人,童子六七人。浴乎沂,风乎舞雩,咏而归。"夫子喟然叹曰:"吾与点也!"(《先进》)

译:子路、曾晳、冉有、公西华陪孔子坐着。孔子说:"我比你们长了几岁,但不要放在心上。平时你们总说没人懂自己,如果别人能了解你们,你们打算怎么做呢?"子路轻率地回答道:"一个千乘之国,周围有大国威慑,常有军队侵犯它,又遇上饥荒;如果让我来治理,三年以后,可以使民众有勇,而且能懂道义。"孔夫子笑了笑。"冉求,你怎么样呢?"冉求回答:"方圆六七十里或者五六十里的国家,让我去治理,三年以后,可以让老百姓富足。至于礼乐教化,还有赖于贤人君子。""公西华,你又怎样?"公西华回答:"不能说我有多大本事,但我愿意求教。宗庙里的事或者外交会盟的事,我愿意穿着礼服礼帽,做个小司仪。""曾晳,你怎么样?"曾晳手中鼓着的瑟声越来越稀疏,铿的一声放下瑟,站起来说:"我的志向和他们三个人说的不太一样。"孔子说:"有什么关系呢?各自说说自己的志向罢了。"曾晳说:"暮春时节,新做的春服都穿上了,带上五六个成年人,六七个小孩子,到沂水洗洗澡,到舞雩台上吹吹风,然后唱着歌儿回来。"孔夫子长叹一声,说:"我也想像曾晳这样啊!"

叶公问孔子于子路,子路不对。子曰:"女奚不曰:'其为人也,发愤忘食,乐以忘忧,不知老之将至云尔。'"(《述而》)

译:叶公向子路问孔子的为人,子路不作回答。孔子说:"你为何不对他说:'他的为人,发愤常常忘记吃饭,快乐常常忘记忧愁,自己快要老了都不知道。'"

志于道，据于德，依于仁，游于艺。（《述而》）

译：见"仁人的人格美特征：文质彬彬"部分。

吾少也贱，故多能鄙事。（《子罕》）

译：见"仁如何通向于自由"部分。

牢曰："子云：'吾不试，故艺。'"（《子罕》）

译：牢说："夫子曾说：'我没有身处重位，所以掌握了一些技艺。'"

子语鲁大夫乐，曰："乐其可知也：始作，翕如也。从之，纯如也，皦如也，绎如也，以成。"（《八佾》）

译：孔子对鲁国的太师（乐官）谈论他对音乐的看法，说："音乐的整个过程可以探知它的规律：开始是热烈的，而后是纯和的、明净的，结束时，似连绵不绝的。"

注：①翕如：翕（xī），从羽，从合，会聚合羽翼之意。鸟将飞时必先敛翼，翕的本义即是鸟敛翼将飞。如，……的样子。这里用翕如来形容音乐即将开始，先聚合后舒张。②纯如：纯正和谐的样子。③皦（jiǎo）：同"皎"，洁白明净的意思。④绎（yì）：本义是把整个蚕茧抽成一根丝。绎如，即连绵相继，络绎不绝，如同抽丝的样子。

子谓《韶》："尽美矣，又尽善也。"谓《武》："尽美矣，未尽善也。"（《八佾》）

译：见"美善之辨"部分。

子与人歌而善，必使反之，而后和之。（《述而》）

附 录　243

译：孔子和别人唱歌，如果唱得好，就一定让人再唱一遍，而且自己也一道和唱。

子在齐闻《韶》，三月不知肉味，曰："不图为乐之至于斯也！"（《述而》）

译：孔子在齐国听《韶》乐之后，好久都不能以肉味为美，感叹到："没想到音乐中的体验居然可以达到这种地步！"

子之燕居，申申如也，夭夭如也。（《述而》）

译：孔子平时在家，都是宽松舒坦的，和畅快乐的。

子曰："饭疏食，饮水，曲肱而枕之，乐亦在其中矣。不义而富且贵，于我如浮云。"（《述而》）

译：孔子说："吃着粗粮，喝着清水，曲着胳膊当枕头，乐趣就在这些事情里面。不道义而能富有并高贵，于我如同浮云。"

子曰："学而时习之，不亦说乎？有朋自远方来，不亦乐乎？人不知而不愠，不亦君子乎？"（《学而》）

译：孔子说："学习并能时时复习，不也是一件快乐的事情吗？有朋友从远方而来，不也是一件快乐的事情吗？面对别人的不知而自己不烦怨，不也算得上君子吗？"

子曰："不患人之不己知，患不知人也。"（《学而》）

译：孔子说："不担心别人不知道自己，只担心自己不知道别人。"

（二）仁如何通向于快乐

1.仁者不忧

死生有命，富贵在天。（《颜渊》）

译：死生决定于命，富贵决定于天。

子曰："朝闻道，夕死可矣！"（《里仁》）

译：孔子说："早上通达了道，即便当晚死了也无憾了！"

志士仁人，无求生以害仁，有杀身以成仁。（《卫灵公》）

译：见"仁的延伸义"部分。

子畏于匡，曰："文王既没，文不在兹乎？天之将丧斯文也，后死者不得与于斯文也；天之未丧斯文也，匡人其如予何？"（《子罕》）

译：孔子被围困在匡地的时候说："周文王死了以后，他的道不就传到了我的手上了吗？上天如果是要消灭这种道，也就不会使后死的人掌握这种道；上天如果不是要消灭这种道，匡地的人又能把我怎么样呢？"

道之将行也与，命也；道之将废也与，命也。（《宪问》）

译：见"仁与智的关系"部分。

子曰："君子谋道不谋食。耕也，馁在其中矣；学也，禄在其中矣。君子忧道不忧贫。"（《卫灵公》）

译：孔子说："君子谋道不谋食。其中潜伏着的可能是饥饿，如果能想着学习，其中酝酿着的就是俸禄了。君子忧虑无道，不忧虑贫困。"

子曰:"士志于道,而耻恶衣恶食者,未足与议也!"(《里仁》)

译:孔子说:"人以道为志向,却又以粗衣粗食为耻,也就没什么好说的了。"

君子食无求饱,居无求安,敏于事而慎于言,就有道而正焉。(《学而》)

译:君子在吃的方面不求饱足,在住的方面不求安逸,对事情敏锐,对言语谨慎,对照着道义来纠正自己。

一箪食,一瓢饮,在陋巷,人不堪其忧,回也不改其乐。(《雍也》)

译:见"仁的核心义"部分。

子曰:"富而可求也,虽执鞭之士,吾亦为之;如不可求,从吾所好。"(《述而》)

译:孔子说:"如果富贵能够合于道义地谋求,即便是做个拿鞭子的小卒,我也愿意去干;如果不能,那就听从我自己的爱好吧。"

富与贵,是人之所欲也,不以其道得之,不处也。贫与贱,是人所恶也;不以其道得之,不去也。(《里仁》)

译:财富和权贵,都是人们都想获得的东西,如果不能够以正当的手段获得,那我宁愿不要;贫穷和卑贱,是人们都不想要的东西,如果不能以正当的手段摆脱它,那我宁愿不去摆脱。

2.仁者能乐

内省不疚,何忧何惧。(《颜渊》)

译:内心自我反省而无愧疚,怎么会忧虑和恐惧呢?

子曰:"不患无位,患所以立。不患莫己知,求为可知也。"(《里仁》)

译:孔子说:"不怕没有职位,就怕没有与这个职位相称的才干。不怕别人不知道自己,就怕自己没有值得别人知道的东西。"

不仁者不可以久处约,不可以长处乐。(《里仁》)

译:不仁的人不能够长期安居贫穷,也不能长期安守快乐。

子曰:"鄙夫!可与事君也与哉?其未得之也,患得之;既得之,患失之。苟患失之,无所不至矣!"(《阳货》)

译:孔子说:"鄙陋的人啊!怎么可以和他一起共事呢?在没有得到职位的时候,担心得不着,得到了呢,又担心失去;害怕失去的时候,就会无所不用其极。"

子曰:"君子无所争,必也射乎!揖让而升,下而饮,其争也君子。"(《八佾》)

译:孔子说:"君子之间没什么好竞争的。一定要竞争,那就比赛射箭吧。比箭的时候相互作揖,然后登场,下场后又一起喝酒,这种竞争也是符合君子之道的。"

十、仁与艺术

(一)孔子美学中的艺术

求也艺,于从政乎何有?(《雍也》)

译:冉求多才多艺,对于从政有什么难处呢?

附 录 247

牢曰："子云：'吾不试，故艺。'"（《子罕》）

译：见"孔子之乐及其性质"部分。

子曰："若臧武仲之知，公绰之不欲，卞庄子之勇，冉求之艺，文之以礼乐，亦可以为成人矣！"（《宪问》）

译：见"仁与智的关系"部分。

志于道，据于德，依于仁，游于艺。（《述而》）

译：见"仁人的人格美特征：文质彬彬"部分。

子曰："《诗》三百，一言以蔽之，曰思无邪。"（《为政》）

译：孔子说："《诗经》三百篇，用一句话来概括，就是'思无邪'。"

(二)仁对艺术的内容和形式的影响

1.对礼的影响

临之以庄，则敬。（《为政》）

译：你用庄重的态度待他人，他人就会敬重你。

君召使摈，色勃如也，足躩如也。揖所与立，左右手，衣前后，襜如也。趋进，翼如也。宾退，必复命，曰："宾不顾矣。"（《乡党》）

译：鲁君使（孔子）接待外国贵宾，（孔子）表情庄敬，脚步趋快。向两边的人作揖，左右两边挥张两手，衣服一俯一仰，前后开动，却很整齐。快步向前，像鸟儿舒展翅膀一样。外宾辞退，一定汇报说："外宾已经不回顾了。"

升车,必正立,执绥。车中不内顾,不疾言,不亲指。(《乡党》)

译:在登车的时候,一定先端正地站好,然后扶好车绳。上了车,就不再环顾,不再快速说话,不再用两手指指点点。

入公门,鞠躬如也,如不容。(《乡党》)

译:在经过公门的时候,常常要恭敬地收敛身躯,好像公门容不下他的身躯一样。

执圭,鞠躬如也,如不胜。上如揖,下如授,勃如战色,足蹜蹜如有循。(《乡党》)

译:拿着君主赐予的圭,非常恭敬谨慎,好像举不起来的样子,向上举好像在给人作揖,向下好像要递交给别人,面色矜持庄严,脚步紧凑,好像沿着一条线在走。

过位,色勃如也,足躩如也,其言似不足者。(《乡党》)

译:经过国君的座位时,脸色变得庄重起来,脚步也快起来,说话的声音低微得像气力不足似的。

摄齐升堂,鞠躬如也,屏气似不息者。(《乡党》)

译:提起衣服的下摆,走上大堂的时候,屏气凝神,好像不能呼吸的样子。

朝,与下大夫言,侃侃如也;与上大夫言,訚訚如也。君在,踧踖如也,与与如也。(《乡党》)

译:上朝的时候,和下大夫说话,和乐而敬;和上大夫说话,中正而敬。君主来了,恭敬庄重而又安详舒缓。

出,降一等,逞颜色,怡怡如也,没阶,趋进,翼如也。复其位,踧踖如也。(《乡党》)

译:待退出堂来,降阶一级,就面色放松,和悦怡然,再经过君位时,又严肃恭敬起来。

孔子于乡党,恂恂如也,似不能言者;其在宗庙朝廷,便便言,唯谨尔。(《乡党》)

译:孔子在自己的乡里,温和恭敬,好像不太会说话;在宗庙朝廷,则便便而辩,严谨庄严。

君子不以绀緅饰,红紫不以为亵服……缁衣羔裘,素衣麑裘,黄衣狐裘。(《乡党》)

译:君子不用绀色和緅色做服饰的镶边,不用红色和紫色来做平常居家的衣服……黑色的衣服配羔裘,白色的衣服配麑裘,黄色的衣服配狐裘。

恶紫之夺朱(《阳货》)

译:厌恶紫色夺去了朱色的地位。

邦君树塞门,管氏亦树塞门。邦君为两君之好有反坫,管氏亦有反坫。管氏而知礼,孰不知礼?(《八佾》)

译:国君门前设置了屏风,管仲也照设。国君为了两国的交好,在堂上有放置酒杯的设备,管仲也照设。管仲都算得上知礼的话,那还有谁不知礼呢?

八佾舞于庭。是可忍也,孰不可忍也!(《八佾》)

译:八行的阵列在庭院跳舞,这都忍心做得出来,还有什么是做不出

来的呢?

2.对乐的影响

子曰:"吾自卫反鲁,然后乐正,《雅》《颂》各得其所。"(《子罕》)

译:孔子说:"我从卫国返回到鲁国,才把乐厘正,《雅》《颂》各自归到它该有的位置。"

放郑声,远佞人。郑声淫,佞人殆。(《卫灵公》)

译:舍弃郑国的音乐,远离谄佞的人。郑国的音乐容易使人心沉溺迷惑,谄佞的人危险。

乐其可知也。始作,翕如也。从之,纯如也,皦如也,绎如也,以成。(《八佾》)

译:见"孔子之乐及其性质"部分。

(三)仁作为艺术的功能和目的

1.诗对仁的感发和贯彻

子夏曰:"虽小道,必有可观者焉,致远恐泥,是以君子不为也。"(《子张》)

译:见"中庸"部分。

子谓伯鱼曰:"女为《周南》《召南》矣乎?人而不为《周南》《召

南》，其犹正墙面而立也与！"（《阳货》）

译：孔子对伯鱼说："你学习过《周南》《召南》了吗？做人如果不学习《周南》《召南》，就如同正对着墙壁站立一样。"

子曰："小子！何莫学夫《诗》？《诗》可以兴，可以观，可以群，可以怨；迩之事父，远之事君；多识于鸟兽草木之名。"（《阳货》）

译：孔子说："学生们！为什么不学学《诗经》呢？《诗经》可以感兴，可以观风俗之盛衰，可以使人合群，可以怨刺；近了说，可以侍奉父母，远了说，可以侍奉君主；可以广泛地认识鸟兽草木的名称。"

子曰："为政以德，譬如北辰，居其所而众星拱之"（《为政》）

译：孔子说："依靠道德来理政，就好比北极星一样，安居其所，而众星都围绕着它转。"

"岁寒，然后知松柏之后凋也。"（《子罕》）

译：见"仁与智的关系"部分。

唯仁者能好人，能恶人。（《里仁》）

译：只有仁者能合理地喜欢他人，合理地讨厌他人。

子曰："群居终日，言不及义，好行小慧，难矣哉！"（《卫灵公》）

译：孔子说："整天群居在一起，谈话不及道义，只耍些小聪明。真是拿他们没办法啊！"

群而不党（《卫灵公》）

译：合群但不相助匿非。

周而不比（《为政》）
译：团结但不勾结。

可与言而不与之言，失人。（《卫灵公》）
译：可以谈得来的人却不和他交谈，这会错过人才。

子曰："德不孤，必有邻。"（《里仁》）
译：孔子说："有德的人不会孤独，一定有人和他亲近。"

鸟兽不可与同群！吾非斯人之徒与而谁与？（《微子》）
译：我又不能与鸟兽同群共处，我不和这些人打交道我又和谁打交道呢？

事父母，几谏。（《里仁》）
译：侍奉父母，要委婉劝谏。

诵《诗》三百，授之以政，不达。使于四方，不能专对；虽多，亦奚以为？（《子路》）
译：见"仁人的人格美特征：文质彬彬"部分。

2.礼对仁的文饰和巩固

子夏问曰："'巧笑倩兮，美目盼兮，素以为绚兮。'何谓也？"子曰："绘事后素。"曰："礼后乎？"子曰："起予者商也，始可与言《诗》已

矣。"(《八佾》)

译：子夏问："'嘴巴笑起来是那么地好看呀，眼睛转起来是那么地动人呀，素粉来给她做装饰呀。'这说的是什么意思呢？"孔子说："绘画时要先施粉白色为底子。"子夏说："礼是不是在（仁之）后呢？"孔子说："是你启发了我呀，现在可以和你讨论《诗经》了。"

兴于诗，立于礼，成于乐。(《泰伯》)
译：见"里仁为美"部分。

鲤趋而过庭。曰："学礼乎？"对曰："未也。""不学礼，无以立。"鲤退而学礼。(《季氏》)

译：孔鲤恭敬地走过庭院。孔子问："学礼了没有？"孔鲤回答："没有。"（孔子说：）"不学礼，便无所立身。"孔鲤回去就开始学礼。

子曰："不知命，无以为君子也；不知礼，无以立也；不知言，无以知人也。"(《尧曰》)

译：孔子说："不知道命，就不能成为君子；不知道礼，就不能立身；不知道分辨言语，就不能真正认识别人。"

子曰："吾十有五而志于学，三十而立，四十而不惑，五十而知天命，六十而耳顺，七十而从心所欲，不逾矩。"(《为政》)

译：孔子说："我十五岁开始立志学习，三十岁能够立身，四十岁没有大的困惑，五十岁知道天命，六十岁耳随心顺，七十岁遵循内心去做可以不违背规矩。"

参考文献

（一）专著

1. 中国古籍

司马迁.史记[M].北京：中华书局，1959.

班固.汉书[M].北京：中华书局，1962.

许慎.说文解字[M].北京：中华书局，1963.

脱脱等.宋史[M].北京：中华书局，1977.

程颢，程颐.二程集[M].北京：中华书局，1981.

朱熹.四书章句集注[M].北京：中华书局，1983.

黎靖德.朱子语类[M].中华书局，1984.

皇侃.论语集解义疏[M].北京：中华书局，1985.

焦竑.焦氏笔乘[M].上海：上海古籍出版社，1986.

黄宗羲.宋元学案[M].北京：中华书局，1986.

清焦循.孟子正义[M].北京：中华书局，1987.

刘安.淮南鸿烈解[M].北京：中华书局，1989.

刘宝楠.论语正义[M].北京：中华书局，1990.

程树德.论语集释[M].北京:中华书局,1990.

周敦颐.周敦颐集[M].北京:中华书局,1990.

朱熹.论语集注[M].济南:齐鲁书社,1992.

王先谦.荀子集解[M].北京:中华书局,1992.

李学勤.春秋左传正义[M].北京:北京大学出版社,1992.

董仲舒.春秋繁露义证[M].北京:中华书局,1992.

吕坤.呻吟语[M].北京:学苑出版社,1993.

阮元.研经室集[M].北京:中华书局,1993.

郭庆藩.庄子集释[M].北京:中华书局,1993.

孙希旦.礼记集解[M].北京:中华书局,1995.

孙星衍.尚书今古文注疏[M].北京,中华书局,1998.

王先慎.韩非子[M].北京:中华书局,1998.

程俊英,蒋见元.诗经注析[M].北京:中华书局,1999.

朱熹.四书或问[M].上海:上海古籍出版社;合肥:安徽教育出版社,2001.

朱熹.朱子全书[M].上海:上海古籍出版社;合肥:安徽教育出版社,2002.

韦昭.国语[M].上海:上海古籍出版社,2008.

陈淳.北溪字义[M].北京:中华书局,2009.

王守仁.王阳明全集[M].上海:上海古籍出版社,2011.

毛奇龄.四书改错[M].上海:华东师范大学出版社,2014.

2. 二十世纪后国内著作

陈焕章.孔教论[M].上海:商务印书馆,1912.

谢无量.孔子[M].上海:商务印书馆,1915.

温裕民.论语研究[M].上海:商务印书馆,1930.

梁启超.饮冰室合集·专集之三十六[M].北京:中华书局,1936.

车铭深.论语与儒家思想[M].长沙:商务印书馆,1938.

杨伯峻.论语译注[M].北京:中华书局,1958.

郭沫若.青铜时代[M].北京:科学出版社,1960.

陈大齐.孔子学说[M].台湾:正中书局印行,1964.

吴森.比较哲学与文化[M].台北:东大图书有限公司,1978.

朱光潜.朱光潜美学文集[M].上海:上海文艺出版社,1982.

于省吾.泽螺居诗经新证[M].北京:中华书局,1982.

张岱年.中国哲学大纲[M].北京:中国社会科学出版社,1982.

高尔泰.论美[M].兰州:甘肃人民出版社,1982.

徐复观.中国经学史的基础[M].台北:学生书局,1982.

李泽厚,刘纲纪.中国美学史[M].北京:中国社会科学出版社,1984.

杨树达.论语疏证[M].上海:上海古籍出版社,1986.

敏泽.中国美学思想史[M].济南:齐鲁书社,1987.

吴经熊.中国哲学之悦乐精神[M].台北,台湾上智出版社,1988.

康晓城.先秦儒家诗教思想研究[M].台北:文史哲出版社,1988.

匡亚明.孔子评传[M].南京:南京大学出版社,1990.

杨恩寰.审美心理学[M].北京:人民出版社,1991.

杨向奎.宗周社会与礼乐文明[M].北京,人民出版社,1992.

马振铎.仁·人道:孔子的哲学思想[M].北京:中国社会科学出版社,1993.

钱穆.中国文化史导论[M].北京:商务印书馆,1994.

蔡元培.中国伦理学史[M].北京:东方出版社,1996.

郭沫若.十批判书[M].北京:东方出版社,1996.

胡适.中国哲学史大纲[M].上海:上海古籍出版社,1997.

牟宗三.中国哲学的特质[M].上海:上海古籍出版社,1997.

阎涛.孔子与儒家[M].北京:商务印书馆,1997.

李泽厚. 中国思想史论 [M]. 合肥：安徽文艺出版社，1999.

马一浮. 复性书院讲录 [M]. 济南：山东人民出版社，1998.

牟宗三. 心体与性体 [M]. 上海：上海古籍出版社，1999.

冯友兰. 三松堂全集（第四卷）[M]. 郑州：河南人民出版社，2001.

徐复观. 中国人性论史 [M]. 上海：上海三联书店，2001.

徐复观. 中国艺术精神 [M]. 上海：华东师范大学出版社，2001.

朱光潜. 西方美学史 [M]. 北京：人民出版社，2002.

钱穆. 论语新解 [M]. 北京：生活·读书·新知三联书店，2002.

李泽厚. 历史本体论 [M]. 北京：生活·读书·新知三联书店，2002.

孔智光. 中国古典美学研究 [M]. 济南：山东大学出版社，2002.

徐复观. 中国学术精神 [M]. 上海：华东师范大学出版社，2003.

李泽厚. 论语今读 [M]. 北京：生活·读书·新知三联书店，2004.

钱穆. 人生十论 [M]. 桂林：广西师范大学出版社，2004.

唐君毅. 中国哲学原论·原道篇 [M]. 台北：台湾学生书局，2004.

修海林. 中国古代音乐美学 [M]. 福州：福建教育出版社，2004.

牟宗三. 中国哲学十九讲 [M]. 上海：上海古籍出版社，2005.

唐君毅. 中国文化之精神价值 [M]. 桂林：广西师范大学出版社，2005.

李泽厚. 实用理性与乐感文化 [M]. 北京：生活·读书·新知三联书店，2005.

蒙培元. 蒙培元讲孔子 [M]. 北京：北京大学出版社，2005.

刘纲纪. 传统文化、哲学与美学 [M]. 武汉：武汉大学出版社，2006.

刘纲纪. 艺术哲学 [M]. 武汉：武汉大学出版社.2006.

刘纲纪. 《周易》美学 [M]. 武汉：武汉大学出版社，2006.

杨国荣. 善的历程：儒家价值体系研究 [M]. 上海：上海人民出版社，2006.

朱立元. 美学 [M]. 北京：高等教育出版社，2006.

成复旺. 神与物游——中国传统审美之路 [M]. 济南：山东人民出版社，2007.

李泽厚.华夏美学·美学四讲[M].北京:生活·读书·新知三联书店,2008.

李泽厚.历史本体论·己卯五说[M].北京:生活·读书·新知三联书店,2008.

李天道.中国古代人生美学[M].北京:中国社会科学出版社,2008.

梁漱溟.梁漱溟先生讲孔孟[M].上海:上海三联书店,2008.

张世英.哲学导论[M].北京:北京大学出版社,2008.

蒙培元.情感与理性[M].北京:中国人民大学出版社,2009.

叶朗.美学原理[M].北京:北京大学出版社,2009.

唐明贵.论语学史[M].北京:中国社会科学出版社,2009.

熊十力.原儒[M].上海:上海书店出版社,2009.

朱光潜.文艺心理学[M].上海:复旦大学出版社,2009.

蒋伯潜.十三经概论[M].上海:上海古籍出版社,2010.

冯友兰.中国哲学史(上)[M].上海:华东师范大学出版社,2010.

彭富春.论中国的智慧[M].北京:人民出版社,2010.

梁漱溟.东西文化及其哲学[M].北京:商务印书馆,2011.

梁漱溟.中国文化要义[M].上海:上海人民出版社,2011.

黄建中.比较伦理学[M].北京:人民出版社,2011.

钱穆.四书释义[M].北京:九州出版社,2011.

彭富春.美学原理[M].北京:人民出版社,2011.

钱穆.孔子与论语[M].北京:九州出版社,2011.

钱穆.湖上闲思录[M].北京:九州出版社,2011.

张世英.美在自由——中欧美学思想比较研究[M].北京:人民出版社,2012.

王德胜.美学原理[M].北京:高等教育出版社,2012.

董学文.美学概论[M].北京:北京大学出版社,2013.

余英时.论天人之际:中国古代思想起源试探[M].北京:中华书局,2014.

朱立元.美学大辞典[M].上海:上海辞书出版社,2014.

陈来.仁学本体论[M].北京：生活·读书·新知三联书店，2014.

冯友兰.新原道[M].北京：北京大学出版社，2014.

冯友兰.新原人[M].北京：北京大学出版社，2014.

汤一介.在儒学中寻找智慧[M].北京：中国人民出版社，2015.

彭富春.论孔子[M].北京：人民出版社，2016.

梁启超.孔子与儒家哲学[M].北京：中华书局，2016.

3.国外著作

ROGER T.AMES.*Escape from predicament: Neo-Confucianism and China's evolving political culture*[M].New York: Columbia University Press，1977.

DAVID L.HALL，ROGER T.AMES.*Thinking Through Confucius*[M].New York:State University of New York Press，1987.

PHILIP J.IVANHOE，BRYAN.*Readings in Classical Chinese Philosophy*[M].New York: London:Seven Bridges Press，2001.

LIONEL GILES.*The sayings of Confucius*[M].New York:Caven Press，2008.

克罗齐.美学原理[M].朱光潜译.北京：外国文学出版社，1983.

普列汉诺夫.普列汉诺夫哲学著作选集[M].刘若水等，译.北京：三联书店，1984.

笠原仲二.古代中国人的美的意识[M].杨若薇译.北京：生活·读书·新知三联书店，1988.

郝大维,安乐哲.孔子哲学思微[M].蒋弋为等,译.南京：江苏人民出版社,1996.

黑格尔.美学[M].朱光潜译.北京：商务印书馆，1997.

康德.判断力批判[M].邓晓芒译.北京：人民出版社，2002.

马克思.1844年经济学哲学手稿[M].中共中央马克思恩格斯列宁斯大林著作编译局编译.北京：人民出版社，2002.

赫伯特·芬格莱特.孔子：即凡而圣[M].彭国翔等,译.南京：江苏人民出版社，2002.

卢梭.社会契约论[M].何兆武译.北京：商务印书馆，2003.

席勒.审美教育书简[M].冯至，范大灿，译.上海：上海人民出版社，2003.

顾立雅.孔子与中国之道[M].高专诚译.郑州：大学出版社，2004.

汤森德.美学导论[M].王柯平等，译.北京：高等教育出版社，2005.

（二）论文

1. 论文集

哲学研究编辑部.孔子哲学讨论集[C].北京：中华书局，1962.

中国孔子基金会.孔子诞辰2540周年纪念与学术讨论会论文集[C].上海：上海三联书店，1992.

孔凡玲.孔子研究[C].北京：中华书局，2003.

蔡尚思.十家论孔[C].上海：上海人民出版社，2006.

2. 期刊论文

朱光潜.乐的精神与礼的精神[J].思想与时代，1942年第7期。

冯友兰.论孔子关于"仁"的思想[J].哲学研究，1961年第5期。

庞朴.孔子思想的再评价[J].历史研究，1978年第8期。

唐君毅.孔子与人格世界[J].鹅湖月刊，1978年第10期。

容谷.卜辞中"仁"字质疑[J].复旦学报，1980年第4期。

戴玉斌."克己复礼"辨正[J].江淮论坛，1982年第2期。

赵光贤.论孔子学说中"仁"与"礼"的关系[J].北京师范大学学报(哲学社会科学版)，1985年第1期。

张家英. 孔子"文质"观评议[J]. 东岳丛论，1986年第4期。

刘纲纪. 实践本体论[J]. 武汉大学学报(社会科学版)，1988年第1期。

冯友兰. 对于孔子所讲的仁的进一步理解和体会[J]. 孔子研究，1989年第3期。

惠吉兴."忠恕"之道与孔子思想体系刍议[J]. 齐鲁学刊，1989年第6期。

刘家和. 先秦儒家仁礼学说新探[J]. 孔子研究，1990年第1期。

刘文英."仁"之观念的历史探源[J]. 天府新论，1990年第6期。

朱良志，詹绪佐."文"义阐释的文化内涵[J]. 安徽师范大学学报，1991年第2期。

刘奉光. 孔子人道思想研究[J]. 上海大学学报（社科版），1991年第6期。

杨国荣. 从孔子看儒家的人格学说[J]. 天津社会科学，1992年第1期。

刘述先. 从方法论的角度论何炳棣教授对"克己复礼"的解释[J]. 二十一世纪，1992年第2期。

何炳棣. 答刘述先教授——再论"克己复礼"的诠释[J]. 二十一世纪，1992年第10期。

柴毅龙. 孔子"仁"字本义探源[J]. 昆明师专学报（哲学社会科学版），1994年第16卷第2期。

牛京辉."忠"的历史演变和基本内容.[J] 人民大学学报，1996年第2期。

杨宝忠."恕"字古义考——兼论"恕"和"仁"的关系[J]. 孔子研究，1999年第2期。

白奚."仁"字古文考辨[J]. 中国哲学史，2000年第3期。

庞朴."仁"字臆断[J]. 寻根，2001年第1期。

王文戈.《论语》中的"美"的现代阐释[J]. 华中师范大学学报(人文社会科学版)，2002年第3期。

白奚."全德之名"和仁圣关系[J]，孔子研究，2002年第4期。

蒙培元. 人是情感的存在——儒家哲学再阐释[J]. 社会科学战线，2003年第2期。

傅晓华. 论儒家恕道精神的当代价值[J]. 求索，2004第11期。

窦立春. 先秦儒家"忠恕之道"的伦理精神透视[J]. 南京林业大学学报（人文社会科学版），2005年第5卷第1期。

叶秀山. "思无邪"及其他[J]. 中国哲学史，2005年第1期。

黄辉. 探析孔子审美的思维方式[J]. 江淮论坛.2005年第2期。

廖名春. "仁"字探源[A], 中国学术史新证[C]. 成都：四川大学出版社，2005.

肖起清. 张意柳. "君子人格"：《论语》的灵魂[J]. 江淮论坛.2005年第6期。

吴晓红. 自然审美作为美学的起点[J]. 江汉论坛.2006年第3期。

熊燕军. 百年误读还是千年争论——也谈"克己复礼"的释义及其它[J]. 孔子研究，2007年第4期。

白奚. 儒家"仁"观念思想渊源之考察[A]. 天问（丁亥卷）[C], 南京：江苏人民出版社，2008.

白奚. 援仁入礼 仁礼互动——对"克己复礼为仁"的再考察[J]. 中国哲学史，2008年第1期。

王洁. 充内形外之谓美——论孔子的"美"观[J]. 江苏社会科学，2008年第5期。

彭富春.《中庸》新解[J]. 中国地质大学学报(社会科学版)，2008年第8卷第5期。

陈赟. "里仁"与人的居住方式——《论语·里仁》的思想及精神[J]. 人文杂志，2009年第2期。

白奚. "仁者人也"——"人的发现"与古代东方人道主义[J]. 哲学动态，2009年第3期。

杜学敏. 孔子的自然美思想：何以是与是什么[J]. 陕西师范大学学报(哲学社会科学版)，2009年第4期。

傅松雪. 与时偕行：孔子美学思想的时间性研究[J]. 孔子研究，2009年第6期。

彭富春. 孔子的仁爱之道[J]. 武汉大学学报(人文科学版)，2009年第9期。

张明. "孔颜之乐"与"诗化生存"理想的建构[J]. 社会科学研究，2010年第3期。

周国正. 孔子对君子与小人的界定—从《论语》"未有小人而仁者也"的解读

说起 [J]. 北京大学学报 (哲学社会科学版)，2011 年第 2 期。

许家星. 仁的工夫论诠释——以朱子"克己复礼"章解为中心 [J]. 孔子研究，2012 年第 3 期。

洪梅、李建华. 寻"孔颜乐处"的生态价值取向——从周敦颐到程颖、程颐 [J]. 齐鲁学刊，2012 年第 4 期。

余开亮. 孔子论"美"及相关美学问题的澄清 [J]. 孔子研究，2012 年第 5 期。

杨国荣. 儒家视域中的人格理想 [J]. 道德与文明，2012 年第 5 期。

邓晓芒. 审美是自由 [J]. 哲学研究，2012 年第 7 期。

刘成纪. 论中国社会早期审美时空格局的形成 [J]. 郑州大学学报 (哲学社会科学版)，2013 年第 7 期。

杜维明. 建构精神性人文主义——从克己复礼为仁的现代解读出发 [J]. 探索与争鸣，2014 年第 2 期。

彭富春. 论孔子之"道"、"天命"与"礼乐" [J]. 湖北社会科学，2015 年第 9 期。

黄俊杰. 孔子"克己复礼为仁"说与东亚儒者的诠释 [J]. 孔子研究，2017 年第 2 期。

3. 硕博论文

王晓燕. 论孔子的美学思想 [D]. 郑州：河南大学，2002.

叶仁雄. 孔子中和之美的时空阐释——以《诗经》《论语》为个案分析 [D]. 长沙：湘潭大学，2003.

马斌. 孔子的仁学思想及其现代意义 [D]. 济南：山东大学，2005.

邹新. 论孔子的仁学 [D]. 武汉：华中科技大学，2005.

李策. 孔子仁学思想研究 [D] 武汉：华中科技大学，2006.

刘琼. 论孔子以"和"为美的思想 [D]. 武汉：华中师范大学，2006.

黄振涛. "夫子气象"：对孔子人格魅力的美学称述 [D]. 曲阜：曲阜师范大学，2006.

张凯作.孔子之"仁"新解[D].沈阳:辽宁大学,2007.

洪晓丽.仁:作为道德本体的构成——孔子仁学研究[D].上海:复旦大学,2008.

张振羽.孔子人格思想的文艺学阐释——从礼乐与仁的辩证关系看孔子文艺思想[D].济南:山东师范大学,2008.

祁文洁.天人视野下的兴观群怨——孔子"兴观群怨"诗学思想研究[D].郑州:郑州大学,2008.

朱周斌.浅论孔子仁的思想——以《论语》为中心[D].北京:华北电力大学,2010.

吴端涛."仁人之美"——孔子的审美人格及其现代阐释[D].武汉:湖北美术学院,2011.

黄素华.浅谈孔子的"仁""礼"思想[D].上海:上海师范大学,2011.

冯晨.我欲仁,斯仁至矣——对孔子仁的解读[D].上海:复旦大学,2012.

郝珊.《诗经》与孔子美学[D].北京:中央民族大学,2013.

余群.孔子诗乐思想研究[D].南昌:江西师范大学,2014.

高丽娜.孔子美学思想的德育价值研究[D].济南:山东师范大学,2015.

王世巍.孔子天道美学思想研究[D].武汉:武汉大学,2016.

宋健.为己与毋我——孔子"成人"思想研究[D].上海:华东师范大学,2016.

图书在版编目（CIP）数据

孔子仁的美学意蕴/ 赖志明著. -- 上海：上海文艺出版社,2020
（艺术与人文丛书）
ISBN 978-7-5321-7821-6

Ⅰ.①孔… Ⅱ.①赖… Ⅲ.①孔丘（前551-前479）—仁—美学思想—思想评论
Ⅳ.①B222.25②B82③B83-092
中国版本图书馆CIP数据核字(2020)第202931号

发 行 人：毕　胜
策 划 人：杨　婷
责任编辑：李　平　刘洁洁
封面设计：姜　明
图文制作：张　峰

书　　名：孔子仁的美学意蕴
作　　者：赖志明
出　　版：上海世纪出版集团　上海文艺出版社
地　　址：上海市绍兴路7号　200020
发　　行：上海文艺出版社发行中心
　　　　　上海市绍兴路50号　200020　www.ewen.co
印　　刷：苏州市越洋印刷有限公司
开　　本：710×1000　1/16
印　　张：17.75
字　　数：236,000
印　　次：2020年12月第1版　2020年12月第1次印刷
I S B N：978-7-5321-7821-6/B.0068
定　　价：75.00元
告 读 者：如发现本书有质量问题请与印刷厂质量科联系　T:0512-68180628